近代イギリスを読む

文学の語りと歴史の語り

Masatoshi Miichi
見市雅俊
［編著］

法政大学出版局

はじめに

わが国は、近現代の世界を仕切る英米両「帝国」の「平和」体制下（パックス・アングロ＝アメリカーナ）、その文化的攻勢に対して反発にするにせよ帰依するにせよ、たえずそれと対峙することを宿命づけられてきた。日本の大学の世界において「英国学」が、非英語圏のなかでは例外的に大きな比重を占めてきた大きな理由のひとつも、その点に求められよう。

その英国学の二本の主柱をなす英文学とイギリス史は、それぞれの「本家」のアカデミーの世界との紐帯（もしくは、それと思しきもの）を重視し、お互いの関係は、ときおり「熱戦」を交えることはあっても、だいたいは相互に無関心である、いわば「家庭内別居」のそれであった。

旧き良き時代だった。大学進学率の上昇とそれにともなう学部・学科の増設を背景に、英国学関連の研究者の頭数が急増し、そしてイギリス史についていえば、戦後民主主義とマルクス主義とのミックス状況のなかで、イギリスの歴史を世界史の「モデル」とみなす「大塚史学」が歴史学界全体はもとより、一般社会に対しても大きな発言力をもちえたのであった。シェイクスピアをはじめとする「カノン」を軸とした英文学についても、似たり寄ったりのことではなかったかと思う。いまから振り返れば、まさに戦後日本経済の歩みそのもの、つまり高度経済成長、そしてバブルだった。

そのバブルがここでもはじけた。そこに、「ポストモダニズム」と総称される潮流が到来し、文学＝虚構《フィクション》・歴史＝事実という、ある意味では幸せな家庭内別居のいわれとなっていた二項対立の構図が、もはやそのままでは通用しなくなってしまったのである。

そうして、今世紀に入ってからの英文学の世界についていえば、「文学」というジャンル・制度そのものが自明のものではなくなり、扱う材料も、一昔前には考えられないほど拡大、ないし拡散して、いまや「文化」研究という様相を呈しつつあり、その延長線上で、「ニューヒストリシズム」に代表されるように歴史研究への接近がみられるようになった。

イギリス史研究においても、そのカノンたる政治史・経済史中心の時代は過ぎ去り、社会史、文化史等々、同じように拡大・拡散状況がみられるようになった。さらにつけ加えると、少なくとも私からみれば、とても及びのつかないレベルの細かな実証主義が主流となりつつある。もちろん、瞠目するような若手の研究成果も散見されるとはいえ、彼の国の研究の「落穂拾い」的なものが、学問の「国際化」の名のもと横行していることも否定できないだろう。

そのような状況のなかで、文学理論の側から歴史学の世界に対して、史料の「読み」という、いちばん基本的な作業の土台そのものを揺るがすような、ポストモダニズムに立脚した根本的な批判がなされたのである。史料とは、所詮は「テクスト」以外の何ものでもないのではないか。「史実」もつまるところ、恣意的な言葉の「構築」物にすぎないのではないか。そのような不安が、歴史研究者の間に漂うようになった。

この文学の側からの挑戦と歴史学の側からの応戦について、ここでサーベイする余裕はない。文学の側の急先鋒として、本書の寄稿者のひとりでもある富山太佳夫、歴史学の陣営において、その挑戦を真摯に受けとめた遅塚忠躬の両氏の名前を挙げるにとどめる*。

現在は、この「夫婦喧嘩」は小康状態に入ったように見うけられる。いま求められているのは、文学と歴史学という、近代のある段階でつくられた制度的な垣根を取り払い、おのおのの分野で培われてきたテクスト・史料の「読み」を相互に突き合わせることによって、新しい英国学の展望を切り拓くことではないだろうか。

本書はそのような目的意識のもとに編纂された。近世から近代にかけて、文学＝虚構と歴史学＝事実という二項対立の構図がしだいに鮮明になってゆく流れを全体の筋道としたうえで、その過程そのもの、さらにそれと深くかかわる事象について、これまで日本ではほとんど注目されることのなかったテクスト・史料をもとに分析を行なう。

六本の論文からなっている。そのうち最後に登場する森村論文は歴史学の側に立って、この論争そのものに深く立ち入りつつ、これからどのようにして史料に取り組むべきかについての実践的な問題提起を行なう。「言語論的転回」に関心をもつ読者は、ここから入るほうがよいかもしれない。他の五本の論文は、実際のテクスト・史料の分析をふまえたモノグラフィである。大きな軸が二本ある。

ひとつの軸は、フランス革命期の二人のイギリス女性作家のテクストにみられる事実と虚構の関係である。梅垣・大石論文がそれにかかわる。この二項対立が生成する時代は、同時に「ジャンルのジェンダー化」が展開する時代でもあった。両論文はルポルタージュ、小説、歴史書（伝記）、さらに手紙などさまざまなジャンルが交錯するさまを、ジェンダー史とからめつつ浮き彫りにする。

もうひとつの軸は、ダニエル・デフォーである。事実と虚構の関係を歴史的にみようとするとき、デフォーほど格好の存在は他にいないはずである。富山・佐藤・見市の三つの論文がこの異能の文豪に迫る。まず、佐藤論文は『ロビンソン・クルーソー』のダイジェスト版を丹念に分析して、より下層の読者がこの物語になにを読みこもうとしたのかを明らかにする。つぎに、富山・見市論文は、近世から近代初頭にかけてのイギリスにおける、「国土」＝「海岸線」によって縁どりされた「島国」像の生成を辿るもので、デフォーの『大英帝国回覧記』を中心的なテクスト・史料のひとつとして共用することによって深く連動する。英文学とイギリス史との境界領域におけるナショナリズム論であり、「想像の共同体」を軸とする近代国民国家論に一石を投じようとするものでもある。

＊

本書は、二〇〇五年一二月一〇日、日本女子大学目白校舎において開催されたシンポジウム、「驚異の『国土』を素描する——歴史の中の『虚構』、文学の中の『事実』」をもとに編纂された。シンポジウムを企画したのは、「歴史と人間」研究会、通称、「歴人」である。一九九二年の結成以来、毎年、一〇回のペースで研究会を開催し、二〇一一年末には二〇〇回目の研究会を迎える。

これまでに二冊の共同研究を上梓した。『記憶のかたち――コメモレイションの文化史』（柏書房、一九九九年）、および『集いのかたち――歴史における人間関係』（柏書房、二〇〇四年）がそれである。独立独歩の「中小企業」的な研究会ではあるが、心意気だけは大手の研究会にけっして負けるものではない。この三冊目の共同研究も、「山椒は小粒でも……」風に仕上がっていると信じたい。

最後に、このシンポジウムの開催にあたっては、日本女子大学から多大な支援をたまわった。ここに記して、深く感謝を申し上げる。

＊　富山氏の挑戦については、とくに『英文学への挑戦』（岩波書店、二〇〇八年）に所収の「歴史かフィクションか」。遅塚氏の応戦については、『史学概論』（東京大学出版会、二〇一〇年）。

二〇一一年二月

編者　見市　雅俊

目次

第6章　歴史の語り

史料が表象する「過去」

近代イギリスを読む——文学の語りと歴史の語り

第1章　島国の誕生

カムデンからデフォーへ

見市　雅俊

一　はじめに

大航海時代、ヨーロッパは「世界」を発見するのと同時に、目の前に広がる大地に「国土」を発見する。ここでいう国土とは、「国民」が共有するとされる「過去」が刻み込まれた場所のことである。ある領域内において、生活習慣や言葉を同じくする集団が過去の「記憶」をも共有し、そのことが構成員の間の連帯感をさらに強めるという現象は、とくに近代に始まったことではない。共有する領域の単位が時代とともに変わってゆくとみるべきであり、近世から近代にかけて、はじめてその単位が「国民・国家」(Nation) となる。重要なのは、「世界が拡大する」とともに「住民」が、明視化されてゆく「国土」に「囲い込ま」れ、そうして「国民」になってゆくことであり、イギリスについていえば、それは大英帝国の展開であり、そして「島国」の誕生であった (Cormack 1991: 640)。

そのイギリスにあって国土の発見におそらくもっとも貢献したのが、「古事物学」の一連のテクストであった。ここでは、イギリス古事物学の最高峰に位置するウィリアム・カムデンの『ブリタニア』と、それを下敷きにして書かれるダニエル・デフォーの『大英国回覧記』を中心に、島国イギリスの誕生の過程をたどることにする。(1)

二　カムデンからデフォーへ

「近世」的なナショナリズムが展開するなか、歴史家、そしてとくに古事物学者は、それまでの万国共通の、「聖史」ではノアの子孫、「世俗史」ではトロイの落武者による建国という物語に取って代わる、それぞれの「国民・国家」に固有の歴史的ルーツを求めて、新しい「自画像」づくりにいそしむことになった。

その端的なあらわれが、古代ローマ時代の英雄の再発見である。フランスでは、紀元前五二年、カエサルの率いるローマ軍と戦ったガリアの英雄、ウェルキンゲトリクス。ドイツでは、紀元後九年、トイトブルクの森の戦いにおいてローマ軍を殲滅したゲルマンの英雄、アルミニウス。そしてイギリスでは、紀元後六〇～六一年、ローマ帝国の支配に対して反乱を起こした女王ブーディカ（もしくはブーディッカ）。それぞれが、この時代に再発見されたのであった。やがて、これらの英雄は人口に膾炙するようになり、そうして一九世紀にいたり、「近代」的なナショナリズム体制のもと、「国定」の英雄へと祭り上げられる。(2)

三位一体の自画像

近世イギリスにおけるナショナリズムの展開は、宗教改革と密接にかかわっていた（Hastings 1997）。ここで、簡単な年表をみてみよう。

一五〇九年　ヘンリー八世、即位（宗教「改革」期）
一五四七年　エドワード六世、即位（宗教「革命」期）
一五五三年　メアリ女王、即位（カトリック「反動」期）
一五五八年　エリザベス女王、即位（英国国教会「確立」期）
一五八六年　カムデン、『ブリタニア』
一五八八年　スペイン無敵艦隊撃破
一五八九年　ハクルート、『イングランド国民の主要な航海と発見』
一五九八年　ストウ、『ロンドン探訪』

カムデンの『ブリタニア』は、ブリテン島全域を対象とするイギリス古事物学の最高傑作である。まず一五八六年、ラテン語版として出版された。当初から評判となって版を重ね、一六一〇年にはその最後のラテン語版の英訳が、さらに一六九五年には、本文にかなりの分量の補遺を加えた新しい英訳が出版された。本章では、この一六九五年版を使用する。その『ブリタニア』とまるで示し合わせたかのように、イギリスの大国化を決定づけるスペイン無敵艦隊の撃破を挟んで公刊されたのが、リチャード・

ハクルートの『イングランド国民の主要な航海と発見』であり、大英帝国発展物語の原点となる。そして『ブリタニア』に触発され、それぞれの地域の来歴を物語る古事物学のテクストが陸続と登場するようになった。ジョン・ストウの『ロンドン探訪』もそのひとつであって、ロンドン、ひいてはイギリス都市の自画像の原型となる。

国民・国家のルーツ探しは　近世期ヨーロッパの一般的な現象であった。そのなかで、プロテスタント国家であるがゆえにイギリスの場合には、カトリック諸国以上に、「建国」からの歴史の「連続性」を担保することに多大の困難をともなった。カトリシズムが支配していた中世という「過去」にどう向きあうのか、という難問があったからである。

プロテスタント国家としての出発、いいかえれば、カトリック的過去との訣別はけっして平坦なものではなかった。というのも、中世末期はカトリック信仰の衰えどころか、むしろ信仰心の高揚がみられたからであり、またプロテスタンティズムの教義は、少なくとも当面はごく普通の人びとの生活感覚と大きくずれたものだったからである（Duffy 1992; Haig 1993; 見市　一九九九：第四章）。

ヘンリー八世の脱カトリック政策は、まだ宗教「改革」の枠内にとどまるものだった。その長男エドワード六世の治世は、中世カトリックの伝統との徹底した断絶を志向し、教義や儀礼に深く切りこむ、宗教「革命」期となった。急進派による偶像破壊の嵐が荒れ狂った。エドワード六世は夭折。その異母姉にあたるメアリ女王によってカトリシズムの復活が試みられたものの、女王の急死によって頓挫した。その後、メアリの異母妹にあたるエリザベス女王の治世下、「英国国教会主義」（Anglicanism）と称せられる、カトリシズムに対して妥協的な「保守」的なプロテスタント体制が確立されることによって事態は収拾したのであった。一七世紀のピューリタン革命は、より徹底した脱カトリシズムをめざすものだった。しかしながら、王政復古、さらに名誉革命をへて、プロテスタント保守派＝国教徒とプロテスタント急進派＝非国教徒との「平和共存」というかたちで、近世イギリスの宗教・政治の動乱は最終的な決着をみる。

以上の文脈でみれば、エリザベス体制下において、帝国、国民・国家、首都という三位一体の自画像の原型がいっせいに出揃うのは、けっして偶然ではなかったのである（Helgerson 1994; Beer 1998: 146）。それに加えて、カムデンは「歴史家」としてエリザベス神話の原典となる、『エリザベス女王治下の大英国年代記』を著わしている（Trevor-Roper 1971）。

歴史学と古事物学

ここで、「歴史学」と「古事物学」との違いを簡単にまとめておこう。まず、この時代はまだ「古事物学」と「考古学」はひとつのものであった。その意味では、「古代学」と呼んだほうがよいかもしれない。「近い過去」の出来事を対象とするのが歴史学だとすれば、「遠い過去」、とくに事物の「起源」に関心をもつのが古事物学であって、文字史料はもとより非文字史料も総動員された。実際、古事物学者は、「古代」の解明に少しでも関わりがありそうな事物であれば何でも触手を伸ばした。遺蹟や遺物はもとより、口承伝承や住民の習俗、はては化石や地形の変化までもが「史料」とされたのであり、今日風にいえば、そこでは歴史学、考古学、フォークロア、地誌などが渾然一体をなしていた。

さらに歴史家は、「近い過去」のおもに政治の流れを分析することによって、現在に活かせそうななにかしらの「教訓」を抽出しようとしたとすれば、古事物学者は、相手が「遠い過去」ゆえに必然的に断片的な知識の蒐集に傾斜し、また「好奇心」がひとり歩きすることにもなり、その結果、「尚古家」に、はては「古物収集家」に逸脱する可能性がつねにあった（Momigliano 1950; Schnapp 1996: chap. 1）。
そのような過去を読むさいの二つの異なる道筋は、すでに古代ギリシアの時代から意識されていた。たとえば、ポリュビオスは次のように書いている。

系譜的なものは話を聞くことの好きな人を惹きつけ、好古家的な興味をもつ人を惹きつけるのはエフォロス〔紀元前四世紀の歴史家〕が述べているような植民、都市の建設、同族関係についての記録であり、政治的に関心のある人を惹きつけるのは諸民族、都市、支配者の行動である。（〔 〕内は引用者、以下同じ）（ポリュビオス 二〇〇七：六七）

「好古家的な興味」が古事物学、政治的「関心」が歴史学である。
実際には、「近い過去」と「遠い過去」との区分は曖昧であって、『ブリタニア』についてみれば、一〇六六年のノルマン征服以前が「古代」とされるものの、実際には宗教改革前夜までの時代も「古代」の範疇に含まれることになる（Camden 1695: 292）。

国民的国見
『ブリタニア』は、カムデン自身がブリテン島全土を旅行して歩くという体裁をとった。当人の言によれば、「イングランドのほぼ全域を旅行した」。旅行ガイドとして『ブリタニア』を旅先に携行した人物もいたと伝えられる。しかし、実際にはその相当部分は「机上旅行」となっていて、先行する古事物学研究や地理書、さらに、「各州の非常に有能で、なおかつ事物に精通している人びと」から提供される情報がふんだんに活用された（Camden 1695: "Mr. Camden's Preface"）。そのため、現地に赴いていれば防げたはずのごく初歩的な間違いを少なからず含むことになり、カムデンの営みに触発され、それぞれの地域について実際の検分にもとづいて書かれた古事物学のテクスト、さらにまた一六九五年版の『ブリタニア』の補遺において批判されることにもなった。

このように、『ブリタニア』はいわゆる「旅行記」ではなかった。では、全土を隈なく旅したかのように装うことには、どのような意味が見いだされるのだろうか。「ニューヒストリシズム」に立脚するリチャード・ヘルガーソンの卓越した議論を敷衍していえば、近世イギリスの古事物学、さらに地図や地理書は、国王の行幸に拮抗する、独立した「国民」による「国見」の営みとみるべきであり、そのなかで「国民・国家」を表象するものは王権ではなく「国土」そのものとなってゆく。『ブリタニア』は、そのようなテクスト群の文字どおり頂点に位置した。こうして、「その後、三世紀半もの長きにわたってイギリスの自画像を支配することになるのは、ジェイムズ一世の絶対主義ではなく、カムデン・ブランドの愛国的独立心だったのである」（Helgerson 1994: 145）。

一千人の殉教の地

事物の起源に関心をもつ古事物学者がもっとも熱心に取り組んだ課題のひとつは、地名の由来であった。カムデンも『ブリタニア』の随所で地名考を展開するが、その多くは、今日からみれば牽強付会の類になってしまっている。デフォーの『大英国回覧記』がからむ例をここで紹介しておこう。

スタッフォードシャー州のリッチフィールド（Lichfield）についてカムデンは、一五世紀のかなり問題がある古事物学者を典拠にして、その地名は「死骸の野原」（a field of carcasses, *Cadaverum campus*）を意味し、ディオクレティアヌス帝の時代にこの地で多数のキリスト教徒が殉教したことに由来すると記す。さらに、カムデンは次のように続ける。六〇六年（原文のまま）、異教徒のマーシア王国を征服したノーサンブリア王国のオズウィ王（在位六四二〜六七〇年）が、この地にキリスト教教会を建立した。その後、マーシア王国のオッファ王（在位七五七〜七九六年）がこの地を奪還し、さらにローマ教皇から大司教座を置くことを許されたのであった（Camden 1695: 532）。

一七世紀の高名な古事物学者のひとりであるロバート・プロットは、『スタッフォードシャー州自然史』（一六八六年）のなかで、カムデンと同じ典拠で、このことをもっと詳しく紹介している。この州には、クリスチャンフィールドと呼ばれる場所があるが、そこは「聖アルバヌスの殉教によって改宗したブリテン人のキリスト教徒」が、アルバヌスの弟子である聖アンフィバルス（伝説上の人物とされる）から教えを受けた場所だった。二八六年、キリスト教徒に対する弾圧があり、信者はその地から逃げたもののローマ軍によって捕まり、「現在、リッチフィールドがあるところ」で一千人が殉教し、その亡骸は、「鳥や獣の餌食になった」。そこから、リッチフィールドという地名が生まれ、市の紋章もその殉教を描くものになったのである（Plot 1686: 398–9）。

『大英国回覧記』のなかでデフォーは、リッチフィールドで聞いた「伝承」として次のように書く。

オッファ王によってキリスト教の教えを授かった「一千人もの哀れな人びと」が、「ある野原で異教徒によって全員、殉教した」。その後、オズウィ王がその地に教会を建立した。そこで、市の紋章にも、死骸が野原に散乱している図柄が用いられるようになったのである（Defoe 1968, II: 480）。もっとも、デフォーは、以上のことを「これは聞いたとおりのこと」だと留保している。なお、デフォーがプロットの本を読んだことはないように思う。

リッチフィールドという地名は、『ケンブリッジ・イングランド地名辞典』によれば、ブリテン人の「灰色の木」から由来する（Watts 2004: 372）。つまり、カムデンもプロットも、中世古事物学者の誤った地名解釈を鵜呑みにしてしまったのである。しかしながら、その解釈は間違いであっても、地元民にとっては捨てがたいものがあり、後代まで語り継がれる（Westwood and Simpson 2005: 668–9）。そこでは、カムデンとプロットの名前は「権威」として利用されたに相違ない。このように、古事物学者は、ここでは伝説をむしろ創造した側となる。

デフォーの場合は、地元で耳にした「一千人の殉教者」と、おそらくうろ覚えの『ブリタニア』の記述内容とを、強引に、しかも誤ってくっつけてしまった。デフォーが『ブリタニア』を下敷きにしたというのは、こういう類のことである。

実際の旅の体験を交えたとみてよいカムデンの地名考を紹介しておこう。ヨークシャー州のホウォーフ（Wharfe）川についてカムデンは、この名前はブリテン人の「急激な」を意味する“guer,”からきているとし、自分も「旅の途中」でこの川を渡ろうとしたさい、その急な流れのために「少なからざる身の危険」を感じたと回想している（Camden 1695: 713）。この論考も間違いで、「蛇行する川」を意味するケルト系の言葉、"Uerbeia" に由来すると今日では推測されている〔Watts 2004: 669〕。

ペナイン山脈

古事物学者は、たんに地名を考察しただけではない。創造することもあった。一六世紀から一七世紀はイングランド地名史上の一大画期をなし、綴りはなお流動的だったものの、「公式」の地名がほぼ最終的に確定した。国土生成の重要な一環であることは申すまでもない。興味深いのは、その地名整備の過程において、古事物学者が「逆成」〔back formation〕によって、地名の創造に一役かう場面がみられたことである〔詳しくは、Watts 2000〕。

ペナイン山脈〔The Pennines〕はこの島国の背骨とも称せられるが、この地名も実は古事物学者が創出したものだった。まず、『ブリタニア』のなかでカムデンは次のように書いていた。

〔バッキンガムシャー州の〕ウィクームの北側に、この地域ではいちばん高いところがあり、現在でも、ペン〔Pen〕というブリテン人の名称がつけられている。ブリテン人は、なにものかのてっぺん、あるいは頂きをペンと呼ぶのである。ペンニン・アルプス山脈〔スイス〕とアペニン山脈〔イタリア〕、さらに、われわれ〔イギリス人〕の間でも、いくつかの山の名前はそれから由来している。〔Camden 1695: 278〕

この地名考は正しい。つぎに、一七五七年、コペンハーゲンで出版されたチャールズ・バートラムの偽書、『ブリテン地誌』は、中世のイギリスの修道僧によるローマ・ブリテン時代についての古事物学的研究の書と銘うったもので、当時、センセーションを巻き起こし、エドワード・ギボンも『ローマ帝国衰亡史』のなかに史料として用いた（Piggott 1985: 126–38）。そのバートラムが、カムデンの以上の地名考を「悪用」して、ローマ・ブリテン時代に「ペナイン山脈」という地名があったことにしてしまったのである。

一九世紀になってようやく『ブリテン地誌』は偽書であることが判明するのだが、その頃には、この呼称がすっかり定着していた（Watts 2004: 467）。イギリス古事物学の最高峰に位置するテクストを起源とする、イギリスのおそらく最大級の地名創造劇である。

「由緒ある場所」

『ブリタニア』は、土地勘のない地域、また充分な情報を得られなかった地域、とくに内陸部については、地図を頼りに地名を羅列し、そのうえで当該地域の地主階級の所領の変遷を延々と書き連ね、特筆される政治的な事件やエピソードなどが知られている場合には、それを加味するなどして済ませてしまう傾向がみられる。そのような家系図の部分が『ブリタニア』本文の相当部分を占め、またこの本を購入する大きな動機にもなったようだ。この書に「登録」されることが、いわば非公式の紋章となったからである。

しかし、カムデン自身の言葉によれば、『ブリタニア』の目的とするところは「名家」ではなく「由緒ある場所」を記録することなのである。さらにカムデンはいう。読者は、「われらが祖先」の間でいかにひんぱんに所領がらみで家名が変わったのかを知ることになるはずだ（Camden 1695: 789）。実際、『ブリタニア』の名家の家系史ものを読んで得る印象は、嫡男なしの家名断絶がいかに多かったかなのである（見市 二〇〇三：第六章）。「特権の歴史」も『ブリタニア』にあっては、「ナショナル・トポグラフィという生地」、つまり「国土」のなかにしっかりと縫いこまれるのである（Rockett 2000: 497）。

このように、「古代」と現在との歴史の連続性を保証するのは、「国土」であった。古事物学のテクストにおいては、対象となる地域の「過去」と「景観」とが縦糸と横糸のように織り合わさり、とくに『ブリタニア』についていえば、「歴史を景観と結びつける」（Parry 1995: 38）ことによって、カムデンはイギリスの「有機的な歴史の連続性」（Trevor-Roper 1971: 9）を描き切ることができたのである。

『ブリタニア』以降の古事物学になると、カムデンの手法を踏襲しながらも対象をひとつの州なり都市、はては教区に絞りこむ、あるいは家系史にもっぱら集中するようになり、その結果、研究のレベルは、『ブリタニア』に比べて格段に精緻になるものの、「読み物」としての魅力を失っていった。『ブリタニア』がこの島国全体の来歴という「大きな物語」を語ろうとするものだったとすれば、それ以降の古事物学はしだいに「小さな物語」になってゆく。国土を「一筆書き」で描いてみようとする大きな志しは、『ブリタニア』において達成されてしまったからである。

『ブリタニア』を換骨奪胎する

その『ブリタニア』をみごとに換骨奪胎し、あらためて国土という大きな物語に挑戦したのが、デフォーの『大英国回覧記』である。一七二四年から一七二六年にかけて全三巻で出版された。

この本は、一般に一八世紀初頭の躍動する近代イギリスのすがたを伝えるものとして知られ、歴史学の領域でも、G・M・トレヴェリアンの『イギリス社会史』（一九四二年）をはじめとしてよく利用されてきた。たしかに、デフォーの所期の目的はこの国の現状をつぶさに観察し伝えることにあった。一七二二年四月三日、ロンドンを出発し、そして「全島」を隈なく見て回った、とデフォーは豪語する（Defoe 1968, I: 5; II: 616）。

しかし、その構想は、『大英国回覧記』の詳しいテクスト分析を行なったパット・ロジャーズが指摘するように、せいぜいイングランドの南部および中部までで頓挫した。それ以外の地域については、かつて商人として、また有力政治家の「密偵」として、イングランドおよびスコットランドを旅したときの印象なり見聞がふんだんに活用されることになった（Andrews 1960; Bastian 1967; Rogers 1998）。デフォーは、同時代の知的エリートの間ではおそらくもっともよく国内を旅したひとりであった。したがって、『大英国回覧記』は、ひとまとまりの「旅行記」としてではなく、文豪の生涯にわたる旅行体験の総決算として理解すればよいだろう。

『大英国回覧記』の冒頭では、デフォーは古事物学的な歴史の豆知識を散りばめるようなことはしないと明言していたにもかかわらず、実際には古事物学的な記述がふんだんに盛りこまれたのであり、そこでもっとも利用されたのが、ほかならぬ『ブリタニア』であった。その一端はすでにみた。デフォーは、無断で「本から写し取るようなまねはしない」と約束する（Defoe 1968, II: 554）。たしかに、『ブリタニア』に依拠したことを明記することもあるのだが、丸写しを含む「無断借用」のケースのほうがはるかに多い。ロジャーズの計算によれば、前者が八〇箇所強であるのに対し、後者は二〇〇箇所あまりにものぼる（Rogers 1998: 112）。

　このように、『大英国回覧記』の一七二〇年代のイギリスの相貌を伝える「史料」としての価値は、ロンドンから遠ざかるほど疑わしくなってゆく。しかし、ロジャーズによれば、このようにデフォーは「ジャーナリスト」的なルポルタージュに徹することを早々に断念したわけだが、「文学の観点」からすれば、かえってその個性が光ることにもなった。というのも、「デフォーがもっとも本領を発揮するのは、借用したり、体裁を整えたり、あるいは表面を繕う」ときだからである（Rogers 1998: 110）。

　その動機は「埋め草」程度のことだったかもしれない。しかし、古事物学の内容を盛りこむことによって『大英国回覧記』はたしかに史料としての価値を減じたものの、「過去」という奥行きを獲得し、国土生成の雄弁なテクストへと昇華したのであった。

フィクションとノン・フィクション

デフォーには、『大英国回覧記』につながる著作として、『嵐』（一七〇四年）と『疫病流行記』（一七二二年）があった。前者については富山論文（本書の第五章）に譲ることにして、後者について簡単に紹介しておこう。

　一七二〇〜二二年、南フランスにおいて突如、ペストが発生して猛威をふるい、イギリスにも飛び火するのではないかとの不安が高まった。それに便乗して出版されたのが、『疫病流行記』である。内容は、一六六五年のロンドンの「大ペスト」のさい、首都にとどまったＨＦなる人物（伯父がモデルとされる）の書いた手記となっているが、実際はデフォーの創作である。とはいえ、その執筆にあたってデフォーが各種の史料を丹念に読んでいたことは、これまでの研究ですでに明らかにされている。それに加えて、その伯父をはじめペスト禍を生き延びた人びとから直接、耳にした生の体験談を盛りこんでいるに相違ないことを、私はペスト病因論にからめて他の場所ですでに論じた（見市 一九九九：二五一～二）。

『疫病流行記』は、一八世紀を通じて「ノン・フィクション」としての扱いを受け、「フィクション」であることが判明したのは、一八世紀末になってからである。ならば、それまで『疫病流行記』は本物の手記として読まれていたのだろうか。おそらくそうではなく、フィクションとノン・フィクションとの境界線上に位置する「歴史小説」として読まれていたはずである。ペストにまつわる当時の統計数字や各種の流行対策条例など、歴史学者が手にすれば大なり小なり無味乾燥になりがちなものが、この歴史小説では物語の背景に巧みに織りこまれ、デフォーが想像力を駆使して描く極限状態の人間模様にたしかなリアリティを与えたのであった（見市 一九九九：一四三～五一）。

同じように『大英国回覧記』も、『ブリタニア』の段階ではなお骨格にとどまっていた国土に豊かな血肉を与えたものとして、理解できるのではないだろうか。

三　島国の誕生

英文学史で次のようなことが指摘されている。古典古代においては、イギリスは「地の果てのさらに向こう側にある別世界」として描かれていた。そのような地理感覚がエリザベス朝になってもういちど文人たちの「想像力」をとらえ、さらに評価はマイナスからプラスに逆転し、「至福の島」として描かれるようになった（Bennett 1956）。その例として引用されるのが、シェイクスピアの『リチャード二世』、第二幕第一場におけるゴーントの科白である（シェイクスピア 一九八三：五六）。

この第二のエデン、地上におけるパラダイス、
自然の女神が、外国からの悪疫を防ぎ、
戦の手から守らんとして築いた、この砦、
この幸福な種族、この小宇宙たる別天地、
……………
白銀の海に象嵌されたこの貴重な宝石、
この祝福された地、この大地、この領地、このイングランド、

シェイクスピアの同時代人であるカムデンの『ブリタニア』の劈頭を飾るのも、島国であることの幸運を謳い上げる次のような文言であった。

……このように、イギリスは近隣諸国から適度な距離で切断されており、しかも、その良港のおかげで世界中と交易するのに適している。言うならば、人類全体の利益のために海洋へと躍り出てい

るのだ。（Camden 1695: i）

英仏海峡の誕生

さらに文章は続く。

ケント州とフランスのカレーの間では、この島国は海に向かって突出し、英仏海峡がたいへん狭くなっている。そのことから、亀裂が生じて、それまで排除されていた海水が流れこんだのではないかと考える向きがある。

ケント州を扱った章において、この説が詳細に検討される。

狭い海峡によってガリアとブリテンが分かれているこの地点に、かつては両者を結ぶ地峡があったのだが、その後、大洪水、もしくは高波の侵入、あるいはまた地震によって海水が貫流するようになったのではないか。この問題は検討してみる価値がある。……

では、土壌は両方の海岸において同じであろうか。たしかにその通りなのである。海峡がもっとも狭まったところでは、両岸とも高い岩がそそり立ち、岩質も色もほとんど同じであり、そのことは、両者が切り離されたことを物語っているに相違ない。では、この海峡の幅はどのくらいであろうか。この海峡は、ジブラルタルやシチリアよりはるかに広いというわけではない。二四マイルほどである。したがって、一見するだけでも、激しい高波によって両者が切り裂かれたとみてとれる。地震によって地盤が沈下したとは考えられない。北国では地震はめったにおきないし、おきても、けっして大きなものではないからだ。では、英仏海峡の深さはどのくらいか。シチリア海峡は八〇歩〔六四～八〇メートル〕。それに対して英仏海峡は二五尋〔およそ四六メートル〕を超えない。しかしながら、その海峡の両側では海底はもっと深くなっている。……また船乗りから教えてもらったところでは、海峡の中央に浅瀬がひとつあり、水位が低いときには、その深さはわずか三尋〔およそ五・五メートル〕だという。（Camden 1695: 207）

この議論は、海岸線の変化の歴史一般に対する大きな関心と連動していた。『ブリタニア』では、砂の堆積、もしくは逆に海水の浸食によって、往時は港町として栄えていたところが今は見る影もなく零落してしまった例、あるいは都市そのものが水没してしまったとする住民の言い伝えなどが、イングランド東南部を中心につぶさに紹介される。たとえば、同じケント州のロムニー。

『ドゥームズデー・ブック』〔一〇八六年〕には次のように書かれている。「ロムニーの住民は、海事奉仕ゆえに、強奪、秩序攪乱、買い占めに対する科料を除いて、いっさいの租税を免除されている」。その頃がこの町の絶頂期だった。町は一二の街区に分かれ、教区教会が五つ、小修道院がひとつ、病院がひとつあった。ところが、エドワード一世の治世下〔一二八七年〕、強風にあおられて海水がこの町を襲い、住民や家畜や家屋に甚大な被害をもたらし……、それまでこの地点で海に流れこんでいたロザ川は水路が変わり、ライの近くで海に注ぐようになった。こうして、しだいにロザ川に見捨てられ、それ以降、この町はかつての住民の大半と栄光を失ったのである。（Camden 1695: 211）

ブリテン島の西端についてもカムデンは、アイルランドとウェールズは、かつては地続きだったが、海水の浸食作用によって分離したとする議論を展開している（見市 二〇〇九：一〇〇〜一〇二）。

このようにカムデンは、この島国もかつては大陸と地続きだったが、それが「古代」のある時期に分離したと推測する。それは、同時代の近代地史学へ向かう流れに棹差す議論でもあった。カムデンは化石について、それが地殻変動を物語る「史料」であると認定することができた。そればかりか、古事物学者が丹念に蒐集した地史学的なデータは、同時代の自然科学者によって大いに活用されたのであった。たとえば、一七世紀の「科学革命」を代表するひとりロバート・フックも、その壮大な地史学の体系を展開するさいに『ブリタニア』を参照していた。ただし、そのダイジェスト版からの「孫引き」だったが（見市 二〇〇九）。

対抗宗教改革という大津波

エリザベス女王の時代は、カトリシズムの反撃が始まった時代である。この島国から彼岸のヨーロッパ大陸を見やれば、いちじは旧カトリック世界の半分の領土を確保するまでにいたったプロテスタント勢力も、いまや退潮しつつあるようにみえた。対抗宗教改革によって攻勢に転じたカトリシズムという大津波が、早晩この小さな島国にも押し寄せてくるのではあるまいか。その不安感がエスカレートして、「パラノイア」的な反カトリシズムの風潮を生み、それがやがてはピューリタン革命にまでいたる（見市　一九九九：第四章）。宗教改革と島国の「誕生」、そして「栄光ある孤立」。それは順風満帆の船出ではけっしてなかった。カムデンの英仏海峡論は、そのようになお不安定な島国のありようと深く関わると思われる。

それに対してデフォーの場合には、海岸線はすでに確定され、固定されたものとして描かれる。一七〇三年のイギリス史上最悪の大暴風を扱った『嵐』でも、冒頭で強調されるのは、灯台、海図、浮漂、各種標識などが整備され、イギリスの海岸線が安全になったことである（Defoe 2005: 23）。海防体制も整備された。たとえば、ハーリッチの要塞。

ここは、もともとは海上の砂州でしかなかったところで、それをこのように立派な要塞の堅固な土台とするには、長年の努力、こまめな修復、そして膨大な出費が必要であった。現在では非常に堅固なものになっており、……嵐や高波があってもびくともしないのである。（Defoe 1968, I: 34）

『ブリタニア』と『大英国回覧記』

海岸線の生業についてみてみよう。『ブリタニア』の漁業関連の記述は、たとえばプリニウスの『博物誌』を引いて、エセックス州やケント州の牡蠣《カキ》が古代ローマにおいて賞味されていたとする記述にみられるように、「自然誌」的である（Camden 1695: 203, 350）。それに対して『大英国回覧記』のほうは、生業の情景がくっきりと浮かび上がる文体である。並べてみよう。『ブリタニア』によれば、ノーフォーク州のヤーマスは鰊《ニシン》漁の拠点であって、

聖ミカエル祭の日にこの地で開催される定期市（Fair）がいかに大がかりで、人手が多いか、また、どれほどの量の鰊などの魚が売られるのかは、信じられないほどである（incredible）。（Camden 1695: 389）

つぎに『大英国回覧記』。ここでは、デフォーはカムデンの名前を出していない。

毎年、聖ミカエル祭の日は、この町では魚市場（fishing-fair）と呼ばれるものが開催され、陸地は人があふれ、川は昼も夜も漁船でいっぱいになり、あわただしく鰊が水揚げされ、あるいは搬出される。近海でとれる鰊の量は膨大なもので、信じられないほどだ（incredible）。以前、たまたまこの漁業市の期間中に当地にいたことがある。そのおりに聞いたところでは、一回の潮時で一一〇隻の小型漁船が川を上ってくるということであった。どの船も前の夜に釣れた鰊を満載していた。（Defoe 1968, I: 66）

もうひとつ、サフォーク州のイプスウィッチの海運業について。『ブリタニア』から。

イプスウィッチにはかなりゆったりとした港があり、濠と壁垣が備わり、交易が盛んで、人口も多く、教会が一四もあり、大きな私邸もある。(Camden 1695: 372)

デフォーは、それまでにイプスウィッチを二回、訪れたことがあるという。最初はまだ幼少の頃の一六六八年、二回目は「今回の旅行のおよそ三五年前」。イプスウィッチは石炭運搬でたいそう栄えた港町で、操業が停止する冬場、港には二〇〇隻もの石炭運搬船が停泊していた。「このようにこの町は、往時は人であふれかえっていたという私の記述が正しいことを証明するため、カムデン氏の記録を引用させてもらう」として右の引用文を引き、こう続ける。

この文章は、この町の昔の状態について私が述べたことを裏づける。……これらの船が川に係船されている光景は、今回の旅行のおよそ三五年前、ハーリッチからの道すがら目にしたもので、たいへん好ましいものに見えた。ところが現在では、町全体に所属する石炭運搬船はたった四〇隻しかないと聞き、その減少分だけ寂しくなった。(Defoe 1968, I: 40–2)

ここに端的にみられるように、カムデンとデフォーの関係はよくいえば換骨奪胎、中立的にいえば下敷き、悪くいえば剽窃の関係であった。いずれにせよ、『ブリタニア』はこの稀代のテクスト再生家を得ることによって、後代まで実質的に読み継がれることになる。

そのような海岸線に囲まれた島国の本体については、カムデンもデフォーもそれ自体として充足する豊かな「小宇宙」として描いた。その豊かさとは、量的なそれというより、むしろ「風土」（景観とモノの両方を含む意味での）と住民が多様であることだった。なにもかも備わっているということである。「故郷」は、たとえ貧しかろうと、それ自体、充足したものとしてイメージされる。「故国」も同じことである。ここでロビンソン・クルーソーの孤島を想起しても、けっして場違いではないだろう。もちろん、実際のイギリスの歴史はそれとはまったく正反対の方向をひた走るわけだが、それにもかかわらずではなく、むしろ、そうであるがゆえに、冒頭でも述べたように住民は、「囲い込ま」れなければならなかったのである。

明礬《みょうばん》の国産化

『ブリタニア』の地下資源についての記述をみてみよう。カムデンはこの島国がいかに地下資源に恵まれているかを強調する。錫《すず》、銅、石炭に関する記述が数多くみられるのは頷けるとして、金と銀、黒琥珀、さらに「ブリティッシュ・ダイアモンド」など多分に「山師」的なものまでが列挙された（Camden 1695: 75, 751, 822）。そのうえで、文字どおり現在進行形の開発のことが詳細に記録される。

〔ヨークシャー州の〕ギズバラは、今でこそ小さな町だが、その全盛期の一一一九年頃、ロバート・ドゥ・ブルスによって美しく立派な修道院が建てられた。……実際、素晴らしいところで、快適さ、自然の不思議な多様さ、立地条件の点ではかのイタリアのプテオリにひけをとらないし、健康面と地の利の点ではこちらのほうがはるかに上であろう。海のせいで風は冷たいが、両側の丘陵によってそれも和らげられる。土壌は豊かで、一年の多くの時期、草や花が生い茂っている。鉱物資源に恵まれ、とくにいくつかの色の明礬土が豊富であって……現在、良質の明礬と銅が大量に抽出されはじめている。数年前、かの博学の自然科学者、サー・トマス・チャロナーのみごとな勘によってはじめて発見された。そこの木の葉がほかよりも薄い緑色をしていること、樫の木の根が広く浅く張っており、また頑強だが、樹液がほとんどないこと、土壌は白い粘土で、白、黄色、青などのいくつかの色の斑点があり、また凍ることがないこと、晴れた夜にはそこが、道路側のガラスのようにきらきら光ることなどから、その発見にいたったのである。(Camden 1695: 753)

プテオリはナポリの近くに位置し、新約聖書の「使徒言行録」の第二八章では、マルタ島から来た使徒パウロがここでイタリア半島に上陸、一路、ローマに向かったとされる。

一四五三年、コンスタンティノープルが陥落してのち、その地で明礬によるイタリア製毛織物の染色によって財をなしていたイタリア人が本国に帰還し、その後、教皇領のトルファで明礬を発見、ローマ教皇は明礬の取引を独占することで巨額の利益を得ることになった。その発見のきっかけは、シリアの明礬発掘地で見たのと同じ植生をトルファで目撃したことだと伝えられる。チャロナーの場合も、プテオリにあった教皇所有の明礬発掘地を視察し、引用文にあるように、それとよく似た植生を手がかりに一六〇〇年頃、ギズバラの自身の所有地で明礬を発見するにいたったとされる。実際に操業が開始されるのは、一六〇五年である(Westwood and Simpson 2005: 842–3)。チャロナーは宮廷と深く結びついた有能な知識人であり、時の最有力者であるセシル家に重用された。セシル家はカムデンのパトロンでもあった。したがって、この引用文もカムデンがチャロナーから直接、聞いた話をもとにしている可能性がある。

トマス・フラーの『イングランド名士・名物誌』（一六六二年）は、州ごとに今昔の著名人やら名産品などをコンパクトにまとめた便利な全国要覧として知られる。この本も、デフォーに負けず劣らず『ブリタニア』を活用した。そのヨークシャー州の章では名産品のひとつに明礬が挙げられ、右の引用文が要約され、そのうえで、チャロナーは、操業準備にさいしてフランスのロッシェルから「三人の優秀な労働者」を「大樽」に詰めて運んできたとする、新しい話がつけ加えられた（Fuller 1840, 3: 393）。その話が後になると、引き抜きはローマの近郊にあった教皇の直営作業場において決行されたことになり、激怒した教皇はチャロナーとその「労働者」に対して恐ろしい呪いをかけたという物語に発展し、さらに、それがローレンス・スターンの小説『トリストラム・シャンディ』（一七五九〜六七年）のなかで紹介されて、国民的な伝説となる（Westwood and Simpson 2005: 842–3）。

ギズバラをプテオリと同列、ないしそれよりも上位におこうとする筆法に注目しよう。素朴な愛国意識とみてもよいし、反カトリシズムのスタンスを読みとることも可能だし、また、明礬が毛織物産業に不可欠であるという点に注目すれば、「重商主義」的とみることも不可能ではない。

商店の陳列台

いっぽう、デフォーの『大英国回覧記』にみられる、豊かさについてのもっとも特徴的な筆法は、ロンドンに全国津々浦々から送られている物品を訪問先ごとに記録することであった。

まとめればこうなる。エセックスは穀物、サフォークは家禽、ノーフォークは海老、ケンブリッジは野鳥、ケントは薪、牡蠣、果物、さくらんぼ、ドーセットシャーは石、デヴォンシャーは魚、サマセットシャーは牛、チーズ、馬、バークシャーは麦芽と肉、バッキンガムシャーは木材、チェシャーはチーズ、レスターシャーは羊の肉と馬、リンカシャーは家畜と野鳥、ベッドフォードシャーは穀物と肉、ヨークシャーは石、馬、魚、ダーラムは石炭、ノーサーバーランドとカンバーランドは鮭……。

経済史であれば「国民経済」とでも名づけられそうなものが、ロンドンの一般消費者の目線上の、商店の陳列台を見やる次元で語られる。「売り」は品目の多さだ。

方言

住民もまた多様だった。ここでも、『ブリタニア』の筆法は自然誌的である。たとえば、コーンウォール州の住民は「とても頑丈な体つきで、背も高い。手足もしっかりしており、球投げはもとより格闘技にも秀でている」。この地にまつわる「巨人伝説」もそれに由来すると考えられる。ドイツやフランスでもそうなのだが、一般に西にゆくほど住民は逞しくなる傾向がみられる。「西風」が体によいからかもしれない（Camden 1695: 4）。ここでいう巨人とは、一二世紀に書かれた有名な建国物語、ジェフリー・オブ・モンマスの『ブリテン国王列伝』において、建国者であるトロイの落武者、ブルート（「ブリテン」という国名はこれに由来するとされる）がこの島に上陸したさいに退治した巨人のことを指している。そのような文脈において、方言のことが記載される。レスターシャー州のカールトンの住民について、カムデンはこう記録している。

この町の地元民の大半は、土壌ないし水が特殊であるからか、あるいはなにか知られざる自然界の原因によるのかはわからないが、耳ざわりで、下品な話し方をする。喉からしぼりだすように話し、アール（r）を妙に発音する。（Camden 1695: 443）

カムデンに触発されたひとり、ウィリアム・バートンは『レスターシャー州素描』（一六二二年）のなかで、古今の自然環境決定論を引き、この説の「科学」的説明を試みている（Burton 1622: 66–7）。また、フラーは、この州の出身で、ケンブリッジのトリニティ・カレッジのフェローがこの発音上の欠陥を自覚していて、そこで、かなり長めの演説を「アールをいっさい交えずに」行なったとの逸話を紹介している（Fuller 1840, II: 225）。最後に、一六九五年版『ブリタニア』の補遺では、「現在の住民」も「古老」もいっさいそのような話は聞いたことがないと否定していることが紹介されている（Camden 1695: 450）。

　デフォーも、方言について興味深い記録をのこしている。ロンドンを離れると方言がきつくなり、サマセットシャー州になると「言うことの半分」もわからなくなった。同州のある学校に教頭を務める親類がおり、読み方の授業を参観させてもらった。生徒のひとりが旧約聖書の「雅歌」の五－三を朗読した。原文は以下のとおりである。

I have put off my coat, how shall I put it on, I have wash'd my feet, how shall I defile them?
（衣を脱いでしまったのに、どうしてまた着られましょう。足を洗ってしまったのに、どうしてま

た汚せましょう)

生徒はそれを次のように発音したのだという。

Chav a doffed my cooat, how shall I don't, chav a wash'd my veet, how shall I moil'em?
(Defoe 1968, I: 219)

もうひとつの例も紹介しておこう。

ノーサンバーランド州の地元民は……その特殊な発音で有名である。アール (r) をうまく発音できないのだ。喉の奥でこもったような、耳ざわりなものになり、外人がそうであるようにthとなってしまうことで知られる。ノーサンバーランド人のアールと呼ばれているが、地元民はこの不完全な発音を自慢している。血筋の旧さがわかるからだという。(Defoe 1968, II: 662)

このように、『ブリタニア』も『大英国回覧記』も島国の豊かさというものを、風土も住民も多様であることとして描いた。その多様性をもっとも劇的に示すのが、この国土の内なる「異界」だった。節を改めてみることにしよう。

四　異界

「異界」とは、風土と住民が両方ともに「異質」であると認識された空間のことである。『大英国回覧記』に登場するもっとも衝撃的な住民、つまり読者＝ロンドン市民＝中央からみてきわめて異質にみえたのは、デフォーがダービシャー州の秘境、ピーク地方において遭遇したという銅の採掘に従事する労働者の家族であろう。

デフォーはこう切りだす。これを紹介するのは、「豊かな世界に住みながら不平をならす輩《やから》」に、「自分たちの足下をみて、ほかの人びとがどのように暮らしているかを知る」ことで、いかに「自分が幸せ」であるかを思い知らせるためだ。その「ほかの人びと」は、「それでも充足して生活できるのであり、たとえ幸せではなくても、幸せであることにけっして遠くはない充足ぶりなのだ」。その家族は子どもが五人。住まいは先祖代々、「岩の洞窟」である。洞窟の住まいは二枚のカーテンで三つの部屋に仕切られ、煙を外に出す工夫もされていた。「たしかに貧しい住まいだったが、なかにあるモノは予想していたほどお粗末ではなかった。どれも安物のありふれたものとはいえ、こざっぱりしてきれいだった」。その亭主が働く現場も見学したが、立て坑の出入り口は図版1のよう

図版1　「異界」の入り口
出典：Defoe（1968, II: 571）.

になっており、「ひどく狭い」ことに驚いたが、なかは梯子状になっていて、このように狭いほうがむしろ安全かつ便利ということだった。また、亭主との会話は「通訳」付きだった（Defoe 1968, II: 568–72）。

異界としての森林

内なる異界のひとつは森林である。カムデンはグロスターシャー州のディーンの森について次のように書く。

かつて、この森は木がうっそうと生い茂って暗く不気味であり、道も入り組んでいたために、住民が野蛮になって平気で悪行を犯すようになった。ヘンリー六世の治世の時期、セバーン川沿岸での彼らの略奪行為が目に余るものになったため、それを取り締まるための法律が議会で制定されるほどであった。ところが、豊かな鉄鉱石の鉱脈が発見されて以来、うっそうとした森もしだいに樹木の数が少なくなってきている。（Camden 1695: 232）

バッキンガムシャー州についても、悪党の巣窟としての森林とその開発のことが触れられ（Camden 1695: 277）、そうして随所で、かつては森林だったところが、今では農耕地帯になっていることが指摘され、さらに現在進行中の森林資源の大量消費のことが紹介される。

〔サセックス州の北部は〕鉄鉱石資源に恵まれ、いたるところに溶鉱炉があって、年々、豊かな森林資源が消費されている。多くの小川の流れが引かれ、また牧草地がため池となり、そうして水車を稼動し鉄を鍛えている。その騒音は昼夜を分かたず近隣に響いている。……その企業家は大砲などを鋳造することにより多額の収益を上げている。とはいえ、国民がそれによって利益を得るかどうかは後代になってみないとわからない。(Camden 1695: 166)

またノーサンプトンシャー州については、そこは森林資源が乏しく、そのうえ羊の飼育が非常に盛んであることを指摘し、トマス・モアの有名な『ユートピア』の一文、「羊はおとなしい動物だが(イギリスでは)人間を食べつくしてしまう」が引用される(Camden 1695: 429)。いっぽうデフォーのほうは、「イングランドは木材の無尽蔵の宝庫」であることをあちらこちらで盛んに強調しているが、進歩に対するカムデンの多少、「エコロジスト」的な懐疑心を念頭においているのかもしれない(Defoe 1968, I: 351)。

低湿地帯の英雄、ヘリウォード

もうひとつの異界は、低湿地帯である。そこも森林と同じく二重に描かれる。すなわち、低湿地帯は非農業地帯=「野蛮」地帯として、またアジールとして描かれ、他方では、そこで現在、進行している開発事業のことが紹介される。

『ブリタニア』によれば、低湿地帯はしばしば反乱と抵抗の拠点として利用されてきた。かのアルフレッド大王も侵略者デーン人との戦いにおいては一時、サマセットシャー州の低湿地帯に身を潜める

(Camden 1695: 60–1)。なぜか。自然の豊かさゆえだ。ケンブリッジシャー州の低湿地帯、フェンランドについてカムデンはこう書く。

ここは地の利に恵まれ、いたるところ物資が豊かであるために、しばしば反逆者の避難所となった。ウィリアム征服王に楯突いたイングランド人もそうだったし、また、追放された諸侯もここを拠点にして国王に歯向かった。(Camden 1695: 409)

その「イングランド人」の頭目としてよく知られるのが、ヘリウォードである。一〇七〇年、ウィリアム征服王はイングランド北部に進軍し、悪名高い徹底した破壊と略奪を行なった。それに対し、侵攻してきたデーン人の軍勢のもとに、『アングロ・サクソン年代記』の表現でいえば、「フェンランド全域からイングランド人が馳せ参じた」。反ノルマン連合戦線ということである。いっぽう、「ヘリウォードとその手下」は、「国王がピーターバラー修道院長の職をフランス人に与えた」ことに憤慨して同修道院を焼き討ちにした。その後、ヘリウォードをはじめ多くの「アウトロー」は、フェンランドのアイル・オブ・イーリーの修道院に立てこもった。それに対してウィリアムは包囲網を敷いた。その結果、『年代記』によれば、一〇七一年、

すべてのアウトローが降伏した。……例外はヘリウォードと彼に付き従おうとする者たちであって、ヘリウォードは勇猛果敢にもその者たちを率いて脱出したのである。(Swanton 1996: 205–8)

ヘリウォードの存在は、『ドゥームズデー・ブック』でも確認できる。ピーターバラー修道院攻撃とアイル・オブ・イーリー籠城の順番を逆にする史料もあるが、いずれにしても以上の年代記の記述は基本的に史実として認められている。

カムデンは『ブリタニア』のなかで二回、ヘリウォードに言及している。ひとつはピーターバラー修道院の歴史をまとめた部分であって、こう書かれている。「ノルマン人のウィリアムの治世下、イングランド人のアウトローであるヘリウォードはアイル・オブ・イーリーから出撃し、この修道院の宝物をすべて奪い去った」(Camden 1695: 436)。この事実についてはすでにみたとおりである。

もうひとつはリンカシャー州の章。およそ次のような内容である。ウィリアム征服王はホランド地域をアンジュー出身の臣下に与えた。その者はまことに傲慢な態度をとった。「ヘリウォードは血気盛んで勇敢なイングランド人であり、自分と祖国の安全がいまや危機にさらされている」とみて反旗を翻し、それと戦い捕虜にしたものの、国王への仲介を条件に解放した。その後、ヘリウォードは「忠誠を誓って、その生涯をまっとうした」。所領は娘が相続した(Camden 1695: 463)。私のあたった限りでは、不遜なフランス出身の領主を捕虜にしたという類の話はなかった。しかし、最後に国王と和解したという点は、ヘリウォードにまつわる諸々の文献に共通している。

ヘリウォードの伝記としては、一二世紀の初頭にアイル・オブ・イーリー修道院の修道士が書いたとされる『ヘリウォード武勇譚』がもっともよく知られているが、そのなかに低湿地帯の風土に触れた部分がある。ヘリウォード軍の捕虜になった兵士が釈放されて帰還し、ウィリアム王に敵陣の様子を報告するくだりである。

アイル・オブ・イーリーの者どもは、生活用品のほぼすべてを十二分に供給されております。ちょうど水鳥の羽が抜け変わる時期でしたが、わなの仕掛け人が沢山の小鳥を持ってくるのを何度も見かけました。だいたいは百羽くらい。ときに、二百羽くらい。たまに、一千羽ちかくも。野生動物や家畜が豊富であるほか、ある時期はサギもおります。さらにアイル・オブ・イーリーを取り巻く河川では、あらゆる種類の魚がどっさりとれます。……〔そこは難攻不落である〕と申しますのも、あらゆる種類の穀物や生き物がとれ、おまけに河川と沼地によって強固に守られた島を確保しているからです。(Swanton 1984: 72)

『武勇譚』では、ヘリウォードがこのような地の利を活かして、圧倒的な軍勢の国王軍に対し巧みなゲリラ戦を展開したことになっている。『ブリタニア』でも、アイル・オブ・イーリーを含むイングランド東海岸に広がる低湿地帯の住民のことが、次のように観察されている。

住民はその場所と同じことであって、性格が野蛮であり文明化されておらず、「高台の奴ら」と呼ぶよそ者を妬ましくみている。竹馬のようなものに乗って移動する。生業は家畜の放牧、漁業、野鳥狩りである。(Camden 1695: 408)

デフォーもケンブリッジシャー州の低湿地帯について、「おとり用のカモ」を使って「信じられない数のカモ、マガモ、コガモなど、ありとあらゆる野鳥」が捕獲され、ロンドンに出荷されると書く

(Defoe 1968, I: 79)。非農業社会ということだが、実際には、ローマ・ブリテン時代以降、イングランド東南部の低湿地帯は開発が進行し、農業も営まれていた。それでも、生業の多様さの点でなお異質に見えたことは間違いない。

マラリア

低湿地帯の異界性をよく象徴するのが、風土病である「瘧《おこり》」、すなわちマラリアの流行である。『ブリタニア』によれば、ケント州の低湿地帯は「豊かだが、不健康」である。「水から発生する蒸気のために、空気が少々よどみ、もやっとしている」からだ（Camden 1695: 185）。流行病の主原因を空気のありように求める当時の病因論の基本にしたがった見方である。デフォーもこの現象に注目し、ケンブリッジシャー州の低湿地帯について在地の人間は「瘧も軽くてすむ」と指摘し（Defoe 1968, II: 80）、さらにエセックス州の同類の地域についてこう書いている。

> 低湿地帯で育った人間はこの場所に慣れており、元気に暮らしている。ところが、嫁は丘陵地帯からもらうのが常である。健康的で新鮮な空気のところから若い女性を連れてくる。彼女たちは健康的で元気溌剌《はつらつ》としている。ところが、故郷の空気を離れて、霧と蒸気の低湿地帯にやってくると、やがて顔つきがかわり、一度か二度、瘧にかかり、半年、せいぜいよくて一年しかもたない。そこで、地元の男がいうには、「また丘陵地帯にまで出かけ、別の女性を連れてこなければならない」。
>
> (Defoe 1968, I: 13)

その男性は、これまでに「一ダース半」もの細君を娶ったという。地元民には瘧＝マラリアに対する抵抗力があるのに対し、よそ者には欠如している、ということである。イングランド南東部に関する近年の包括的な研究でも、低湿地帯は豊かなわりには平均寿命が短く、丘陵地帯はその逆であったことが実証されている（Dobson 1997）。

異界の再編成

ここでも、異界は手つかずのままではなかった。一六世紀以降、王権の主導のもと、大規模な干拓事業が進行した。

カムデン自身は、低湿地帯は水の管理が非常に難しいことを指摘して、事業の将来性については懐疑的である。曰く、「過ぎたるは及ばざるが如し」（Not venture too far where heaven has put a stop）（Camden 1695: 409, 725）。他方、『イングランド修道院総覧』（一六五五年）や『ウォーリックシャー州の古事物』（一六五六年）などの著作によって、一七世紀イギリス古事物学の頂点に立つウィリアム・ダグディルは、その手法をそのまま活かして『低湿地帯の築堤と干拓の歴史』（一六六二年）を著わし、地元住民の開発反対論を論破することによって干拓事業の旗振り役を務めた（Parry 1995: chap. 8）。

一六九五年版『ブリタニア』の補遺によれば、干拓事業のおかげで農地が拡大したばかりか、「空気」も「清浄」になったという（Camden 1695: 411）。もし事実だとすれば、開発が進行するにつれて蚊の生態系もついでに破壊され、結果的にマラリア禍から解放されるという、マラリアの世界史ではよくみられる現象が、ここでも起きていたことになる（見市 二〇〇一）。

デフォーも『嵐』のなかで、「嵐」は原始時代、水の管理が未発達の状態だったからことから多発したとし、そのうえで、この『ブリタニア』の本文と補遺を参照しつつ、この島国の低湿地帯はいまや干拓事業のおかげで「健康的で、しかも利潤のあがる地域」に変貌しつつあると述べている（Defoe 2003: 18–23）。

このように、森林や低湿地帯のあるものは開発され、また、あるものは「自然」を満喫できる観光名所として再編成され、「保護」されて「国民的遺産」（national heritage）となってゆく。もっと規模の大きな異界がこの島国にあった。ウェールズ、スコットランドのとくに高地地方、そしてアイルランドである。これら三国も、近代的な国土生成のなかでイングランド＝「中央」に対する「地方」として再編成される。カトリック・アイルランド嫌いのデフォーは、同国はいまだに低湿地帯状態にあるとしてこう揶揄する。だから、アイルランドは「世界の尿瓶」と呼ばれるのだ、と（Defoe 2003: 23）。

充足した小宇宙

異界の存在によってもっとも端的に表現される国土の風土と住民の多様なありようは、この島国がそれ自体として充足した「小宇宙」であることの証しにほかならず、それを強調することは、そのまま大陸からの自立を強調することでもあった。この時代のイギリスの基幹産業である毛織物業にとって不可欠である明礬がついに国産化されたことについて、カムデンがあのように力をこめて書いた理由も、以上の文脈でよりよく理解できよう。まさしく囲い込まれた島国の誕生である。

五　島国の過去

ここでいう「過去」とは、「史実」と「伝説」が対等の立場で、しかもない交ぜになったものを指す。キース・トマスのいう「合本された過去」(conflated past) である (Thomas 1983: 6)。あるいは、ラファエル・サミュエルのいう「一般人の記憶」(popular memory) である (Samuel 1994)。

低湿地帯の英雄、ヘリウォードもその世界に属するわけだが、この伝説は、森林の英雄、ロビン・フッドの物語の原型となった (Holt 1982: 73)。ところが、こちらのほうが有名になり、その墓と称するものが登場し、挙句の果ては、ヨークシャー州にロビン・フッド湾 (Robin Hoods Bay) なる地名まで誕生したのであった。『ケンブリッジ・イングランド地名辞典』によれば、初出は一五三二年である。なお、カムデンはロビン・フッドを実在した人物とみている (Camden 695: 709, 750)。

いっぽう、本家であるはずのヘリウォードのほうは、長らくイングランド東南部のローカルな英雄にとどまっていた。デヴィッド・ロッフェによれば、一九世紀に『ヘリウォード武勇譚』の英訳が出版され、それをもとにチャールズ・キングズリーが「イギリス歴史小説の発展の画期」をなす『ヘリウォード・ザ・ウェイク』(一八六六年) を著わし、そうして、「ジョン・ブルのプロトタイプ」としてのヘリウォードのイメージが定着したのであった (Roffe 1994: 7)。

しかしながら、すでに『ブリタニア』のなかで詳しく紹介されていたのである。それだけではない。

一八世紀のチャップブックの世界でたいへん人気のあった巨人退治の英雄物語、『トマス・ヒッカスリフトの物語』は、ヘリウォード伝説の派生作品だったと思われる。その冒頭では、時は「ウィリアム征服王の御代」、主人公は「ケンブリッジシャー州のアイル・オブ・イーリー」出身と明記されており、すでに『ブリタニア』によって有名になっていたヘリウォードの物語がその下敷きにあったことは間違いないと思う（Anon n.d.: 2）(3)。

そうだとすれば、ヘリウォードは、ローカルな英雄から、まず古事物学のテクスト、つぎにチャップブック、そして歴史小説を経由し、最後にジョン・ブルに姿をかえて、国民的な英雄に昇華したのである。

聖人崇敬の再編成

ローカルな過去が再編成されて国民的な過去となる。中世の聖人についても同じことがいえそうである。

ストウの『ロンドン探訪』は、冒頭でも紹介したように、数多あるロンドン論の原点となるが、同時代の政治・宗教史の文脈でみれば、宗教「革命」批判の書でもあった。とくに、エドワード六世の治世下、ロンドンで荒れ狂った墓碑の破壊を、ストウは、古事物学者ならではの手法をもって弾劾する。それは、ある教会について、まずその歴史を述べたうえで、同教会に埋葬された王侯貴族、ロンドン市長らの著名人、一三八名の名前を延々とリストアップし、そうして次のように結論する手法である。

以上の人びと、さらにその五倍以上の人びとがこの教会に埋葬されてきたのだが、その墓碑が完全に破壊されたのである。(見市 二〇一〇:六三)

事実、ストウは「隠れカトリック」として窮地に追いこまれたことがあった。同じように、カムデンも同時代のピューリタンからはカトリック・シンパと目されることがあった。そのカムデンの隠された『ブリタニア』執筆意図とは、中世以来の聖人崇敬の伝統が大きな打撃を受けている時代にあって、人びとの篤い信仰の対象だった聖人たちのせめて記録だけでも遺すことではなかったかと想像してしまうほど、たしかに『ブリタニア』には数多くの聖人が登場する。そのひとりが聖ラムボールドである。

聖人伝によると、ラムボールドはある国王の息子で、生まれるやいなや、ありがたい言葉を口にし、自分はキリスト教徒であると名乗り、即座に洗礼を受け、そして息絶えたのであった。(Camden 1695: 429)

一一世紀末頃に書かれたと推測される聖人伝では、ラムボールドとは七世紀のマーシアの国王、ペンダの孫とされ、ここに書かれているような奇蹟をお披露目したあと、三日目に天に召された、とある。ペンダの孫というのは創作だが、王の周囲に若死にした王族がいて伝説が生まれ、口承伝承で伝えられ、それが教会側の手によって文字化されたと考えられている(Love 1996)。

聖ラムボールド崇敬は、中世においては一部の地域に限定されていた。それをまずカムデンが、さらにフラーが『イングランド名士・名物誌』のなかで詳細に紹介することによって、中世にあってはローカルな聖人にすぎなかったものが、宗教改革以降にはじめて国民的な知名度を獲得したのであった（Fuller 1840, I: 194; Love 1996）。ほかの少なからざる聖人についても、同じことがいえそうだ。そもそも、中世の信仰形態のあるものはプロテスタント体制下にあっても、「民間信仰」というかたちで根強く生き残ることは、たとえばロナルド・ハットンが明らかにしたとおりである（Hutton 1994）。聖人崇敬という、プロテスタント体制下では否定されるべき「過去」の「再編成」とでもいえばよいだろうか。

戦闘的な非国教徒であるデフォーの『大英国回覧記』には、さすがに聖人はあまり登場しない。登場させても、プロテスタントは聖人崇敬をしてはならないと釘を刺す（Defoe 1968, II: 644）。あるいは、冒頭に紹介したリッチフィールド教会のくだりで、この教会の主教だった聖チャドをことさらに持ち上げて、中世カトリック教会の腐敗ぶりを際立たせようとした。曰く、この聖人の住まいは、「主教の豪邸ではなく、教会の庭の小さなあばら屋」だった、と（*ibid.*: 480）。なお、これも『ブリタニア』からの無断借用である（Camden 1695: 532）。

医療泉

そのデフォーは、すでに中世から巡礼地としてよく知られ、宗教改革の嵐も乗り越えた北ウェールズのホーリーウェルについて次のように書く。

ホーリーウェルに到る。聖ウィニフリドの泉の物語、すなわち、この敬虔な処女が陵辱され殺害され、そして葬られたとき、その身体からこの病気を治してくれる水が湧き出したという物語はいかにも伝説くさい……。カトリックがそれを信じていることは、この地に集まり、その水の病気に効く力をもらおうとしていることからも明らかだ。彼らは、それが医療水（a medicinal water）ではなく奇蹟の水（a miraculous water）であって、この有名な処女、聖ウィニフリドによる、神様へのとりなしと影響力のおかげで治るのだと思いたがっている。……たいへん冷たい水であるが、それが流れ出す岩のことを考えると、さまざまな鉱物が溶けこんでおり、聖人ではなく、鉱物の力で病気治療の大部分がなされるのであって、すばらしい奇蹟などではけっしてないのだ。（Defoe 1968, II: 464–5）

ウィニフリドとは、七世紀の北ウェールズに実在したとされる女性をモデルとする聖女である。カムデンをはじめとする古事物学者は、「医療泉」に対して並々ならぬ関心を示した。たとえば、リチャード・カルーは『コンウォール州探訪』（一六〇二年）のなかで次のように記している。ボドミンの近郊にあるスカーレットの泉は病気の治療に効くということで、「民衆」が数をなして群がるようになったため、当局は「泉を封鎖し、その奇蹟なるものを圧殺した」。偶像破壊の一環ということだろう。カルーにいわせれば、その泉の水は含有される「鉱物」ゆえに「ある種の効能」をもつとみるべきなのである（Carew 1602: 126）。

このように、古事物学者の紹介文は、中世的な迷信を批判しつつも医療泉の効能そのものは否定しない、それどころか「科学」的に称揚するというものであって、彼らのテクストそのものが「広告塔」となって、各地に点在する「聖なる泉」のあるものが「医療泉」として再編成され、生き延びることに大きく貢献したのであった。

聖ラムボールド崇敬の中心地のひとつ、ノーサンプトンシャー州のキングズ・サットンの近郊、アストロップには、「聖ラムボールドの泉」と呼ばれる泉がある。一八世紀を代表する古事物学者、ジョン・モートンの『ノーサンプトンシャー州自然史』（一七一二年）によれば、「今から四〇年前」、脳神経学の先駆者トマス・ウィリスと動物の輸血実験で知られるリチャード・ロウアという二人の名立たる医学者が旅の途中でこの泉に遭遇し、その水を飲むと「壊血病、喘息、貧血症」に効くことを発見し、「またたく間に全国に名前が知られるようになった」（Morton 1712: 281）。二つの可能性が考えられる。聖なる泉の伝統が先行した。もしくは、科学者の発見がまずあって、それになじみの聖人の名前が結びついた（Love 1996: cxlvii）。いずれにしても、この世界では、聖人と科学者が医療泉の新旧「守護神」という資格で対等に「過去」を構成するのである。

また、モートンは、かつては「目の見えない人やハンセン氏病の人」を治してくれたとされる聖なる泉が、地元の聖職者によって「最近、きれいにされ、オープンし」、いまでは、「誰でもその癒しの水に自由に接することができる」と書いている（Morton 1712: 283）。

すでに紹介した一七世紀の古事物学者、プロットも、スタッフォードシャー州の医療泉、その数、六〇について詳しい「科学」的分析を行なっている。たとえば、そのうちのひとつは、プロットによると、「病んだ体液」をすべて排出させる効能があり、昔はハンセン氏病、今は「人間と動物の両方の疥癬」を治してくれる（Plot 1686: 101）。しかしながら、プロットは、そのような科学分析では「説明できないような治療」を行なう「聖なる泉」があるとしたうえで、次のようにいう。

いまでも、住民は、一年のある決まった日には、この泉がしてくれた治療に感謝して、木の枝や花などを飾っている。(Plot 1686: 106)

ダービシャー州のピーク地方には、有名な温泉地、バクストンがある。その名前が国民化することにも、カムデンとデフォーがからんでいた。まず、『ブリタニア』。

バクストンの泉と呼ばれる九つの泉がある。腹部、神経、さらに全身によいことが経験的にわかり、シュールズベリー伯爵が近年、そこに建物をたて、貴族やジェントリが大挙して訪れるようになった。かの悲劇の女王、スコットランドのメアリもそのひとりで、次のような二行連句でバクストンに別れを告げたのであった。

その温泉のおかげで、バクストンの名声は何時までも語り継がれましょう。でも、私はもう二度と見ることはありません。さようなら。(Camden 1695: 494)

メアリのバクストン逗留は一五八四年のことである。つぎに、医師の勧めで、デフォーは湯治目的で同地に滞在したことがあると推測される(Rogers 1998: 103)。その効能をデフォーは次のように喧伝している。

その水は程よく熱い、というよりも温かめであって、冷水浴をするとたちどころに襲いかかるあの強烈な攻撃がなく、それでいて冷水浴と同じように作用する。……血液の温かさと水の温かさとが同じになるような感じがする。とても心地よい。熱水浴のように気が遠くなり、ぐったりするようなこともない。(Defoe 1968, II: 574)

また、デフォーは、その近くにある泉についてこう書いている。その水は「鉄塩類を含む」ことで知られ、「その季節になると、多くの人びとがその水を飲むため、あるいは冷水浴をするためにやってくる」(Defoe 1968, II: 564–5)。

ノルマンのくびきの森

森林についても興味深い「過去」があった。ハンプシャー州のニュー・フォレストは、ウィリアム征服王が強引にもうけた狩り場として知られ、すでに中世の歴史家も、この森林を「ノルマンのくびき」の象徴として描いていた。カムデンはそのことをふまえて、ウィリアムは「人間よりも動物に慈悲深かった」としたうえで、こう続ける。

しかし、この無慈悲な王の企てに対して神の鉄槌がほどなく下された。王の次男のリチャードと三男でイングランド国王となったウィリアム・ルーフスの二人が、ほかならぬこの森林で命を落としたのである。……さらに、長男のロバートの子どもであるヘンリーも、夢中になって獲物を追跡していたさいに、木の枝に頭がひっかかって、その場で絶命した。親の因果は子に報いるものなのだ。

(Camden 1695: 115)

ヘンリーとあるがロバートの庶子、リチャードの間違いである。しかし、三人がいずれも、この森林で狩猟中に落命したことは間違いない。なかでも事故死か、それとも暗殺かをめぐって今日も論争の絶えないのが、ルーフス(ウィリアム二世)のケースである。『アングロ・サクソン年代記』には、一一〇〇年、「狩りのさなか、臣下のひとりが放った矢により射殺された」とある(Swanton 1996: 235)。ルーフスはこの『年代記』の段階ですでに暴君と書かれており、その文脈でこの謎めいた最期のことがよく知られるようになった。伝説のさらなる流布に『ブリタニア』は一役かったわけだが、根底には異界としての森林のメージがあったように思う。

デフォーは、典拠を明記しないものの、明らかに『ブリタニア』を下敷きにしてこの伝説を紹介し、さらに、矢が放たれたとされる木は、チャールズ二世の命令により柵で囲われたが、「その柵も今ではおおかた、朽ち果てている」とつけ加え、そのうえで、「以前、大蔵卿のゴドルフィン伯に提出した」と称する「パラタイン難民」のニュー・フォレスト入植計画案なるものを延々と紹介する(Defoe 1968, I: 201–6)。パラタイン難民とは、一七〇九年、ドイツから総勢、一万三五〇〇人がロンドンに押し寄せてきた人びとのことで、その扱いが当時、大きな社会問題になっていた(中川 二〇〇五)。たしかに、デフォーは彼らの境遇に深い関心を寄せていた（Backscheider 1989: 262）。とはいえ、この計画案そのものは枚数合わせのために「でっち上げた」のではないか、とロジャーズは推測している（Rogers 1998: 76）。

アングロ・サクソン主義

イギリス古事物学の本来の「古代」とは、冒頭でも述べたように、ノルマン征服以前のことであって、ブリテン人部族時代、ローマ人支配の時代、そしてアングロ・サクソン時代の三つから成り立っていた。そのうち、『ブリタニア』において当初から重きをおかれていたのは、ローマ・ブリテン時代であり、ローマ帝国の交通網の史料として知られる「アントニヌス巡行表」の「魏志倭人伝」的な解読作業がその骨格をなしていた（見市 二〇〇三：二九～三二）。

しかしながら、『ブリタニア』は版を重ねるにつれ、アングロ・サクソン時代の比重が相対的に高まっていった。それは、宗教改革をひとつの大きな起点とする「アングロ・サクソン主義」の台頭と深く連動していた。

古事物学研究の古典である『ブリテンの古代』のなかでT・D・ケンドリックはいう。「シェイクスピアの時代のイングランドが、イングランド人自身の昔の歴史に対していかに無関心であったか。それは、ほとんど想像を絶するものがある」（Kendrick 1950: 116）。エリザベス女王時代の最初のカンタベリー大主教であるマシュー・パーカーがアングロ・サクソン学の大パトロンとなって、母国語たる英語の「復権」が、さらに古事物学者によるアングロ・サクソン社会の研究が、国家事業としていっきに進行した（MacDougall 1982: 39–40; Kendrick 1950: 115, 119）。それにカムデンも呼応したのである。

こうして、アングロ・サクソン人はイングランド人の「祖先」であることが自覚されるようになり、さらに、その祖先との血のつながりが強調されるようになって、ある種の「人種主義」の萌芽さえみられるようになった（MacDougall 1982）。とはいえ、コリン・キッドが強調するように、翳りが見えはじめとはいえ、なお聖史の呪縛は強く、少なくとも近世に関しては、人類、みなノアの子孫の末裔であるとする普遍史が厳然として存在し、その限りでは近代的なナショナリズムの全面開花まではいたらなかったのである（Kidd 1999）。カムデンの唯一の英語の著作、『ブリテン余録』（一六〇五年）では、たしかにアングロ・サクソン主義への傾斜がみられるものの、『ブリタニア』本体に関しては、イングランドよりもブリテンを上位におく姿勢が貫かれていた。『ブリタニア』の序論にはこうある。

かつて、ブリテン人とローマ人は長い年月にわたる相互の接ぎ木によって、ひとつの国民へと生育した。〔その後、ブリテン人、スコットランド人、ピクト人、そして「われらが祖先のサクソン人」があい争ったのだが〕、いまでは、長い年月にわたる接ぎ木と混淆によってわれわれすべてがひとつの国民となり、宗教と文芸とによって文明化されたのである。（Camden 1695: lxxxviii, civ）

『ブリテン余録』でも、英語はたしかにいくつもの言葉が「混淆された」ものだが、他のヨーロッパの国語も同じことで、「なんら恥じることではない」とされる（Camden 1974: 34）。

よく知られるように、デフォーも、一七世紀末のカトリック反動という国難から名誉革命によって救ってくれたはずのオランダ人、ウィリアム三世に対する排外主義的な反発ムードを諷刺する『純血のイングランド人――諷刺』（一七〇一年）において「混血の国民こそ最良の国民なのだ」として、「純血であること」（True Born）、「由緒あること」（Antiquity）、「血統正しいこと」（Pedigree）を誇示する忘恩の輩の「虚栄心」を痛烈に叩いたのであった（Defoe 2003: 79）。

デーン人の血

『ブリタニア』におけるアングロ・サクソン時代の記述のなかでひときわ目を引くのが、デーン人に対する全住民的な闘争である。それは、先住民たるブリテン人の英雄、女王ブーティカの反乱と対をなすものであった。

カムデンは、デーン人の暴挙とそれに対するアルフレッド大王やエドマンド剛勇王らの果敢な戦いを記しつつ、同時に、デーン人に対する戦いは全住民的なものだったことを盛んに強調する。たとえばサフォーク州では、侵略者デーン人に対して教会や貴族が「一万ポンドで平和を買い取ろう」としたさい、「イングランドの百姓」はデーン人と「断固として戦った」（Camden 1695: 372）。さらに、カムデンによると、マンチェスターの住民はその地名の由来を次のように言い張る。

> 住民はデーン人に対して勇敢に戦ったがゆえに、そこで自分たちの町をマンチェスターと呼ぶことにした。すなわち、英雄たちの都市（a city of men）という意味なのだという。彼らはひどくこの見方がお気に召している。彼らの誉れということらしい。（Camden 1695: 788）

サリー州の章では、「略奪するデーン人」を「住民」が打ち破ったことを記念する歌の文句なるものが収録される（Camden 1695: 155）。

The vale of Holmesdall
Never wonne, ne never shall.

ホルムズデイルの谷間は
金輪際、負けはしない。

それをデフォーは、『ブリタニア』のことにはいっさい触れずに、『大英国回覧記』のなかに次のようにして書きこむ（Defoe 1968, I: 155）。

This is Holmes Dale
Never Conquer'd, never shall.

ここはホルムズデイル、
金輪際、征服されない。

ロジャーズによれば、デフォーは、盗用の事実を隠蔽するためわざわざ言葉を変えたのである（Rogers 1998: 115）。

デーン人物語の極めつけは、「デーン人の血」と呼ばれる植物である。『ブリタニア』にはこうある。

〔エセックス州の――実際にはケンブリッジシャー州〕バートロウーは、四つの巨大な古墳で有名である。われわれの祖先が戦闘で殺された兵士を記念するためにもうけた種類のものであるが、遺体はすでに失われている。しかし、同じ場所のもう二つの古墳を掘り起こして調べたさい、三つの石棺と大量の人骨が見つかったという。住民の間には、これらの古墳はデーン人との戦闘の後につくられたという伝承がある。さらに、この辺りではDwarf-elder〔スイカズラ科ニワトコ属の一種〕がたくさん咲いており、赤い実がなる。住民はこれをデーン人の血と呼ぶ。ここで殺された多数のデーン人のことだ。(Camden 1695: 352)

「デーン人の血」については、一六九五年版『ブリタニア』の補遺者も各地の伝承を記録しており、人口に膾炙していたことがうかがえる(ヴィカリー 二〇〇一:一四〇〜一)。アングロ・サクソン時代のデーン人との戦いのことが、そのまま口承伝承の世界のなかで「記憶」されてきたのか。それとも中世の「エリート文化」の下降現象とみるべきなのか(Woolf 1991; Foot 1999)。いずれにしても、カムデンはフォークロアの世界についても先駆者的な存在だったのである。

ストーンヘンジ

引用文中の「古墳」についても触れておこう。今日の考古学者の解釈にしたがえば、この古墳群は、実際にはローマ・ブリテン時代のものである。カムデンは考古学の先駆者のひとりでもあり、ストーンヘンジは、『ブリタニア』のなかで図版2のように紹介されることによって、「国民的遺産」への途を突き進む。さらに、この時代、ストーンヘンジの石そのものをめぐって、それは自然石ではなく、「人工のセメント」だとする説があり、カムデンは、ヨークシャー州の巨石遺跡である「デヴィルズ・アロー

図版2　国民的遺産となるストーンヘイジ
出典：Camden（1695: 95）.

ズ」と比較しつつ、その説を詳しく紹介する労をとっている（見市 二〇〇三：第五章）。また、カンブリア州の有名な巨石遺跡、「のっぽのメグと娘たち」が全国的に知られるようになったのも、やはり『ブリタニア』を通じてである。この場合は、「地元の人びと」の間での呼び名を同地の「非常に有能で、なおかつ事物に精通している人びと」のひとりがカムデンに伝えたのであった（Camden 1695: 831; Westwood and Simpson 2005; 山田 二〇〇六：一四〇〜三）。

アーサー王についても、グラストンベリ修道院でその遺骸とともに発見されたとされる十字架の図版がまず『ブリタニア』に掲載され、さらに『大英国回覧記』に転載された（図版3）。伝説は、ここで

図版3　アーサー王の十字架
出典：Defoe（1968, I: 277）.

新たな生命力を注入されたのである。もちろん、カムデンはこの英雄が実在したことを疑うことはなく、各地にのこるアーサー王ゆかり（とされる）の遺跡を丹念に記録している。

先の内戦

『ブリタニア』にはいくつもの「内戦」が登場する。後代の歴史学者によって「ピューリタン革命」と令名されることになる戦いは、一六九五年版『ブリタニア』の補遺ではしばしば「先の内戦」と呼ばれ、それにまつわる記述が相当量、盛りこまれており、内戦の社会史の興味深い史料になっている。たとえば、コーンウォール州の補遺者は次のように記している。

ストラットンの近郊において、一六四三年、チャールズ一世に味方するコーンウォール人の勢力が、議会軍に対して勝利を収めた。その場所では、その後、一本の茎に一〇から一二個もの穂がついた大麦の大豊作がみられた。同じように、かつてスウォンフィールドにおけるデーン人との戦いの後、そこに灌木が生えたので、デーン人のボール（Dane-ball）、ないし、デーン人の草（Dane wort）、あるいは、Dwarf-elder と呼ばれた。その灌木は、ここから移植したものを除けば他の場所では見当たらない。（Camden 1695: 23）

また、『ブリタニア』のベッドフォードシャー州の本文には、次のようなことが書かれている。

やがてウーズ川はヘアウッド〔Harewood、現在はHarrold〕にいたる。……一三九九年、イングランドがこれから長きにわたって巻きこまれることになる、かの動乱と内戦〔バラ戦争のこと〕が勃発するその前夜、ウーズ川の流れが停止して水が両側に退き、驚くべきことに三マイルにもわたって川床が歩ける状態になった。(Camden 1695: 285)

ジョン・スピードの『大英帝国という劇場』(一六一一年)は、図入りの州要覧としてよく読まれた。この本もまた、カムデンを大いに活用していた。スピードは、以上のカムデンの文章を多少変えて引いたうえで、「それから、川の水は非常な高さになって戻ってきた」とつけ加える(Speed 1611: 41)。この時代は、「驚異」(wonder)ものの大流行をみた。そのひとつ、占星術師として知られるジョン・ギャドバリーの『驚異の自然』(一六六〇年初版、一六六五年第二版)にも、この出来事が記載される(Gadbury 1665: 78)。さらに、おもに『ブリタニア』と『大英帝国という劇場』のうち「珍しい自然現象」の箇所をコンパクトにまとめて、当時よく読まれ、仏訳までされたヨシュア・チャイルドリーの『ベーコン的ブリテン』でも紹介されている(Childrey 1661: 85)。そして、一六九五年版『ブリタニア』の補遺は、カムデンの本文を受けて次のように書く。

これとまったく同じことが(私がきいたところでは)一六四八年一月一八、もしくは二八日に起きたのである。本文にあるものが、それに続く内戦の予兆とみなされたように、……こちらもチャールズ一世崩御の予兆とみてよいかもしれない。(括弧は原文のまま)(Camden 1695: 289)

プロットのもうひとつの著作、『オックスフォードシャー州自然史』でも、一六四九年一〇月一三日から一一月七日、内戦のさなか、ウッドストックの王室領接収に赴いた議会の係官を襲った数々の怪奇現象、そして、オックスフォード大学の王党派とともに行動を共にするかのような巣づくりをした蜂のことが克明に紹介されている（Plot 1677: 181, 206–10）。

古事物学的な「過去」の世界では、「古代」と「中世」と「近代」の三つの戦いが同一平面上に位置づけられていることに注目しよう。デフォーも「先の内戦」に随所で触れており、たいへん興味深い内容になっているが、ここでは二つだけ紹介しておく。

ひとつは、チャールズ皇太子（のちの二世）のウースターの戦いの後の、逃亡劇にまつわる有名な「ロイヤル・オーク」の見物。これは実際に訪れたとみてよい。デフォーによると、その木のまわりには柵がもうけられていた。見物客が木の一部を削り取っていったからである。おそらく、御守りということだろう。しかし、現在ではその柵もだいぶ壊れているが、もう囲う必要もない。「その種の崇拝はすっかり失せた」からだ（Defoe 1968, II: 477）。

もうひとつは、『ブリタニア』の以下の補遺の完全な丸写し。この場合は、出典がきちんと明記されている。

〔ヘレフォードシャー州の〕サットンとヘレフォードとの間に、ウェルジンと呼ばれる共用の牧草地がある。そこに水位標用の二つの巨大な石が置かれていた。ひとつはまっすぐに立っていて、もうひとつは地面に横たわるかたちになっていた。先の内戦のさなか、一六五二年頃、この二つの石がおよそ二四〇歩〔一八〇メートル以上〕も離れたところに移動していたのである。どうやったのかは誰もわからなかった。かくして、悪魔が運んだということになった。元の場所に戻すさい、ひとつの石のほうは引くのに九頭の牛が必要だった。(Camden 1695: 581)

デフォーによれば、ヘレフォードを訪れたさい、この「有名な」話について訊いてみたところ、「本当のことだといわれた」(Defoe 1968, II: 449)。古事物学のテクストは、「先の内戦」の伝説づくり、ないし広まりに大きく貢献したということだろう。

「市民革命」などと麗々しく呼ばれる一七世紀の動乱も、ここでいう「過去」の世界にあっては、この島国の幾多の内戦のひとつ以外の何ものでもなかった。あくまで「先の内戦」だったのである。

アリマタヤのヨセフ

もっとも聖なる過去として、アリマタヤのヨセフのイギリス伝道があった。アリマタヤのヨセフとは、イエスの亡骸を十字架から降ろし、墓に納めたとされる人物である(「マタイによる福音書」二七章その他)。その人が後にこの島国に渡来し、伝道したとの物語が、中世のグラストンベリ修道院において創作されたのであった。

このように、もともとは修道院の下世話な「権威上昇」のための捏造《ねつぞう》にすぎなかったものが、やがて「イングランド教会の、ひいては国家の宗教的威信」を「喧伝」する材料として盛んに利用されるようになり、宗教改革以降にあっても、この伝説は「国民的アイデンティティ確認の対象」として、すなわち、「イングランドの誇るべき『神話』として再構成された」（青山 一九九二：一三六、一六五）。プロテスタント陣営にとっても、この伝説の魅力は抗しがたいものだった。回帰すべき原始キリスト教会が、この島国の「過去」にも存在していたことになるからである。

イギリスにおけるプロテスタント殉教史を劇的に描き、ベストセラーとなったジョン・フォックスの『殉教者の書』（英語初版は一五六三年）には、紀元後六三年にアリマタヤのヨセフがこの島国を訪れ、死ぬまで伝道を行なったとある（Foxe 1965: 306）。シェイクスピア史劇のネタ本になったことで知らる、ラファエル・ホリンシェッドの編纂になる年代記（初版は一五七七年）でも、これが史実として記載された（Holinshed 1965, I: 486–7）。カムデンも『ブリタニア』の二箇所で言及し、史料にもとづく「史実」であることを強調している（Camden 1695: lxix, 63）。そして、当時、一般読者の間ではもっとも人気があった（そして、後代の歴史学説史ではきれいに忘れ去られる）年代記である、『ロンドン探訪』の著者、ジョン・ストウの『簡便イングランド編年史』においても、予想されるように、「アリマタヤのヨセフと一一人のキリスト教徒」の来訪が、「キリスト生誕後六三年」の出来事として記載されている（Stow 2008: 38）。

奇蹟のサンザシ

アリマタヤのヨセフ物語にも、「デーン人の血」と同じような植物がらみの伝説が派生した。カムデンは、「寓話」を真に受ける輩とみられそうだがと断りをいれたうえで、グラストンベリには、クリスマスに芽のでる「サンザシ」（Hawthorn-tree）があるとの伝承があり、しかも、この発芽のことは「複数の信用できる人びとによって確証されている」と記している。そして、一六九五年版『ブリタニア』の補遺によれば、「この木はずっと以前に切り倒されてしまった」が、「その木の枝」から枝分かれしたものは「今も生えている」(Camden 1695: 64, 78)。

『大英国回覧記』では、ウィリアム・ダグディルの『イングランド修道院総覧』を引用するかたちで、このアリマタヤのヨセフのイギリス伝道のことが紹介され、さらに、『ブリタニア』の記述にもとづくアーサー王の十字架についての説明が、先にみた図版付きでなされる。そのうえで、デフォーも「サンザシ」伝説に触れている(ただし、「セイヨウ・サンザシ(white thorn)」と記している)。このサンザシは、地元民の話によると、アリマタヤのヨセフがクリスマスの当日に地面に突き刺した杖が成長したものとのことであった。そして、

あるジェントルマンの庭園に連れていかれた。そこには、このセイヨウ・サンザシがたしかに残っていた。その一部を帽子に入れて持ち帰った。そして本当にクリスマスの日に、伝えられているように芽がでたのである。

デフォーはいう。こうして、「私もアリマタヤのヨセフが実際にこの地に渡来し、われらが救い主が死去してから三七年もたたぬうちに、この島国にキリスト教が伝えられたと信じるようになった」(Defoe 1968, I: 272–3)。文豪の「サービス精神」のあらわれであろう。

イエスの訪英

もっと聖なる伝説があった。アリマタヤのヨセフが錫の買い付けのためにこの島国を訪れたさい、甥にあたる少年イエスを伴っていたというものである。

今日のイギリスでは「第二の国歌」と称され、なにかにつけて愛唱される「イェルサレム」は、かの画工にして詩人のウィリアム・ブレイクの作詞になるもので、もとは一八〇四年に出版された『ミルトン』の序文におさめられていた。その出だしは、明らかにこの伝説の系譜を引いている (Carley 1968: 184)。

And did those feet in ancient time
Walk upon England's mountains green?
And was the holy Lamb of God
On England's pleasant pastures seen?

そして、あの御身足がいにしえに、
お歩きになられたのか、イングランドの山々の緑の上を。
そして、神の小羊が、
イングランドの心地よき牧草の上に見られたのか。

ヘレーナ伝説

さらに、かのコンスタンティヌス大帝の生母であるヘレーナは、この島国の生まれだとする伝説があった。ヘレーナは下層の出身者であり、今日の研究でも、その出生地はなお確定されていない。そして何よりも、その生涯はいかにも伝説を生みやすい波瀾に満ちたものだった。

ヘレーナと、大帝の父であるコンスタンティウス帝が正式に「結婚」していたかどうかも定かではない。ともあれ、コンスタンティウス帝の政略結婚にともない、ヘレーナは「離縁」され、永らく日陰の身におかれた。三〇六年、ブリテン島に遠征中のコンスタンティウス帝がヨークの地で崩御、ただちにコンスタンティヌスは皇帝として名乗りをあげた。その後、コンスタンティヌスがローマ帝国を再統一し、さらにキリスト教世界の基礎を築いたことは周知のとおりである。三二六年、一族に悲劇が起きる。大帝の最初の妻の長男であるクリスプスが理由も明らかにされないまま処刑され、さらに、その直後、こんどは大帝の後妻であるファウスタが浴室で謎の死を遂げたのであった。二人の不義説を含め、当時も今もさまざまな憶測がなされてきた。おそらく、その事態収拾のためにヘレーナが、文字どおり劇的に表舞台に登場したのである。ヘレーナは、皇太后としてイェルサレムに巡行し、イエスゆかりの教会を建てた。そこから、四世紀の後半、ヘレーナは聖地で「真の十字架」(The True Cross) を発見したとする後代まで語り継がれる有名な伝説が生まれたのであった。

一二世紀の初頭、ヘレーナはイギリスのコルチェスターで生まれたとする伝説が誕生し、さらに、先に紹介したジェフリー・オブ・モンマスの『ブリテン国王列伝』において、ヘレーナは「ブリテン人の王であるコール」の娘とされ、したがってコンスタンティヌス大帝には、ブリテン人の血が流れているとの物語がここに完成したのであった (Kightly 1982: chap. 3)。

『ブリタニア』では冒頭の通史の部分において、ヘレーナはブリテン人であることが史実として述べられ (Camden 1695: lxxv)、さらにコルチェスターの紹介のなかに、次のことが書きこまれる。

コルチェスターが、ローマの時代にもっとも栄えたことは、毎日のように発見されるコインの量がその何よりも証拠である。……同市の住民たちは、コンスタンティヌス大帝の母堂であるユリア・ヘレーナがコール王の娘としてこの市に生まれたことを誇りにしている。(Camden 1695: 351)

デフォーが、懐疑的ながらヘレーナ＝コルチェスター出身説を紹介していることは、富山論文（本書の第五章）にみるとおりである。

それに加えて『ブリタニア』では、ロンドン・シティの市壁はヘレーナの希望で大帝が築いたと「歴史家」が書いていること、ウェールズには、「ヘレーナ街道」と呼ばれる「小石で舗装された軍道」があるが、これはヘレーナがつくったと推測してもよいと記されている（Camden 1695: 312, 656）。

聖なる国土

イエスやアリマタヤのヨセフの来訪、そしてヘレーナの生誕をも含む「過去」が刻みこまれることによって、大地は「国土」へと聖化された。「史実」も「伝説」も、いうならば清濁併せ呑むことによってこの国の「住民」は、歴史家の「歴史」とは（相対的に）区別された「過去」と現時点での自分たちとの連続性を実感し、そうして「国民」となってゆく。その連続性の担保となるのが、国土にほかならない。古事物研究家のテクストは、そのような聖なる国土が生産される現場だったのである。

六　おわりに――島国の終焉？

一九九九年に出版され、一千ページを超える大部であるにもかかわらず、歴史ものとしてはベストセラーになったノーマン・デイヴィスの『島国の歴史』は、ウェールズ出身で、なおかつカトリックという、二重にイングランド・プロテスタントから、大げさにいえば「疎外」された筆者が「ＥＵ史観」に立脚して、イングランド中心の「栄光ある孤立」史観を徹底的に叩いたものである。

その冒頭では、最後の氷河期、この島国は大陸と地続きだったこと、それが紀元前六〇〇〇年から五五〇〇年の間に完全に分離したことが指摘され、最後のほうでは、一九九四年、英仏海峡トンネルの開通によってその地理的な「孤立」の時代は終わったのだとする（Davies 1999: 8, 1012）。『ブリタニア』で産声をあげたこの「島国」は、いまやその終焉を迎えたということなのだろうか。

註

（1）イギリス古事物研究について詳しくは、見市（二〇〇三、二〇〇四）を参照されたい。

（2）ナショナリズムの起源をめぐっては、学界の主流である「近代派」と、それを近世以前にもとめる「前近代派」との分岐がみられるが、本稿は後者の立場にたつ。「前近代派」のおもな著作として、Helgerson (1994), Hastings (1997), Shrank (2004)。最近の日本における「近代派」の模範的な論文としては、伊藤（二〇〇九）がある。同論文と拙論文を並べてみれば、「近世」と「近代」のナショナリズムの異同がわかるはずである。

（3）『トマス・ヒッカスリフトの物語』については佐藤和哉氏から史料の提供を受けた。チャップブックについても氏の教唆に負っている。

参照文献

Anon.（n.d.）*The History of Thomas Hickathrift.*

Andrews, J. H.（1960）“Defoe and the Sources of his ‘Tour’”, *Geographical Journal,* No. 126.

Aston, Margaret（1973）“English Ruins and English History: The Dissolution and the Sense of the Past”, *Journal of the Warburg and Coutauld Institutes*, Vol. 36.

Backscheider, Paula R.（1989）*Daniel Defoe: His Life*, Baltimore: Johns Hopkins University Press.

Bastian, F.（1967）“Defoe’s Tour and the Historian”, *History Today*, Vol. 17.

Beer, Barrett L.（1998）*Tudor England Observed: The World of John Stow*, Phoenix Mill, Gloucestershire: Sutton Publishing Limited.

Bennett, Josephine W.（1956）“Britain among the Fortunate Isles”, *Studies in Philology*, Vol. 53.

Burton, William（1622）*The Description of Leicestershire.*

Camden, William（1695）*Britannia.*

――――（1974）*Remains Concerning Britain*, Wakefield: EP Publishing Limited.

Carew, Richard（1602）*The Survey of Cornwall.*

Carley, James P.（1988）*Glastonbury Abbey: The Holy House at the Head of the Moors Adventurous*, Woodbridge, Suffolk: Boydell.

Childrey, Joshua（1661）*Britannia Baconica.*

Cormack, Lesley B.（1991）“‘Good Fences make Good Neighbors’: Geography as Self-Definition in Early Modern England”, *ISIS*, Vol. 82.

Davies, Norman（1999）*The Isles: A History*, London: Macmillan.
Defoe, Daniel（1968）*A Tour thro' the Whole of Great Britain*, 2 vols., London: Frank Cass.
———（2003）*Satire, Fantasy and Writing on the Supernatural by Daniel Defoe*, ed. by W. R. Owens and P. N. Furbank, Vol. 1, *The True-Born Englishman and Other Poems*, London: Pickering & Chatto.
Dobson, Mary J.（1997）*Contours of Death and Disease in Early Modern England*, Cambridge: Cambridge University Press.
Duffy, Eemon（1992）*The Stripping of the Altars: Traditional Religion in England 1400–1580*, New Haven and London: Yale University Press.
Foot, Sarah（1999）"Remembering, Forgetting and Inventing: Attitudes to the Past in England at the End of the First Viking Age", *Transactions of the Royal Historical Society*, Vol. 9.
Foxe, John（1965）*The Acts and Monuments of John Foxe: With a Life of the Martyrologist, and Vindication of the Work*, 8 vols., New York: AMS Press.
Fuller, Thomas（1840）*The History of the Worthies of England*, 3 vols., London.
Gadbury, John（1665）*Natura Prodigiorum.*
Haigh, Christopher（1993）*English Reformations: Religion, Politics and Society under the Tudors*, Oxford: Clarendon Press.
Hastings, Adrian（1997）*The Construction of Nationhood: Ethnicity, Religion and Nationalism*, Cambridge: Cambridge University Press.
Helgerson, Richard（1994［1992］）*Forms of Nationhood: The Elizabethan Writing of England*, Chicago: University of Chicago Press.
Holinshed, Raphael（1965）*Holinshed's Chronicles: England, Scotland, and Ireland*, 6 vols., New York: AMS Press.
Holt, James C.（1982）*Robin Hood*, London: Thames and Hudson（J・C・ホウルト『ロビン・フッド——中世のアウトロー』有光秀行訳、みすず書房、一九九四年）.
Hutton, Ronald（1994）"The English Reformation and the Evidence of Folklore", *Past and Present*, No. 148.

Kendrick, Thomas D. (1950) *British Antiquity*, London: Methuen.

Kidd, Colin (1999) *British Identities before Nationalism: Ethnicity and Nationhood in the Atlantic World, 1600–1800*, Cambridge: Cambridge University Press.

Kightly, Charles (1982) *Folk Heroes of Britain*, London: Thames and Hudson.

Love, Rosalind C. [ed. and trans.] (1996) *Three Eleventh-Century Anglo-Latin Saints' Lives: Vita S. Birini, Vita et miracula S. Kenelmi and Vita S. Rumwoldi*, Oxford: Clarendon.

MacDougall, Hugh A. (1982) *Racial Myth in English History: Trojans, Teutons, and Anglo-Saxons*, Montreal: Harvest House.

Momigliano, Arnaldo (1950) "Ancient History and the Antiquarian", *Journal of the Warburg and Coutauld Institutes,* Vol. 13.

Morton, John (1712) *The Natural History of Northamptonshire; with Some Accounts of the Antiquities.*

Parry, Graham (1995) *The Trophies of Time: English Antiquarians of the Seventeenth Century*, Oxford & New York: Oxford University Press.

Piggott, Stuart (1985) *William Stukeley: An Eighteenth-Century Antiquary*, New York: Thames and Hudson.

Plot, Robert (1677) *The Natural History of Oxfordshire.*

——— (1686) *The Natural History of Staffordshire.*

Roffe, David (1994) "Hereward 'the Wake' and the Barony of Bourne", *Lincolnshire History and Archaeology*, Vol. 29.

Rockett, William (2000) "Britannia, Ralph Brooke, and the Representation of Privilege in Elizabethan England", *Renaissance Quarterly*, Vol. 53.

Rogers, Pat (1998) *The Text of Great Britain: Theme and Design in Defoe's Tour*, Newark: University of Delaware Press.

Samuel, Raphael (1994) *Theatres of Memory*, London & New York: Verso.

Schnapp, Alain [trans.] (1996) *The Discovery of the Past*, London: British Museum Press.

Shrank, Cathy (2004) *Writing the Nation in Reformation England, 1530–1580*, Oxford: Oxford University Press.

Speed, John (1611) *The Theatre of the Empire of Great Britain.*

Stow, John（2007）*A Summarie of the Chronicles of England, Diligently Collected, Abridged, and Continued unto This Present Yeare of Christ, 1604*, ed. by B. L. Beer, 2007.

Swanton, Michael J. [trans. and intro.]（1984）“The Life of Hereward the Wake”, in *The Lives of the Last Englishmen*, New York: Garland Pub.

——— [trans. and ed.]（1996）*The Anglo-Saxon Chronicles*, London: Dent.

Thomas, Keith（1983）*The Perception of the Past in Early Modern England*, London: University of London.

Trevor-Roper, Hugh（1971）*Queen Elizabeth's First Historian: William Camden and the Beginnings of English “Civil History”*, London: J. Cape.

Watts, Victor（2000）“English Place-Names in the Sixteenth Century: The Search for Identity”, in A. J. Piesse ed., *Sixteenth-century Identities*, Manchester: Manchester University Press.

———（2004）*The Cambridge Dictionary of English Place-Names: Based on the Collection of the English Place-Name Society*, Cambridge: Cambridge University Press.

Westwood, Jennifer and Jacqueline Simpson（2005）*The Lore of the Land: A Guide to England's Legends from Spring Heeled Jack to the Witches of Warboys*, London: Penguin Books.

Woolf, Daniel（1991）“Of Danes and Giants: Popular Beliefs about the Past in Early Modern England”, *Dalhousie Review*, Vol. 71.

青山吉信（一九九二）『グラストンベリ修道院』岩波書店。

伊藤航多（二〇〇九）「市民文化としての『郷土研究』——一九世紀イングランドの都市における歴史文化とその社会的理念」『史学雑誌』第一一八編。

ヴィカリー、ロイ（編）（二〇〇一）『イギリス植物民俗事典』奥本裕昭訳、八坂書房。

シェイクスピア、ウィリアム（一九八三）『リチャード二世』小田島雄志訳、白水社。

中川順子（二〇〇五）「嫌われ、行き『場のない』可哀想な移民たち」川北稔・藤川隆男編『空間のイギリス史』山川出版社。

ポリュビオス（一九九九）（二〇〇七）『世界史』第二巻、龍溪書舎。

見市雅俊（一九九九）『ロンドン――炎が生んだ世界都市』講談社。

――（二〇〇一）「病気と医療の世界史」見市雅俊・齋藤修・脇村孝平・飯島渉編『疾病・開発・帝国医療』東京大学出版会。

――（二〇〇三）「ウィリアム・カムデン『ブリタニア』を読む」『紀要』（中央大学文学部史学科）四八号。

――（二〇〇四）「英国地震史考」『学習院史学』四二号。

――（二〇〇九）「アンモナイトからアトランティスへ――古事物学テクストとしてロバート・フックの『地震学講義』を読む」『紀要』（中央大学文学部史学系）五四号。

――（二〇一〇）「ノスタルジーの街角――ジョン・ストウの『ロンドン探訪』を読む」『史潮』新六七号。

山田英春（二〇〇六）『巨石――イギリス・アイルランドの古代を歩く』早川書房。

第2章　共感の行方

書きかえられる『ロビンソン・クルーソー』

佐藤　和哉

一　はじめに

私たちの周りの書籍や雑誌、メディアのなかで、「事実にもとづいた小説」、「脚色をほどこしたドキュメンタリ」、「視聴者の投稿にもとづく再現ドラマ」など、「事実」と「虚構」の関係は、単純な二分法で捉えることができないほど複雑である。さらに、「ヤラセのスクープ」や「実話というふれこみのケータイ小説」のように、送り手が受け手の受けとめ方を操作しようとする場合もある。しかも、同じテクスト（映像作品や報道もそこに含めてよいが）を「事実」として受けとめる人もいれば、「虚構」だと思う人もいるという事態もけっしてめずらしいことではない。作り手の意図にかかわらず、受け手がどのように受けとめるかによって「事実」と「虚構」の境界は揺らぐことがある。この境界を意識するのは近代ヨーロッパにおいて顕著となるひとつの特色だったが、その当時からそれは確固としたものではなかった。

本章では、一八世紀の初頭にイギリスで発表されたダニエル・デフォーの『ロビンソン・クルーソー』（第一部と第二部、一七一九年、第三部、一七二〇年。以下では『ロビンソン』と略して呼ぶ）という物語を取り上げて、とくにそのテクストが書きかえられていった過程を追うことで、この作品の受けとめられ方について考えてみたい。この物語は「事実」を装った「虚構」であるとともに、当時からさまざまなかたちでよく読まれた作品でもあるので、それを読んだり聞いたりした人びとがそれをどのように受けとめていったかを知るのは興味深い。しかし、ある作品を過去において多くの読者が「どのように」読んだのかを直接知るのは不可能に近く、あとで論じるように、本章でもきわめて間接的な方法をとるしかない。さまざまな史料的制限があるなかで、少しでもこの問題の答えに近づいてみよう。

『ロビンソン』を論じるにあたっては、ポストコロニアルな関心からの批評がひとつの大きな流れだと言ってよいだろう。日本においても、一九九〇年代以降、この物語は「白人帝国主義・男性主義・産業資本主義の『神話的燃料』、帝国運営の『能力と気分の祭儀』テクスト」（岩尾　一九九四：二七）として、無限に自己増殖する現代の資本主義と通底すると論じられたり、「洋上楽園の建設と蛮人の脅威、そして銃とキリスト教によるその排除」（正木　一九九五：一四一）がこの物語の基本構造であり、ヨーロッパが非ヨーロッパに向けてきたまなざしを示していると論じられたりしてきた。

『ロビンソン』を読むことの現代的意味を問うこれらの研究とは、本章の関心の所在は異なる。ここでは、『ロビンソン・クルーソー』という物語が一八世紀のイギリスでどのように読まれたのか、という歴史上の問題、もっと大きく捉えれば、近世のイギリスにおいて文芸作品はどのように読まれたのかという、過去に生きた人びとの価値意識や精神構造の一端を明らかにしようとする試みを通じて、「文学」と「歴史」の協働の可能性を探ってみたい。

二　ベストセラー『ロビンソン・クルーソー』とその変容

『ロビンソン・クルーソー』とは

まず『ロビンソン』の構成を概観しておこう。物語の根幹を成しているのは、ロビンソン・クルーソーが難破して無人島に一人だけ生き残り、わずかな道具を頼りに自給自足の生活をする部分である。砂浜に大きな足跡を見つけて、近くの陸地から「人食い人種」が島に来ていたことを知り、驚愕して怯える場面や、現地人どうしの争いで命を落としかけた若者を助けて、その若者に「フライディ」と名前をつけて家来にすることもよく知られている。最後には通りかかったイギリス船で起こった反乱に介入して船長を助け、ついに帰国を果たすこととなる。

実は『ロビンソン』には第二部、第三部があって、同年出版された第二部では、いったんイギリスに落ち着いたロビンソンはその後ふたたび航海に出る。かつての自分の島を再訪し、マダガスカル島でトラブルに巻き込まれる体験などをしつつ、行く先々で交易をしながら東アジアまで世界中を旅行して回る。さらに、「第三部」として、ロビンソンが哲学的な思索を述べる形式で書かれた『ロビンソン・クルーソーの省察』と題される本も翌年出版されており、本来は「第一部」から「第三部」までの全部を合わせて「ロビンソン・クルーソー」と呼ぶべきものである。

したがって、無人島でのサバイバル・アドベンチャー的要素は、物語の主要な部分ではあるが、全部ではない。現在までもっとも広く読み継がれているのは第一部、それもそのなかの特定の要素のみであるが、オリジナルでは、第一部の物語にも宗教や倫理、親への恭順についての議論がそこかしこでかなりの長さにわたって挿入されている。なぜ一部分だけが読み継がれ、語り継がれてきたかについては先で議論することにしよう。

ダイジェスト版の『ロビンソン』

ある物語がどのように読まれていたのかを調べようとするとき、当時から現代にいたるまでの批評家たちがその作品について褒めたり貶したりしている文章は、多くの場合、残りやすいかたちで発表されるので、それを知るのはあまり難しくない。「批評史」、「研究史」という視点から考えるときは、その内容の吟味がメインのテーマとなることさえある。一方、その当時、あるいはその後数十年にわたるイギリスの一般読者たちがその物語のどこに魅力を感じ、それをどのように受けとめていたかについての研究はこれまであまり行なわれていない。圧倒的多数の「普通」の読者は、読後の感想を書き記さないので、そういう記録が残っていないからである。感想を記した記録の不在は、経済力や読み書き能力の点で読者の社会階層を下ってゆけばゆくほど顕著になる。

そこで本章では、『ロビンソン』が、とくに下層中流階級や民衆の間でどのように読まれていたのかという問いに答えるために、これまでほとんど省みられてこなかった史料を用いる。それは、当時数多く出版された、この物語のダイジェスト版である。あとで詳しくみるように、初版の出版直後から、この本には夥しい数のダイジェスト版が作られた。第三部までを一冊にまとめたものや、第一部と第二部を合わせてダイジェストしたものもあれば、第一部の内容だけを数ページに圧縮した、チャップブックといわれる薄い冊子もある。このようなダイジェスト版の多くは出版業者が営利目的のために出した海賊版で、ほとんどの場合は誰が書き直したのかわからない。多くは生活に困った売れない作家たちが印刷出版業者に雇われて書いたものらしいが、印刷・植字職人が書き直しをすることもあったようだ。

ダイジェスト版の史料的意義

ある本の「読まれ方」を考えるうえで、その本のダイジェスト版を取り上げる意味は、書物を消費の対象として考えることから生じるものである。以下の議論では、「書物」は消費者の欲求の対象であるモノであり、ここでいう「読者」については、経済力や読み書き能力などの制限はあるにしても、その制限内で特定のテクストを読んだり読まなかったりすることを選べる消費の主体である、と考えることにする。

『ロビンソン』をダイジェストする作業において、書き手は、まずオリジナルやそれ以前に作られたほかのダイジェスト版でこの物語を読み、そのうえで「これを書けば売れるだろう」と考えた要素を抽出したテクストとして書き残す。商品としての書物は、一般により多くの読者を獲得することを目的とするものではあるが、なかでもダイジェスト版という種類の書物は、価格を下げたり内容を縮めたりすることによって、よりいっそう多くの読者に売ることを第一に考えられている。したがって、読者の受けを狙って書き直された可能性が高い。つまり、書き直されたテクストのなかには、間接的であれ、読者が魅力的だと感じた要素が反映されていると考えてよい。

また、これらのダイジェスト版は一八世紀を通じて広く読まれていた。正確な受容者数を知ることはできないものの、その価格の安さや流通形態からすると、オリジナルよりも社会的に広範囲の読者に消費されたと考えるのが妥当であろう。過去に生み出されたテクストの「読まれ方」を問題にするのであれば、なるべく多くの読者を対象にしたものを扱うことにとくに意味があるのは当然ともいえよう。

一七世紀末に検閲法が事実上なくなったために、一八世紀のイギリスでは、上流階級や、中層以上の中流階級に向けたものはもちろんのこと、下層中流階級から民衆までを対象とした出版物の発行点数も急激に伸びているし、そのほかの点でも、この時代を消費社会の発展期だと考えるのは社会史研究の定説だと考えてよい。人びとは、自分の欲しいものを買い求めることで自分の欲求を生産者側にフィードバックさせ、商品の供給に影響力を与えることができるようになった。こうして、商品としてみた書籍を分析することで、そこに反映されているはずの消費者の指向や意向を探ることができる。

当時の出版物に関する慣習を手がかりとしながらさまざまなダイジェスト版のテクストを細かに読み解くことで、「ロビンソン」という表象が、下層中流階級から民衆にいたるまでの幅広い社会階層の人びとにとってどのような存在であったのかが明らかになるだろう。チャップブックまでを含んだダイジェスト版のテクストへの沈潜と、そこから得られる、当時の読者にとってのリアリティの解明に本章の最大の眼目がある。

なお、『ロビンソン』が近代ヨーロッパの文化のなかで特別な地位を占めるようになるにつれ、この物語にヒントを得て書かれた作品が数多く書かれるようになった。有名なところでは、J・H・カンペ

『若きロビンソン』（一七七九〜八〇年）やJ・D・ウィースの『スイスのロビンソン』（一八一二年）などがあり、ドイツやスイスで書かれたこれらの物語もそれぞれ英訳されイギリスでも読まれたが、本章は「オリジナル」の変遷をたどることに重点をおくためこれらは扱わない。また、『ロビンソン』の挿絵の変遷については詳細な先行研究があるが（ブルーエット 一九九八）、そこでは民衆向けの本に表われる画像についてはあまり触れられていない。いずれにせよ、図像の分析はほかの機会に譲りたい。

ダイジェスト版の趨勢

まず、一八世紀中に出版されたダイジェスト版の全体像をつかんでおこう。ブリティッシュ・ライブラリが中心となって作っているオンライン・データベースの『英文簡略標題カタログ』で、本のタイトルについて「Robinson」と「Crusoe」の掛け合わせ検索を行ない、言語を「英語」に、国を「イングランド」と「スコットランド」に設定すると、一九六件がヒットする（British Library）。それぞれのエントリーを調べて、オリジナルとその重版、それにこの作品ではないと明確に確認できるものを除くと、一三七点のテクストが残る。たとえば、本のタイトルに「ロビンソン・クルーソーの著者による」などの文言のついた、ダニエル・デフォーのほかの作品がカタログ中にしばしば見られ、この検索方法だとそれらもヒットするので、手作業で取り除くことになる。

一〇年ごとに区切ってその出版点数の推移を見ると、次ページの表のようになる。なお、これはあくまで出版点数の推移であって、それぞれの出版物の発行部数や人気とは関係がない。つまり、非常に人気を博して多くの人びとに読まれた出版物も、あまり人気がなくそれほどは行きわたらなかった出版物

表1 『ロビンソン』のダイジェスト版の出版点数と，そのなかで200ページ未満の版の出版点数（10年ごとの推移を示す）

	総数（A）	200ページ以下（B）	B/A（%）
1719–1720	2	0	0
1721–1730	7	4	57
1731–1740	7	4	57
1741–1750	5	3	60
1751–1760	7	5	71
1761–1770	16	8	50
1771–1780	18	7	39
1781–1790	40	21	53
1791–1800	35	20	57
総計	137	72	53

出典：British Library, *English Short-Title Catalogue Online* <http://estc.bl.uk/F/?func=file&file_name=login-bl-list>（2009年3月13日アクセス）より筆者作成。

も、同じように一点として数えることになる。ただし、版を重ねたものは別のものとして数えているので、厳密ではないにしても、ある種の傾向性を示す数字としては意味を持つ。それから、このデータベースはあくまで現存する資料のカタログなので、たとえば、カタログに記載されているある本の表紙に「第一〇版」と書かれていても、第七版は現存していないためにカタログに記載されていない、などの場合もある。

表中の「二〇〇ページ未満」という列には説明が必要かもしれない。「二〇〇ページ」というのはあくまでもひとつの基準にすぎないが、最初に目立って短くされるダイジェストがおよそ一五〇ページから一六〇ページくらいなので、ひとつの基準として二〇〇ページで線を引き、それよりも短いものをひとつのカテゴリーにしてみると、一八世紀を通じてほぼずっと、ダイジェスト版全体の半分以上がこのグループに入ることがわかる。

『ロビンソン』初版の頃

『ロビンソン』のオリジナルがどのような本であったのかをみておきたい（Hutchins 1967）。タイトルは、この時代の出版物によく見られるように、全体の要約と言えるほど長く、『ヨークの船乗りロビンソン・クルーソーの生涯と驚くべき奇妙な冒険。この男はオリノコ川河口近くのアメリカ沿岸の無人島に二八年間一人で住み、難破によって他のものは全員死んだのに岸に打ち上げられて生きのび、不可思議にもついに海賊によって救われた』となっている。第一部初版は巻頭の挿絵、タイトルページに序文が二ページ、本文三六四ページ、それに加えて出版元の広告カタログが四ページという構成で、ウィリアム・テイラーという出版業者が一七一九年四月に出版している。第二部の初版はタイトルページに序文が五ページ、第一部第四版の広告とダイジェストされた海賊版を買わないようにと読者に呼びかける注意書きが一ページ入り、本文は三七三ページで、それに加えてテイラーの広告カタログが一一ページ付されている。同じ初版にも、この注意書きがある刷とない刷があるとのことだが、その詳細に立ち入る必要はないだろう。第三部は巻頭の地図とタイトルページ、著者「ロビンソン・クルーソー」による序文が一一ページ、出版元からのまえがきと広告が三ページ、本文は三五四ページで広告カタログが二ページである。全三巻でざっと本文が一〇〇〇ページになる。価格は第一部が五シリングで、第二部、三部についての情報は乏しいが、大きく違わないと思われる。なお、どれも版型は印刷用紙全紙の八分の一の大きさの八折本という本で、元とする紙の大きさによって異なるが、現在使われているA五判よりも少し小さい程度の大きさである。

『ロビンソン』は、第一部の初版が出版されてから四カ月のうちに六版を重ね、同じ業者から全部で五〇〇〇部が出版された。ほかに類を見ないというほど大きな部数ではないが、よく売れたと言ってよい数字のようだ（Rogers 1978: 49）。引き続き第二部が同じ年に同じ業者から出版されたこと（第三部は翌年）、『ロビンソン』の版権を持っていた印刷出版業者の死後、その版権が高額で取引されたことなどからわかるように、出版当初からこの物語はよく読まれていた（Rogers 1985: 167）。

さまざまなダイジェスト版

第一部が出版された同じ一七一九年、さっそくそのダイジェスト版が出版されている。これを出版したのはT・コックスという出版業者で、二五〇ページ強の構成、価格二シリングで出版・販売している。第二部の冒頭で読者に買わないように呼びかけている海賊版は、これを指すと推定される。デフォー自身は自分の作品がダイジェストされることに強い遺憾の意を表明しており、第二部（岩波文庫版では「下巻」[1]）の序文で、「省略する者は、この書から最も輝かしい飾り物を奪い去ることになろう」と、物語の「教訓」が簡約化によって損なわれることに憤慨している（デフォー 一九七一：四）。ただし、真意はむしろその次の、「こういう人々がこの作品の版権所有者に対して行なう加害行為は、すべての正直な人間の嫌悪するところである」（同）というほうにあるようだ。ダイジェストした海賊版が出版されることでオリジナルが売れなくなることを懸念したというのが、本当のところだろう。

また、テクストに改変が加えられたわけではないが、一七一九年の一一月から翌一七二〇年の三月まで第一部が、四月から一〇月まで第二部が『オリジナル・ロンドン・ポスト』という週三回発行の新聞に連載された（Hutchins 1925: 157–8）。ハッチンスによると、コックスの場合とは異なり、この新聞を発行していたヒースコートとテイラーは共存共栄の関係にあったらしく、『ロンドン・ポスト』は『ロビンソン』の連載によって売れ行きが伸びることを目論むと同時に、連載を読んだ読者が書籍のほうも買うように仕向け、テイラーにとっても利得となるように取り決めたようだ。一八世紀初頭に始まるジャーナリズムの興隆から考えると、この連載のために『ロビンソン』がいっそう広く読まれるようになったのは間違いないと思われる。

一七二二年には、全三部を一冊にしたダイジェスト版が、ブロードサイド・バラッドやチャップブックなどの廉価本をおもに扱う印刷出版業者として知られていた、エドワード・ミッドウィンターによって出版される。ダイジェスト版とはいっても三八〇ページを超える大部なものではあるが、一七二四年に二版、一七二六年に三版が出版されることからわかるように、この一冊本は初期のダイジェスト版のなかでも比較的よく売れたらしい。この本は一二折本（印刷用紙全紙の一二分の一の大きさ）というサイズで、オリジナルよりもひと回り小さい。さらに一七二四年には、ミッドウィンターは全三部を一五四ページの一二折本にダイジェストした版を出版した。これはその後のダイジェスト版のひとつの「元本」となる。なお、大きさは一四・五×八・七五センチメートルで、文庫本よりも少し幅が狭い。

世紀が下った一七七〇年代以降は、一六〜三二ページ程度、一〇〇〜一八〇ページ程度、二五〇〜三五〇ページ程度のものと、いろいろな種類の『ロビンソン』のダイジェスト版が混在するようになる。また、一七八〇年代以降は短めのダイジェスト版が急増する。

チャップブックとしての『ロビンソン』

その一方で、『ロビンソン』は「チャップブック」の世界にも進出した。チャップブックとは一七世紀から一八世紀にかけてイギリスやアイルランド、北米植民地などで盛んに出された出版物の一ジャンルである。九センチ×一五センチ程度、長くて三二ページ程度（大部分は一六〜二四ページ）の小冊子のかたちをとる。チャップブックはもともときちんと保存されるものではないので、数量的なデータを示すのは難しいが、ある研究によると、一七世紀の後半にはすでに、九万冊（九万「種類」ではない）の在庫を有する出版業者もあったとされている（Spufford 1981: 100）。一八世紀にかけてチャップブックがますます広く読まれるようになってゆくこと、数十を超える印刷出版業者がチャップブックを出版していたことを考え合わせれば、イギリス全体で、一七世紀から一八世紀にかけて相当数のチャップブックが販売されたことは間違いない。

内容は民話や笑話、言い伝えや占いなどが大部分を占めたが、当時よく読まれた小説のダイジェスト版もあった。『ロビンソン』のほか、前世紀のバニヤンの『天路歴程』、やはりデフォーによる『モル・フランダース』などもチャップブック版が出版されていた。もともとはある程度の経済力とリテラシーを有する読者を念頭におかれて書かれた『ロビンソン』であったが、チャップブックになることで、民衆文化に属する人びとのなかにも受容者を得ることとなったのは重要である。先にあげた『英文簡略標題カタログ』では、チャップブックとなった『ロビンソン』で現存するものは、一七四〇年代以降にはじめて出版されたと推定されている。

チャップブックは、都市では印刷屋や書籍小売商（本屋）の店頭でも売られていたが、そのほか地方の村落にまで行商によって売り歩かれていた。値段が確実にわかっている例として、後に述べるダイシーという印刷出版業者のカタログによれば、卸値が一〇四冊で二シリング七ペンス（三冊で一ペンス弱の計算になる。売値は二冊で一ペンス程度と推測される）である（Simmons ed.）。

一八世紀半ばで男性の約六割、女性の約四割が字を読む能力を持っていたと推測されているが、この時代の読書は音読や読み上げというかたちでも行なわれたから、民衆の間でも字の読めるものが印刷物を読み上げて周りの人びとに伝えることも多く、チャップブックにしても、その内容を知ることができた人びとの範囲は、必ずしも識字率の数字に縛られない。このように、「読む」ことによってだけでなく「聞かせられる」ことによっても伝えられるものであることから、チャップブックの受容者を問題とする場合には、「読者」ではなく、以下〈読者＝聴衆《オーディエンス》〉と表記する。

以上のような概観のうえで、いくつかのテクストを選んで、具体的な「書き直し」の様子をみてみることにしよう。

三　ダイジェスト版の定番

オリジナルの受けとめられ方

はじめに、「事実」か「虚構」か、という観点から、オリジナルのテクストがどのようにみずからを提示しようとしているか、そしてそれがどのように受け取られたかをみてみよう。オリジナル第一部

(岩波文庫版では「上巻」)の序文では、この点について、「編者はこの話が事実の正しい記述であることを信じている。このなかには虚構《フィクション》らしいものはまったくない。だが、……読者の教化のためにも、また娯楽のためにも、この物語が事実にしろ虚構にしろ役に立つ分にはたいして変りはなかろうと思う」(デフォー 一九六七:七)と述べられている。

この序文からもわかるように、実は、はじめにこの本が出版されたとき、「ダニエル・デフォー作」とはなっていない。「ロビンソン・クルーソー自身の手による」と表紙にはっきりと記されていて、しかもそれが誰か別の「編者」によって編纂されたのだというふりをしている。しかも出版元のテイラーは、宗教書や旅行記の出版で定評があったという(Ross 1985: 10)。ここには幾重にも「事実」と「虚構」を混同させるような仕掛けが施してある。

とはいえ、読者のほうでもこの仕掛けにだまされたわけではないらしい。そのことは、『ロビンソン』を揶揄したり批判したりする内容のパンフレットが同年中に何点か発行されていることからもわかる。たとえば、当時デフォーと不仲であったチャールズ・ギルドンという売文家は、『D……デ・F……氏の人生と奇妙で驚くべき冒険』(一七一九年)というパンフレットを出版して、イニシャルだけで書かれているデフォーと目される人物が、ロビンソン・クルーソーとフライディから自分たちの描き方に現実味がないと散々文句を言われるパロディ風の対話劇を描いている(Gildon 1719)。このタイトルが『ロビンソン』のパロディであることは言うまでもないだろう。それに加えて、登場人物が難破して苦労するところを描いて読者に航海に出ることを思いとどまらせようとしているから海運国イギリスの国益に沿わないとか、地理上の誤りがあるとか、話の辻褄が合わないとか、執拗に思えるほど悪意に満ちた抗議をＤ氏への手紙というかたちで書いている。

デフォーにとっての「虚構《フィクション》」

この作品が「虚構」であるかどうかは、デフォー自身にとっても当時の批評家たちにとっても、ひとつの中心的な関心事であった。まず、「虚構」を悪いものとみなすピューリタン的な伝統のなかにいるデフォーにとって、この物語はあくまで「事実」であるというポーズをとり続けるしかなかった。おそらくはそのポーズが破綻したときの予防線として、デフォーは、この物語に含まれる「教訓」を強調することで（デフォー 一九七一：四）、みずからを安全な位置におこうとした。さらに、第三部の「省察」では、「ロビンソン・クルーソー」の一人称で、いかに自分の物語が「真実」であるかを述べ、そうでないとする批評家に対して反論することに序文の大部分を費やし、「私、ロビンソン・クルーソーは、……ここに以下のことを断言する。すなわち、彼ら〔第一部、第二部を批判する人びと〕の非難は、その意図において中傷を目指されたものであると同時に、事実の点で誤りである、と。そして、この物語が寓意《アレゴリカル》を持ったものであるとともに事実《ヒストリカル》を語るものだと明言しておきたい」（〔 〕内は引用者、以下同じ）（Defoe 1720: "Preface", n. page）と述べている。

再三の「事実」についての言及はデフォーの脅迫観念を物語っていると言えるが、この文が示すのはそればかりではない。ここで用いられている「寓意」という言葉は、おそらく、デフォーにとって、この物語が「事実」か「虚構」か、というアポリアを乗り越えるために導入されたものではないかと考えられる。「虚構であっても、事実よりもより真実を伝えるもの」として「寓話」、あるいは「寓意」について述べたのだと考えてよいだろう（平井 一九七一：一七八）。さらに、『ロビンソン』が出版された一八世紀初頭には、多くの旅行記が出版されていて、それぞれ「事実」であるか「虚構」であるか、そもそれは問題となるべきことなのか、等々さまざまに入り組んだかたちで、当時から受けとめられていた（富山 二〇〇三：一二一〜七）。

このように、オリジナルが発表された時点で「事実」と「虚構」をめぐる葛藤はすでにはっきり表われていた。この葛藤は、世紀前半に出版されるダイジェスト版にもいろいろなかたちで現われてくる。

「ベッツワース本」

ここで検討するのは、ミッドウィンターによる一五四ページ版（一七二四年）を、一七三七年にベッツワース、ヒッチ、ウェア、それにホッジズという四人の印刷出版業者が共同で再版したダイジェスト版である（以下、「ベッツワース本」と呼ぶ）。当時は中小の印刷出版業と書籍の小売業は完全に分離しておらず、ベッツワースはミッドウィンターが出した版の販売にも関わっていた。先に触れたように、この版は全三部を一冊にしたものとしてはもっとも初期のものである。この本には、『ヨークの船乗りロビンソン・クルーソーのすばらしい人生と驚くべき冒険……全三巻から忠実に要約し、この瞠目すべき物語にふさわしい挿絵で飾ったもの』というタイトルが付けられている。

印刷は粗雑で、一人称の「I」が小文字で書かれていたり活字が抜けていたりするなど、あまり上質な作りではない。また、タイトルで謳われている挿絵もチャップブックによく見られるような雑な板目木版画であるなど、全体として安上がりに作られている印象を受ける。また、この時代、中流階級以上を主な対象にした書籍には多くの場合「予約購読者リスト」が付けられているが、この本にはそれがないことからも、より下層の中流階級を対象にしたものではないかと伺える節がある。

この本をはじめ、多くのダイジェスト版には原作にない独自の「前書き」が付けられていて、それぞれのテクストの性格を際立たせている。ベッツワース本ではこうである。


ロビンソン・クルーソーのすばらしい生涯と驚くべき冒険についての新しい要約をお届けするにあたって、次の点を読者のみなさんにお知らせしておかなければならない。この版では、可能な限りの注意を払って物語の全体を欠けるところなくお伝えするとともに、前の版にあったいくつかの誤りが訂正されている。さらに、最近起こったことなのでまだ公表されていない事実や重要な意見もつけ加えられている。

この作品は一般的な成功を収め、広く賞賛もされているので、これを薦める言葉は何も言う必要はない。また、ほそぼそと例外的に、この話の信憑性にケチをつける声があることはあるが、とくに注意をとめる必要はないだろう。

もしも、そういう人びとが言うように、これがただの虚構《フィクション》だとしても、それが何だと言うのか。それでも、〔この本の〕全体の構成はとても巧みにできていて、興味深い観察の結果や、道徳的な内省がちりばめられているので、隠喩的な色彩を含む書き物に少しでも趣味を持っている人には、この本が傑作だとわかるに違いない。……

しかし、実際の作品を見ていただくのが、ほかの誰かが何を言うのよりもその価値をよりよく知

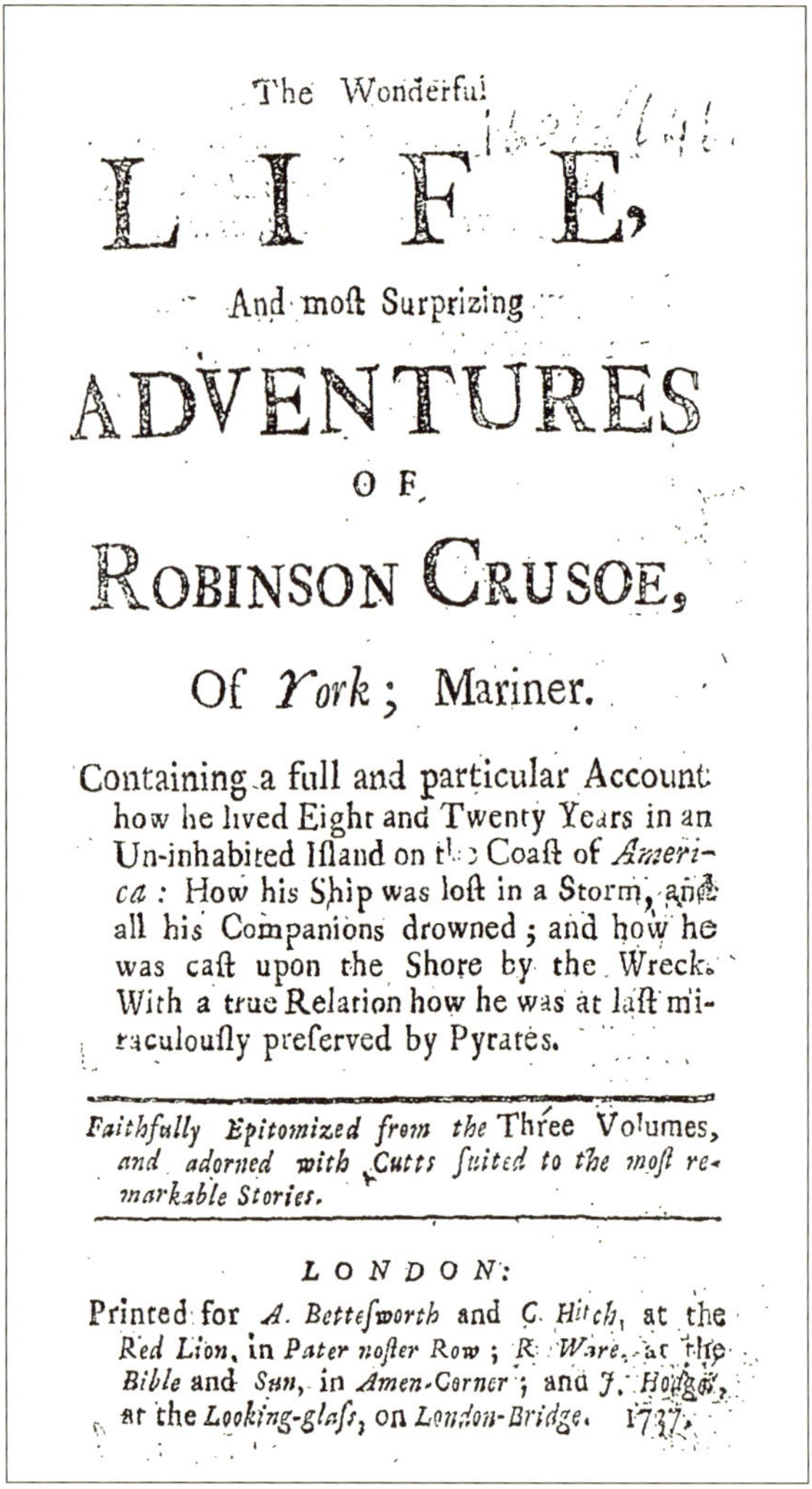
The Wonderful

LIFE,

And moſt Surprizing

ADVENTURES

OF

ROBINSON CRUSOE,

Of *York*; Mariner.

Containing a full and particular Account how he lived Eight and Twenty Years in an Un-inhabited Iſland on the Coaſt of *America*: How his Ship was loſt in a Storm, and all his Companions drowned; and how he was caſt upon the Shore by the Wreck. With a true Relation how he was at laſt miraculouſly preſerved by Pyrates.

Faithfully Epitomized from the Three Volumes, *and adorned with Cutts ſuited to the moſt remarkable Stories.*

LONDON:

Printed for *A. Betteſworth* and *C. Hitch*, at the *Red Lion*, in *Pater noſter Row*; *R. Ware*, at the *Bible* and *Sun*, in *Amen-Corner*; and *J. Hodges*, at the *Looking-glaſs*, on *London-Bridge*. 1737.

図版 1 「ベッツワース本」タイトルページ

出典：Anon.（1737）*The Wonderful LIFE and most Surprising ADVENTURES OF ROBINSON CRUSOE.*

60 *The Life and Adventures*

in a mighty confuſion what was beſt to be done: however, being impatient to ſee ſomething of their management, I took my guns and went ſecretly to the top of the hill, where by the help of my perſpective-glaſs, I obſerved no leſs than thirty ſitting round a fire, and feaſting upon what meat they had dreſſed; what it was I could not diſtinguiſh; but they were all dancing around the flames, and uſing many frightful and barbarous geſtures.

Whilſt I was looking earneſtly on theſe wretches, I could diſcern them dragging two miſerable crea-tures out of one of the boats. It was not long be-fore I ſaw one of them knocked down, and 3 or 4 of them fell to cutting and mangling his body, in order to devour him, as they had done the former.

Whilſt

図版 2 「ベッツワース本」の挿絵の例

出典：*Ibid.*, p. 60.

らしめることになると思うので、これ以上無駄な弁明をして、こんなに広く認められている作品を支持していただくようにわざわざ読者のみなさんを説得しようとするのはやめておこう。(Anon. 1737: "Preface", n. page)

この序文にも、「事実」と「虚構」についての揺らぎを見ることができる。「ただのフィクションだとしても」と認めているように、開き直ったとも言える態度がここには伺える。そこで、この物語は事実にもとづいてはいるのだが、本当の価値はそこではなくて、構成や「興味深い観察」、「道徳的な内省」あるいは「隠喩的な色彩」、つまりは文章そのものにある、という議論をしている。こうして、この「序文」の書き手は「事実か事実でないか」を問題にしない論法に出る。また、「道徳的な内省」はオリジナルにもダイジェスト版にも頻出する言葉で、先に触れた「教訓」とともに、作り手(以後、ダイジェスト版の編者や出版業者などを総称する場合には「作り手」とする)の側が主張する、この物語の価値を表わすキーワードとなる。

「ベッツワース本」のダイジェスト

それでは、ベッツワース本のテクストは、ダイジェスト版として、どういう要素をどの程度省いているのだろうか。特徴の第一点は、オリジナルで物品が細かく列挙されている場面であっても、それが省略されることである。一例として、難破したロビンソンが船から物資を運び出す場面をあげよう。

最初に私はその上〔自分の作った筏の上〕にできるだけの板を載せて、それから水夫用の長持を三つ降ろし、そのなかにいろいろな種類の食料を入れた。衣服も見つけたが、現在の状況で必要なだけしか取らなかった。私の関心はおもに仕事をするのに必要な道具類と火器・弾薬だった。探していると大工の道具箱が見つかり、大きな船室には火器と弾薬があった。これらすべてを筏に載せると、こわれたオールなどを使って私は漕ぎ出した。（Anon. 1737: 27）

この部分は、オリジナルでは、食料、衣類の具体的な品目や銃の種類などが細かく並べあげられていて、ロビンソンの無人島暮らしを支える基本的な道具だてが説明されている（デフォー 一九六七：七二〜三）。なお、この難破船にロビンソンは一〇回以上品物や道具を取りにいっていて、オリジナルではこの後も手に入れたものが逐一詳しくあげられるが、この記述もベッツワース本には一切ない。このほか、オリジナルでは微にいり細をうがって語られる家具作りや土器を焼く作業についての描写もきわめて簡単に片づけられている。つまり、道具を使ってさまざまなモノを作り上げ、生き延びてゆくことが物語の中核を占めるわけではない。

また、「道徳的な内省」がこの物語のもっとも重要な点だと序文では言いながらも、本文では宗教や道徳に関する議論が最小限にとどめられていることが特徴の二番目としてあげられる。たとえば、砂浜に足跡を見つける有名なシーンのあとで、ロビンソンは、悪魔の足跡ではないか、あるいはそれをつけた「野蛮人」から攻撃されたらどうしようかと散々思い悩むあまりに一時は宗教心を失いかける。しかし、自分のこれまでの人生と神の恩寵について思いをめぐらせ、結局は神意に身を任せようと決める。

このような心理的な葛藤がオリジナルでは数ページにわたって事細かに描写されているのに対し（デフォー　一九六七：二二〇〜一四）、ベッツワース本では、

このように思いあぐねて私はとてつもなく思い悩んだ。それでも、じっくりと考えたあとで、私は結論を出した。この世界の崇高な支配者にすっかり身をゆだね、その慈悲と摂理に服するのがもっともよいのだ、と。（Anon. 1737: 51）

という程度に収められている。宗教的な言説がまったく取り去られているわけではないが、全体の割合からするとはるかに小さな比重しか占めていない。

これらの省略は、『ロビンソン』の「真実らしさ」を支える具体性と、この物語の当初の価値概念とされていて、作り手がここにこそ価値があると装っていた「道徳的」なテクストとしての要素が、このダイジェスト版では剥がれ落ちていることを意味している。それと同時に、分量的にもフライディ救出以降の比重、とくにイギリス船船長の救出と謀反人（ここでは「海賊」と呼ばれている）退治が物語に占める重みは相対的に大きくなり、この物語を「サバイバル冒険物語」にするうえで大きな役割を果たしている。つまり、「序文」の掲げる看板がどうであれ、「売れる商品」を目指して作られたダイジェスト版は、筆者の実録にもとづいて内省を語った道徳的物語などではない。それは結局のところ、野蛮人や海賊と戦うヒーローの冒険物語だったのである。

ベッツワース本の位置づけ
ベッツワース本は、先にも述べたように、その後の多くのダイジェスト版の元本のような役割を果たしたので、これを元に作られたダイジェスト版が数多く存在する。それだけに実数はわかりにくいが、世紀を通じて相当多数の読者の存在が想定できる。ここでは、手軽な読書を求める下層中流階級の読者層に対して、こう書けば売れるだろうと作り手が考えてダイジェストした本の性格が、発行された部数以上に重要なのである。
『ロビンソン』を冒険物語として読むことに慣れている私たちの目からすれば、このようなダイジェストのしかたは当然のように思われるかもしれないが、このテクストの変容は、「読書の歴史」を考える場合に重要な論点を示している。「本を読む」という行為は、オリジナルでもダイジェスト版でも「序文」で語られているように、タテマエとしては事実に学び道徳を考える糧にすることとされ、そのためにも内容が「事実にもとづいていること」を重視する立場を作り手が取っているように見せている。しかし実際に簡約の作業を通じて作り出され販売されたテクストのホンネの部分は、冒険物語として娯楽を与えるものであった。このように、ダイジェスト版は物語が事実であるかないか、という点を離れ、「娯楽」としての読書を生み出すうえで大きな役割を果たした。
出版史研究の定説では、一八世紀の出版物は宗教色が強いとされている。しかし、ここでみてきたように、「売れる」ように作り変えられたテクストは娯楽的な冒険物語だったわけであり、その存在は、当時の人びとの読書体験が多様であったことを示している。けっして一般読者は宗教に関する説教ばかりを読んでいたわけではなかった。

さて、巻頭に付けられているカタログにあげられているほかの書籍の価格からすると、この本もオリジナルとあまり変わらず、おそらく四～六シリングの値段であったと推定される。人から借りて読む読者がいることも考えられるから、購入者と読者の属する社会階層がまったく同じだとはいえないにしても、経済力から規定される購買者層は、中層から下層の中流階級だったと思われる。それでは、さらに社会・経済的に下層の民衆はこの物語をどのように読んでいたのだろうか。次節では、民衆向けに作られたであろうと考えられる印刷物に書き直された『ロビンソン』を見てみることにしよう。

四　民衆向けのテクスト

ヒストリー

一般に「チャップブック」と呼ばれる民衆向け出版物については、第二節で簡単に触れた。ここでは、チャップブックに書き直された『ロビンソン』を検討してみよう。本章で取り扱っている「事実」と「虚構」をめぐる論点に関しては、チャップブックに固有の問題がある。それは、このような冊子形式の本が当時、「ヒストリーズ」、すなわち「〈物語《ヒストリー》＝歴史〉集」と呼ばれていたことに起因する。

多くの冊子は、たとえば『親指トムの物語《ヒストリー》』や『巨人殺しジャックの物語《ヒストリー》』、あるいは『ワット・タイラーの物語《ヒストリー》』、『黒太子エドワードの物語《ヒストリー》』などのタイトルが付けられていて、前二者がおそらく架空の存在で、後二者がおそらく過去に実在した人物たちであるという区別は、出版社のカタログでも外見のうえでもなされていない。そこでは、伝説もおとぎ話も歴史上の出来事も、みな、まったく違いがなく「ヒストリー」として扱われる。したがって、ロビンソン・クルーソーという人物も、ここではただ「ヒストリー」のなかの人物でしかない。ここで検討する本のタイトルは『ヨークの船乗りロビンソン・クルーソーの生涯』となっているが、扉ページには「ロビンソン・クルーソーの物語《ヒストリー》」と書かれている。

〈読者＝聴衆〉がチャップブックのなかで「事実」と「虚構」をどのように区別していたのか、あるいは区別していなかったのかを示す史料はないが、少なくとも版型や大きさ、販売の形態や価格などの「モノ」、あるいは「商品」としての要素においてはそれぞれのチャップブックの間で区別はない。オリジナルやベッツワース本では、この物語が「事実」か「虚構」か、というように問題を立てて著者や作り手たちが議論していたのに対して、チャップブックの世界には、「事実」と「虚構」との境界がそもそも存在していなかったといえる。

『ロビンソン』のチャップブック版

以上のようなチャップブックについての検討を念頭において、この節では前節とは少し異なる視点から『ロビンソン』のテクストを見てみよう。

チャップブックとして一般的に市場に出回っていたと推定されるのは、二四ページで一〇葉程度の板目木版の挿絵が添えられているものである。ロンドンの大手チャップブック出版業者ダイシーの出版物カタログ（一七六四年）がインターネット上に公開されているが、その編纂者によると、『ロビンソン』

のチャップブックはロンドンのほか、ヨークやニューカッスルなどチャップブック出版で有名な町でも印刷されていたし、コングルトン、ダーリングトン、エクセター、ハル、ウルヴァーハンプトンなどの地方都市でも出版されていた記録がある（Simmons ed.）。

ここではロンドンで出版された版をおもに取り上げる。この本は表紙に「印刷・販売、ロンドン、ボウ・レイン、オールダマリー・チャーチ・ヤード」と書かれていて、この場所にダイシーの印刷所があったことがわかっているので、このチャップブックはダイシーによるものだと推測される。そうだとすれば、ダイシーの人気から推して当時かなりよく読まれたものと考えてよい。ほかのチャップブック版も参照したが、いくつかの版を比べてみても言葉遣いが多少異なっていたり、章立ての有無があったりするほかは、内容に大きな違いはない。

このダイシー版のチャップブックは、全体が四つの章に分かれている。出版年代は一七四〇年代から一七七〇年代までのどこかの時点と推定される。一般に一文あるいは一フレーズは短く、文法的にも語彙的にも、ベッツワース本よりもずっと簡単に理解できる。このテクストを享受するうえで必要とされるリテラシーの質が異なることを確認しておこう。また、チャップブックの『ロビンソン』には、ベッツワース本に見られた、オリジナルの簡約版である旨の断り書きが付いていない。〈読者＝聴衆〉は、これが、何か別に存在するオリジナルのテクストを簡単にし、省略したものだということを明示的には知らされずに享受していた。つまり、彼らにとってはこのテクストが「ロビンソン・クルーソー」のすべてなのだということにも留意しておきたい。

この本のそれぞれの章には、「第一章、著者の生まれ、著者は難破するが二度目の航海ではもっと成功したので三度目の航海に出てサリーの海賊に捉えられる。そこから脱出してブラジルに到着するまで」など、章の内容を示す短い文章が付けられている。これは多くのチャップブックに見られる形式的な決まり事であって、このような章立ては、読み聞かせられることが想定されているチャップブックにおいて、一回に読み上げる分の区切りとして適当な長さに物語を分ける役割を果たす。以下の章は、「第二章、われらが著者はふたたびみずからの運を試し、誰にも知られていない島に流れ着く。著者の日誌より。また暦の新しい作り方について」、「第三章、島で著者が発見したいくつかの事柄、島にインディアンたちが訪れるのを知った驚愕、また召使いのフライディを手に入れるにいたった経緯」、「第四章、ヨークシャーへの帰還、結婚。妻が死に、また放浪の気質が収まらなかったため、ふたたび海に出る」となっている。

一読して目につくことは、そのバランスの良さである。ベッツワース本とは異なり、具体的なモノの列挙や宗教的な内省に関する部分をことさらに排除するような様子は見られない。比較を容易にするために、やはり難破船からの物資の調達の場面をあげておこう。

> 私は船まで泳いで行くと、ラム酒やそのほか多くの酒類を見つけた。それから板を集めて筏を作り、ピストルを二丁、猟銃を二丁、火薬をいれた角型容器をいくつか、弾丸を一袋、剣を二振り、鋸を二丁、金槌を二本、それに斧を一丁見つけると、それらを筏に載せて岸までたどり着いた。（Anon. *The Life of Robinson Crusoe* n.d.: 7–8）

ここでは武器や道具に力点がおかれていて、オリジナルにある食料や衣類についての言及はない。サバイバルのために必要なものの優先順位としては理解できる。また、ベッツワース本と比べて、数字を入れながら具体的な品目を列挙しているために、より現実味を帯びている。このような、足が地についた具体性はチャップブックの持ち味のひとつであろう。

また、宗教的な言説は、短くではあっても、随所にちりばめられていて、難破船から持ってきたものについても「良い本が何冊かあり、ことに聖書があったので、私は自分の心をなぐさめることができた。そして、神のご意思は私の命を救ってくださったばかりでなく、孤独の生活にあっても自分でやってゆけるように難破船をつかわしてくださった、と考えることができた」(Anon. *The Life of Robinson Crusoe* n.d.: 9)と、とくに聖書に言及するほか、「安息日には神に祈り、神の言葉について深く考えることを習慣にしていたことが語られるし(*ibid*.: 11)、フライディに対しても「神と神の御子イエス・キリストについての知識を自分にできる限り伝えようとした」(*ibid*.: 16)とキリスト教への改宗を試みるなど、宗教的なテクストとしての性格も随所に片鱗を残している。

チャップブックでは英雄ものや悲恋ものにも宗教的な言説がつけ加えられることが多く、娯楽色が強いことと宗教的な言説を含むこととは必ずしも背反しないので、このテクストが含む穏健な宗教色も、そのようなチャップブックの一般的な特色に合致しているといえる。末尾には、それまでの語り手であった「私=ロビンソン」ではない、別の語り手が突然登場し、原作にはない締めくくりの言葉を述べる。

まことにすばらしい神の摂理をこのように綴った物語はこうして終わる。この物語が読者に驚異の念と興奮を与え、すべての人びとが読むに値するものとなっているのは間違いない。ことに忍耐という技を覚え神の意思に従うことを学ぼうとする人にとってはそうである。

また、この男の生涯に起こった多くの奇跡はまことに奇妙で驚嘆すべきものである。これらを真剣にみずからに当てはめて考えるならば、ほかの者にとっての範ともなるだろうし、私たちのすべての状況における神の御心と御知恵の正しさが示され、称えられるだろう。しかるべくこれが起こらんことを。(Anon. *The Life of Robinson Crusoe* n.d.: 24)

このように、主人公の行動を支配する神の摂理への言及はチャップブックによく見られる。〈読者＝聴衆〉の素朴な宗教心の表われでもあるだろうし、作り手が教化を狙ったとも考えられる。ベッツワース本では、序文においては「道徳」を重視しながらも、本文を読むと宗教的な色彩はきわめて薄くなっていた。全体の長さとのバランスからすれば、チャップブック版においては「宗教的」な要素が占める比重はむしろ高いといえる。また、オリジナルにおいては、はじめ無宗教であったロビンソンがしだいに宗教心を得てゆく過程が描かれるのに対して、チャップブック版では、親に対する不服従は描かれるものの、ロビンソンは神をも恐れぬ無信心者としては描かれていない。

民衆の読み物としての特色

民衆の読み物というと娯楽に特化したものだと思われがちかもしれないが、実はそうではない。〈読者＝聴衆〉の日常とまったくかけ離れたところで行なわれている「冒険」であっても、ロビンソンが自分たちと同じように神に祈る人物であったことは注目に値する。民衆の読み物にはそれとしての秩序も信仰もあった。

　また、「事実である」ことを声高に主張するわけではないが、先にも述べたように、チャップブックの世界では、ロビンソンは伝説上の人物でも架空の人物でも実在の人物でもありえた。リアリティの問題は、ここで取り上げたチャップブックの題名にも関わる。長いオリジナルのタイトルは、チャップブックでは『ヨークの船乗りロビンソン・クルーソーの生涯』と徹底的に簡略化されているのだが、そこにも「ヨークの船乗り」という言葉が残されている。あらためて考えてみると、そもそもヨークは海辺の街ではない。「ヨークの」とはもちろん「ヨーク出身の」の意であるにせよ、「船乗り」を形容するにはやや奇妙にも思える。オリジナルと比べれば極端なほど短くされたテクストのタイトルにわざわざロビンソンの出身地が残されていることには、どういう意味があるのだろうか。

　『ウォリックのガイ』、『ウェストミンスターの背高メグ』、『レディングのトマス』など、チャップブックのタイトルには地名がしばしば見られる。チャップブックは、ロンドンだけでなく地方都市でも印刷工房を拠点とした行商人によって津々浦々まで売り歩かれた。そのことによって、どこに住んでいる〈読者＝聴衆〉にとっても、それらの地名は「イギリスのどこか」として馴染み深いものとなった。つまり、民衆にとって、チャップブックの題名に付けられた地名は自分たちの住む「国土」を意識するひとつの手がかりであったと考えられる。「ヨーク」への言及を通じてロビンソンは〈読者＝聴衆〉から「同国人」として意識され、この登場人物の実在性はより確かなものとされた。チャップブック特有のリアリティが生じていたと言ってもよいだろう。

チャップブックの典型からの逸脱

その一方で、典型的なチャップブックと異なり一人称で書かれていることも手伝ってか、この『生涯』ではロビンソンの心情が比較的細かく描写されている。たとえば島に着いた直後、自分ひとりが生き残ったことを神に感謝しつつも、自分が父親の言いつけにそむいたために陥った境遇を嘆き、父の言葉を思い出しながら後悔する場面もその例であるし、島で暮らしながら、「私には不足しているものは何もなかったとはいえ、自分がなんとさびしい場所にとどまらなければならないのかと考えると胸が張り裂けそうだった」（Anon. *The Life of Robinson Crusoe* n.d.: 12）、あるいは、「人食い人種」たちが島にやって来たのがわかってから、「そこで、この次やつらが来たら全滅させてやろうと決心した。しかし殺人を犯すことを考えると、とても心がかき乱された。それでも、その後は外出するときはいつも武器を持って行くことにした」（*ibid*.: 13–14）と揺れ動く心の内が記されるなど、一般に登場人物が類型的で心理描写に乏しいチャップブックには珍しい記述が頻出する。

推測の域を出ないが、このようなチャップブックの慣例からの逸脱は、この本が「読み上げる」よりも「一人で読む」性格を強く帯びていることを示唆しているのではないだろうか。そう考えてみると、韻文の挿入や繰り返しの多用など、一般にチャップブックによく見られる「読み上げ」に関わる音声的な仕掛けがこの本には少ない。また、ニューカッスルで出版されている版では章立てがされていないなど、『生涯』は、チャップブックにしては音声を通じて受容されるというよりは「読み物」としての性格のほうが強い。だからと言って、この物語が音声を通じて享受されるテクストとまったく無縁であるかというとそうでもない。最後に、読み上げられたり歌われたりする『ロビンソン』を見ておこう。

バラッドとなった『ロビンソン』

一八世紀の終わりに向けて、いくつかの歌謡集やブロードサイド・バラッドに「ロビンソン・クルーソー」という歌が見られる。これは、「ブロードサイド」と呼ばれる一枚もののビラ、あるいはポスターに印刷されたもので、酒場や宿屋などの人の出入りがあったり飲食をしたりするところに貼られ、人がそれを見ながら歌うためのものであった。ある歌謡集に収められている「ロビンソン・クルーソー」という歌は、次のとおりである（Anon. *A Collection of New Songs* n.d.: 2–3）。

（「ちっぽけでもこぎれいなこの島」の節に合わせて）
若いときから苦労続きだ
おれのじいさん、死んでから
賭けてもいいが、こいつのことを
あんたも聞いたに違いない
そいつの名前はロビンソン・クルーソー
ああ、ロビンソン・クルーソー
ロビンソン・クルーソー
ティンカ・ティンカ・タン
ティンカ・ティンカ・タン
ああ、哀れなロビンソン・クルーソー

本で読んだりしてないか
こいつの昔の旅のこと
嵐はますます猛け狂い
船はガツンと乗り上げた
哀れなあいつも溺れかけ
ああ、ロビンソン・クルーソー

以下、島に着いてから、難破船から「古い鉄砲と刀のほかに　使えそうなもの二つ三つ」を持ち出すこと、オウムを馴らして名前を呼ばせること、住みかや衣服（トレードマークであるヤギの毛皮の服）のことなどが歌われたあと、フライディについてこう語られる。

家をきれいにしてたのは、
ロビンと一緒のフライディ
それがお勧め、精を出し
家来というより兄弟だ
二人でなかよく暮らしてた

そして最後の連では、やってきたイングランドの船に乗せてもらって帰ってくる。ベッツワース本で強調されていた謀反人（海賊）退治のくだりも、バラッドからは一切省かれている。

イングランドの船が来た
おーいと呼べば、届くとこ
ロビンはカヌーで漕いでった
船までやっとたどり着く
乗せてくれたよ、親切に
ロビンの生まれ故郷まで

これまで見てきたさまざまなテクストのなかでもいちばん短いかたちでロビンソンの物語を語ったものだが、「難破→島での生活→フライディ→帰還」というのがこの物語の最小限の要素であることがわかる。ここで面白いのは、「名前を呼ぶオウム」、「ヤギの毛皮の衣服」が島の生活の要素としてとくに取り上げられていることである。そのほかのいくつかのバージョンでは、「兄弟」が「お隣さん」になっていたり、リフレインの言葉が少し異なっていたりする程度の相違はあるが、ほぼこのような内容の歌が伝わっている。

このバラッドは、当時よく知られていたある歌の「メロディに合わせて」という指示が冒頭に書かれていたり、リフレインがあったりするところから、その場にいる人間が声を合わせて歌うためのものであることがわかる。〈読者＝聴衆《オーディエンス》〉は同時に、能動的にテクストに関わる〈歌手《パフォーマー》〉でもあった。民衆向け出版物の常として印刷年代ははっきりしないが、一八世紀のうちにはすでに歌謡集に現われているので、そこから判断すると、このバラッドができたのは一八世紀後半から末にかけてと推測される。この頃には、このバラッドの〈読者＝聴衆〉が、ロビンソンのことをすでに「本で読んだことがある」と想定されていたことにも注意しておきたい。つまり、一八世紀末には、民衆でも何らかのかたちで活字を媒体としてロビンソンに触れていたわけであり、活字文化が広い社会階層にわたって浸透していたことがここからわかる。

等身大の「ロビンソン」

こうして、『ロビンソン・クルーソー』は、チャップブックやブロードサイドなどを通じ、文字を通してだけでなく、歌や音楽を通じて広く人びとに知られるものとなった。そこで語られるロビンソンの物語は、無人島での生活、それもヤギの毛皮の衣服やロビンソンと話をするオウムに興味が移る。フライディ救出やイギリス船の奪還などの活劇的要素もぼやかされ、ロビンソンはヒーローではなく等身大のキャラクターとされている。奴隷商人としてのロビンソンが描かれることはないし、それどころか、サバイバル生活の実際的な面も孤独に悩むところも、すっかり姿を消すわけではないにせよ、ずっと軽く扱われる。その一方で、話をするオウムは原作ではそれほど大きな比重を持つものではないが、バラッドでは必ず言及されるし、オリジナルでは、フライディの救出はロビンソンが島に漂着してから二六年目であるにもかかわらず、ここではずっと一緒であったかのように語られる。さらに、フライディにまつわる「奴隷」、「人食い人種」などの表現もほとんど姿を消し、ロビンソンにとっての「兄弟」、「隣人」と表現されるにいたるのである。

読み聞かせを通じて伝播しうるチャップブックや、人びとが集《つど》う場所で歌われるブロードサイドバラッドは、民衆への伝わり方という点ではひとつの究極と言ってもよい。先に述べたように、実在の人物も伝説の人物も同じように扱われる慣習を持つ「ヒストリーズ」のなかの登場人物として、ロビンソンはこの出版物に特有のリアリティを獲得した。さらに、ブロードサイド・バラッドでは、「哀れなロビンソン・クルーソー」として、ロビンソンは〈読者＝聴衆〉である民衆から同情を寄せられもした。そこでロビンソンがいかに人びとの共感の対象となっているかを示すのが、バラッドのリフレインにあるこのフレーズである。これはオリジナルにも登場するオウムの呼び声から取られているが（オリジナルでは「ロビン」と呼びかけている）、歌のなかでは、「話を聞いたことがある」、「本で読んだことがある」、とあたかも実在の人物であるかのように、〈歌い手＝聴き手〉の同情の対象となっている。『ロビンソン』という物語において、事実のふりをしたフィクションの「事実性」は、オリジナル以来繰り返し主張されるにもかかわらず疑われ続けてきた。しかしそのロビンソンは、もっとも民衆に近いところで、このようにある種のリアリティを帯びていた。その理由はどのあたりにあったのだろうか。

身近なものとなった「航海」

前章で見市雅俊が、また後の章では富山太佳夫が、ほかならぬデフォーの『大英国回覧記』を分析して論じているように、一八世紀の初頭には、イギリスは明確な海岸線によって囲まれ、「風土」と住民の多様性によって充足した「島国」として意識されるようになっていた。

しかしながら、その島国から、多くの人びとが航海して出てゆかざるをえなかった。一八世紀を通じてイギリスは、とくにその中葉以降、インドや北米大陸など海外で多くの戦争を戦った。そして、「財政＝軍事国家」として対仏戦争に勝利し続けるとともに、海外貿易を飛躍的に拡大、発展させた。そしてこれらの展開は、環大西洋圏に形成される第一次イギリス帝国へとつながってゆく。このようにイギリスが海外、とくにアメリカ大陸とのつながりを深めてゆく一八世紀には、多くの人びとが海を渡っていった。この時代に、自発的、強制的を問わず大西洋を渡った「移民」は三〇万人から四〇万人とされていて、その多くが低い社会階層に属する若年の奉公人であった（川北 二〇〇八：四一）。この若者たちは短い場合は四年、長ければ一四年かそれ以上新大陸で働く「年季奉公人」として海を越え、そしてまた帰ってきた。ここでいう「強制的」とは要するに流刑囚のことである。

当時の植民地は、富を約束してくれる豊かな土地というよりは、そこでどういう生活が待ち構えているかもわからない未開の地だった。「自発的」とは言うものの、実際には生活に追われ、やむにやまれず海に乗り出す者が多かったはずである。デフォーが書いた『モル・フランダース』の主人公モルも、一度は流刑を受ける身としてヴァージニア植民地に流されている。また、アメリカ大陸における七年戦争、すなわちフレンチ・インディアン戦争だけでもイギリスから二万の軍が送られ、戦争が終わると世界中から二〇万人もの引き揚げ兵が戻ってくるなど（井野瀬 二〇〇七：三二）、戦争のために海を越え、また戻ってくる者も相当数いたのであり、「航海」、そして「難破」は一般の民衆にとって、けっして他人事ではなかった。

民衆文芸の慣習によって付与されるリアリティと、「航海」や「大洋」が人びとに身近になることで獲得されるリアリティがないまぜになって、「ロビンソン」というキャラクターは「事実」とも「虚構」ともつかぬ領域の人物として、人びとの心のなかに独特な位置を占めることとなった。歌謡集やブロードサイドでロビンソンを知っている〈読者＝聴衆〉は、自分や知人も海上で、あるいは海を渡って仕事をする可能性が増大する世界にあって、ロビンソンの姿のなかにある種の希望を見たのではないか。ブロードサイド・バラッドで歌われるロビンソンのように、難破しても幸運に恵まれて生き延び、ペットや友人（召使いではなく！）を得て暮らし、いつかは「故郷」へ、あるいはその集合体としての「国土」へと無事に帰ってくることこそが、人びとが「航海」に抱いた夢ではなかったか。「帝国主義的」テクストとして読まれることもある『ロビンソン・クルーソー』ではあるが、それは、帝国の拡大を支えた民衆に生存の希望を与える物語でもあったのだ。

五　おわりに

『ロビンソン・クルーソー』という文学テクストを、この作品が一八世紀のイギリスでどのように読まれたか、という観点から、それが書き直されたテクストを中心にみてきた。文学テクストは何らかのかたちでそれが書かれた社会なり文化なりと関わりをもつものと思われるが、その作品の「読まれ方」もまた、それが読まれた社会や文化を表わすものであろう。また、「読まれ方」がある顕著な特徴を示すときには、その時代全体に（場合によってはそれ以降にも）通じるような心的な態度なり精神のありかたなりを見せてくれるものかもしれない。

下層中流階級をターゲットにしてダイジェストされ書き直された『ロビンソン』は、そういう読者層のニーズに応えるために、一方では「内省」を歌い文句にしながらも、実のところは、オリジナルのテクストから道徳的・宗教的要素を削り落としながら娯楽読み物に特化した。それは、この階級の人びとが民衆よりも宗教心に薄く、より世俗的であったことを意味するのではなく、中流階級以上の人びとの読書の対象が幅を広げ、さまざまな読み物が手に入るようになっていった（読書の歴史を語る専門家の用語にしたがえば、「より『拡散的』な読書をするようになった」）ことを反映しているのではないかと思われる。従来よりも幅広い読書の対象のなかで、『ロビンソン』は娯楽的な読み物として位置づけられるようになっていったのだろう。

さらに、『ロビンソン』が、一八世紀の半ば以降、チャップブックによって、民衆にいたるまでの広い社会階層の人びとに受容されるものになっていったことを再度確認しておきたい。こうして変容を遂げた『ロビンソン』のテクストは、バランスよくオリジナルをダイジェストしつつ適度に宗教色も保ちながら、主人公の内面の描写などの文芸的仕掛けに読者を誘うものであった。購買力や文字の読み書き能力の点で読書の対象となりうる出版物が限られる人びとにとっての『ロビンソン』は、そのなかに、異国情緒や冒険、サバイバルといった娯楽のほか、宗教や道徳などさまざまな要素を混在させていた。同時代の社会改革家からは「不道徳」であるとされて嫌悪されたチャップブックではあったが、そのなかには民衆の素朴な宗教心も道徳観念も表われていた。それと同時に、チャップブックの主人公になり、あるいはブロードサイドの歌の登場人物になることによって、「哀れなロビンソン・クルーソー」は民衆の共感を獲得していった。

自分の漂着した島に手を加えて、自分が消費できる以上の富を生み出していったロビンソンを帝国主義の尖兵と見るのは容易である。たびたび指摘されてきたように、一九世紀の帝国主義的な少年物語の数々が『ロビンソン』の影響下にあることは確かだろう。しかし、一八世紀末から一九世紀初頭のチャップブックやブロードサイド・バラッドのロビンソンは、何よりも幸運にすがって何とか生き延びる、「哀れな」存在だった。チャップブックのタイトルが短くされる場合にも、「ヨークの船乗り」という言葉は必ずといってよいほど残された。たび重なるフランスとの戦争やますます盛んになる貿易を通じて拡大する帝国の世紀に、民衆が主人公と重ねあわせて見たかったのは、幸運と神の御心によって難破からも孤独からも救い出され、ついには無事にイギリスに帰ってくる同国人の姿だったのではないだろうか。こうして、「事実」のふりをし続けてきた「虚構」は生存の夢と希望をかけた〈読者＝聴衆〉にとって、「現実」の一部となったのである。たとえ、その夢と希望の行く末が「世界に冠する大英帝国」だったとしても。

註

（1） 以下、オリジナルの引用は岩波文庫版から行なう。

参照文献

Anon. (n.d.) *A Collection of New Songs*, Newcastle: M. Angus & Son.
——— (n.d.) *The Life of Robinson Crusoe, of York, Mariner*, Printed and Sold in Aldermary Church-Yard, Bow Lane, Lon-

don.

———— (1737) *The Wonderful LIFE, and most surprizing ADVENTURES OF ROBINSON CRUSOE, Of York, Mariner. Containing a full and Particular Account how he lived Eight and Twenty Years in an Un-inhabited on the Coast of America: ...Faithfully Epitomized from the Three Volumes, and adorned with Cutts suited to the most remarkable Storie*, London: Printed for A. Bettesworth and C. Hitch, at the Red Lion, in Pater noster Row; R. Ware, at the Bible and Sun, in Amen-Corner; and J.Hodges, at the Looking-glass, on London-Bridge.

British Library, *English Short-Title Catalogue Online* <http://estc.bl.uk/F/?func=file&file_name=login-bl-list> (Accessed 13 March 2009).

Defoe, Daniel (1720) *Serious Reflections during the Life and Surprising Adventures of Robinson Crusoe: with his Vision of the Angelick World,* London: W. Taylor.

Gildon, Charles (1719) *The Life and Strange Surprizing Adventures of Mr. D--- De F--- of London Hosier [...]*. London: J. Roberts.

Hutchins, Henry Clinton (1967 [1925]) *Robinson Crusoe and its Printing, 1719–1731: A Bibliographical Study*, New York: AMS Press.

Rogers, Pat, ed. (1978) *The Context of English Literature: The Eighteenth Century*, London: Methuen.

———— (1985) *Literature and Popular Culture in Eighteenth-Century England*, Brighton: The Harvester Press.

Ross, Angus (1985) "Introduction" to Daniel Defoe, *Robinson Crusoe*, Harmondsworth: Penguin.

Simmons, R. C., ed. *The Dicey and Marshall Catalogue*, London <http:// www.diceyandmarshall.bham. ac.uk/> (Accessed 21 September 2006).

Spufford, Margaret (1981) *Small Books and Pleasant Histories: Popular Fiction and its Readership in Seventeenth-Century England*, Cambridge: Cambridge University Press.

井野瀬久美恵（二〇〇七）『大英帝国という経験』講談社。

岩尾龍太郎（一九九四）『ロビンソンの砦』青土社。

川北　稔（二〇〇八［一九九〇］）『民衆の大英帝国』岩波書店。

デフォー、ダニエル（一九六七、一九七一）『ロビンソン・クルーソー』（上・下）平井正穂訳、岩波書店。

富山太佳夫（二〇〇三）『文化と精読――新しい文学入門』名古屋大学出版会。

平井正穂（一九七一）「孤独な人間ロビンソン・クルーソー」朱牟田夏雄編『十八世紀イギリス研究』研究社、一七二～一八四ページ。

正木常夫（一九九五）『植民地幻想』みすず書房。

ブルーエット、デイヴィッド（一九九八）『「ロビンソン・クルーソー」挿絵物語――近代西洋の二〇〇年（一七一九～一九二〇）』ダニエル・デフォー研究会訳、関西大学出版部。

第3章　女性のための歴史とフィクション

メアリ・ヘイズが試みたジャンルの再編

梅垣　千尋

一　はじめに

一八世紀イギリスの「歴史」と「フィクション」の間に、現代の私たちが想定するような厳然とした境界線が存在しなかったことは、これまでの章でも明らかにされてきた。しかし、当然のことながら、一八世紀の人びとが歴史とフィクションをまったく混同していたわけではない。両者はそれぞれ、「真実」の語りと「虚偽」の語りとして区別され、また一般的に、前者に対しては後者に比べ、より高い文化的権威が与えられていた。

これはひとつには、歴史というジャンルが古代にはじまるそれこそ長い歴史と伝統をもつのに対し、フィクションのほうは、とくに一八世紀に広まった「小説」や「ロマンス」に代表されるように、いまだに新興の表現形式にとどまっていたことによる。さらにまた、歴史が公的な記録や他の著者の傍証によって、その真実性をある程度まで担保されていたのに対し、フィクションのほうは実体のない「つくりごと」として、その内容の信憑性が疑われていたことも、ジャンルの序列化を促したといってよい。

ジャンルとジェンダー

こうしたジャンル区分のもつ文化的意味については、イギリス近代小説の起源や、歴史叙述を通じた国民意識の形成など、重要なテーマとの関連でさまざまなことが論じられてきた。さらに一九九〇年代からは「ジェンダー」という切り口から、新たな論点も提示されてきた。ジャンルのジェンダー化という論点がそのひとつである。

たとえば、女性の視点から文学史を論じてきたジェーン・スペンサーは、一七～一八世紀のイギリスの語りを分析し、そのなかに、「歴史＝信頼できる資料的証拠にもとづく＝真実＝男性的」、「フィクション＝信頼できない想像力やロマンスの源泉にもとづく＝虚偽＝女性的」という、ジェンダー化された図式が成り立つことを指摘した（Spencer 1994: 319）。

たしかに、一八世紀までの歴史叙述を眺めると、共和主義の系譜に属する物語的な歴史には、政治家や軍人など、公的な場面で名を成した男性ばかりが登場し、また古事物研究のような収集にもとづく歴史記録の担い手は、ほとんど男性だけに限られていた。その一方、一八世紀までのフィクションには、サミュエル・リチャードソンが描いた「パメラ」や「クラリッサ」をはじめとする多くの印象深い女主人公が登場し、また何人もの女性作家たちが、みずから書き手となって小説というジャンルの生成に貢献した。さらに読み手の側についても、一八世紀後半には新たな現象として、小説を好んで読む女性の存在が人びとに強く意識されるようになった。このことは、「女性的」なジャンルというフィクションの色づけをますます際立たせることになったに違いない。

このように二つのジャンルの性格づけをみてゆくと、一八世紀にかけて、歴史とフィクションというジャンル区分には、それぞれ「男性的」、「女性的」というジェンダーの特徴が上書きされていった可能性が十分にありそうである。そもそも「ジャンル」(genre) という言葉と「ジェンダー」(gender) という言葉が、同じ語源から生まれたものであることを思い起こせば、この両者の重なり合いは、けっして偶然の一致ではないのかもしれない。

いずれにせよ、一八世紀の人びとが歴史とフィクションというジャンル区分をどのようにとらえていたのかという問題を考えるとき、こうしたジェンダーの問題を無視するわけにはいかないだろう。歴史とフィクションという二つのジャンルの間の序列が、「真実」か「虚偽」かという区別だけでなく、「男性的」か「女性的」かというジェンダーの特徴によっても成り立っていたと考えられるからである。

ジャンル区分の揺らぎ

ただし、スペンサーも認めていたように、この「歴史＝真実＝男性的」、「フィクション＝虚偽＝女性的」という図式が、まったく固定的なものだったわけでも、またあらゆる実践を縛るものだったわけでもない。書き手の側についていえば、一八世紀中葉にはリチャードソンのほかにも、トバイアス・スモレットやヘンリー・フィールディングといった男性小説家の活躍が顕著であったし、キャサリン・マコーリのような女性歴史家も存在した。また、読み手の側についても、歴史とフィクションの間で男女の明確な棲み分けがなされていたとは現実的には考えづらい。「男性的」、「女性的」といった性格づけは、あくまでも表象やイメージの次元で成り立つもの（まさしく文化的なジェンダー）であり、そうである以上、実体としての男女の書き手や読み手の行動を完全に決定するものにはなり得ない。たとえ「歴史＝真実＝男性的」、「フィクション＝虚偽＝女性的」という枠組みがある程度、当時の人びとの認識を規定するものになっていたとしても、ミクロな実践の局面では、この図式を崩してゆくさまざまなベクトルが作用していたと考えるべきだろう。

とりわけ、一八世紀後半にかけて、新たな読者層である女性にどのような書物を読ませたらよいのかという問題が浮上するなかで、女性著述家の側から、この大きな図式をずらそうとするベクトルが作動しはじめたことは注目に値する。本章では、まず女性の読書をめぐる状況を整理したうえで、このベクトルの動きを具体的にとらえる手がかりとして、一八世紀末から一九世紀初頭にかけて、女性読者のために歴史とフィクションというジャンルの性格づけをそれぞれ組み変えようとした、あるひとりの女性著述家に迫ってみたい。

二　女性の読書とメアリ・ヘイズ

「くだらない」小説と「役に立つ」歴史

一八世紀後半のイギリスでは、識字率の上昇や貸本屋の広がりとともに、書物を読む女性の数が飛躍的に増加した。こうした女性読者を巧みに取り込んで発展したといわれるのが、小説というジャンルで

図版1　ジェイムズ・ギルレイ『驚異の物語！』(1802年)。ゴシック小説の代表作，マシュー・G. ルイスの『モンク』(1795年) を真夜中に読む女性たち。小説に対する女性の欲望を揶揄している。
出典：London, National Portrait Gallery 蔵

ある。この時期には、女性をターゲットにしたようなロマンスやゴシック小説が流行し、女性たちが手にしやすい小ぶりな体裁でつぎつぎと出版された。しかし、小説を読むのに夢中になった女性の姿を見て、眉をひそめる人びとも少なくなかった。

たとえば、長老派の聖職者ジェームズ・フォーダイスは、『若い女性たちへの説教集』のなかで、小説を読む女性たちはロマンティックな妄想にとらわれて、慎み深い生活態度から逸脱してしまうのではないかと危ぶんだ。例外的に、リチャードソンの作品だけは道徳的なフィクションとして称賛されているものの、この説教集のなかで、「つくりごと」からなる小説は、一般に「低俗」であるばかりか、女性にとって「有害」なジャンル

としても位置づけられている（Fordyce 1766, I: 149）。

その代わりにフォーダイスが女性に薦めたのが、宗教書や聖人の歴史であった。フォーダイスによれば、歴史は実際の出来事にもとづいて宗教的な道徳を身につけるのに役立ち、女性の理解力の水準にも適しているという（Fordyce 1766, II: 60–1）。彼は、女性が男性と同じ学識を身につけることは誤りだとしながらも、女性が「くだらない」小説を読むことをよしとはせず、その読書傾向をより「役に立つ」歴史へと方向づけようとしたのである。この説教集は、一七六五年に出版されてから一八〇〇年までに一二版を重ねるベストセラーとなり、当時の若い女性たちの書棚を長いあいだ占めることになった。

「つまらない」歴史と「楽しめる」小説

しかし、どれほど歴史が小説より「役に立つ」と聞かされようとも、歴史ではなくフィクションに手を伸ばそうとする女性読者がいたことは想像にかたくない。たとえば、ジェーン・オースティンは一八〇三年に書き上げたとされる小説『ノーサンガー・アビー』に、「本物の真面目くさった歴史」には興味がもてない、そのなかには嫌になったり飽き飽きすることしか書かれていない、と話す小説好きの女主人公、キャサリン・モーランドを登場させている。「義務として」歴史書を読んだことのあるキャサリンによれば、歴史には「どのページにも、教皇や国王の争いだの、戦争や疫病のことばかり」書かれており、「男性はみな役立たずで、女性はほとんどおらず——とてもうんざりする」という（オースティン 一九九七：一一八〜九）。

もっとも、この小説にはデイヴィッド・ヒュームやウィリアム・ロバートソンの歴史叙述を「楽しく

図版２　「貸本屋」（1804年）。若い女性たちが歴史書や説教集よりも，小説やロマンスなどのフィクションを好んで借りる様子を諷刺的に描いている。ジャンルごとに並んだ書棚に残る本の数に注目。
出典：Backscheider ed.（2000: 166）.

読める」と語る女性の友人も登場するし、またキャサリンは、フィクションと現実を混同してしまう問題の多いヒロインとして描かれてもいる。これらの点からすれば、オースティンがここで、歴史よりも小説を好む女性の読書傾向を全面的に肯定していたとは解釈しづらい。だが、キャサリンの不満からは少なくとも、女性が読むべきとされる歴史書が「つまらない」ものである以上、女性が「くだらない」とされる小説を好んで読んでしまうのもしかたがない、という女性読者の言い分を認めることはできるだろう。

ちなみに、オースティンは別の小説『高慢と偏見』のなかに、小説を毛嫌いしてフォーダイスの『若い女性たちへの説教集』を朗読し、その場の女性たちを退屈させてしまうコリンズ牧師という滑稽な男性聖職者を登場させているが、その裏にフォーダイスに対するオースティンなりの反撃の姿勢を読みとるのは、それほど難しいことではない。

いずれにしても、こうした例が示すように、一八世紀後半にかけては女性の読書をめぐって、一筋縄ではいかない文化状況が生まれていた。ごく単純化していえば、小説が「フィクション」として見下されがちであることなど気にとめずに、「つまらない」歴史よりも「楽しめる」小説を読もうとする女性読者の動きと、それでもなお、こうした読書傾向を矯正して、「くだらない」小説よりも「役に立つ」歴史を女性に読ませようとする道徳的な言説の間に、抜き差しならない対抗関係が生じていたのである。

女性小説家たちの応答

このような女性の読書をめぐる厄介な状況に対して、一八世紀後半にかけて、女性向けの作品を書くことで出版の世界に足がかりをつかんでいた女性著述家たちは、それぞれに応答を迫られた。彼女たちが書いたものには、明示的にせよ暗示的にせよ、何らかのかたちで女性の読書にまつわる否定的な要素を取り除こうとする努力の跡がうかがえる。

なかでも小説というジャンルを選んだ女性作家たちは、女性読者が好んで読む小説を、フィクションでありながら「有害」でも「低俗」でもない、それ自体として価値のあるジャンルとして確立させようと試みた。オースティンやフランシス・バーニー、マライア・エッジワースといった女性小説家たちの作品は、いずれも小説に対する女性の欲望を否定することなく、歴史とは異なった方向に小説独自の可能性を広げ、その地位を向上させるものであったといってよい。

こうした動きを、本章の冒頭にあげた「歴史＝真実＝男性的」、「フィクション＝虚偽＝女性的」という図式に引きつけてとらえれば、ある意味で女性小説家たちは、このジャンル区分の特徴づけに忠実に従いながら、女性読者に向き合ったと考えることができるだろう。フィクションが「女性的」なジャンルであるという前提を引き受けたうえで、歴史とフィクションの関係を、「真実」か「虚偽」かといった価値づけによる序列ではなく、語り方の違いからくる単なる区別として成り立たせようとしたわけである。

女性著述家たちの応答

それに対して、小説ではなく女性向けの教育書や作法書を手がけた女性著述家たちは、「虚偽」よりも「真実」に価値をおく立場から、小説よりも歴史書に目を向けるよう女性読者を促した。

たとえば、ヘスター・シャポウンは、若い女性宛ての書簡のかたちをとって一七七三年に出版された『精神の改善に関する手紙』のなかで、小説やロマンスといった「つくりごとの物語」を選ぶさいには細心の注意を払うよう忠告し、それよりも、地誌や年代記、またロラン、ヴォルテール、ヒューム、ロバートソンらによる歴史書のほうが有意義な知識を与えてくれると指摘した（Chapone 1773, II: 144–5, 179–230）。ハナ・モアもまた、一七九九年に出版してベストセラーとなった『現代女子教育体系批判』のなかで、小説を読んで空想力ばかりをたくましくする若い女性たちの読書傾向を批判して、道徳的な教訓や聖書の深い理解を得るためには、古代史や自然史を読まなければならないと説いた（More 1799, I: 178–86, 196–211）。

こうした「役に立つ」歴史書の薦めは、フォーダイスのそれと同じく、女性に「真面目」な読書を求める説教めいた助言のようにもみえる。しかし、ときとしてそこには、小説の世界に閉じ込められがちな女性の知性に歴史という窓をもうけることで、男女共通の「有用な」知識に到達する回路を女性に与えようとする思惑もひそんでいた。現に、メアリ・ウルストンクラフトは一七九二年に著わした『女性の権利の擁護』のなかで、シャポウンやモアと同様、センチメンタルな小説に代えて優れた歴史書を読むよう女性に薦めたが、そのときに彼女が抱いていたのは、知識におけるジェンダーの差をなくすというフェミニスト的な野望であった（ウルストンクラフト 一九八〇：三四一～五）。

こうして、女性が小説を読むことに批判的な態度を示した女性著述家たちは、先述の「歴史＝真実＝男性的」、「フィクション＝虚偽＝女性的」という図式のうち、歴史とフィクションの間の序列関係を不動のものとしたうえで、読者の側に想定される「歴史＝男性的」、「フィクション＝女性的」という図式を攪乱するベクトルを生み出したといってよい。フィクションが女性読者向きのジャンルであるという前提を引き受けたうえで、小説の価値を高めようとした女性小説家たちとは異なり、あくまでも小説を低く見る立場から、女性読者をフィクションから引き離して歴史に向かわせようとしたのである。しかし、この動きは明らかに当時の女性の読書傾向に反するものであったから、女性著述家たちは女性読者の啓蒙という目的を遂げるにあたり、さまざまな工夫を重ねなければならなかった。

それでは、女性読者を小説から歴史へと方向づける試みはどのように行なわれ、そこにはどのような難しさがあったのか。ウルストンクラフトにきわめて近い立場から、女性の読書傾向を「改善」しようとしたメアリ・ヘイズの著述活動に焦点を当てて考えることにしよう。

メアリ・ヘイズと読書の「改善」

メアリ・ヘイズ（一七五九〜一八四三年）は、もっぱら非国教会系の知的背景から出版の世界に足を踏み入れ、フランス革命勃発後の一七九〇年代初頭に、急進派サークルのひとりとして社会改革を求める議論を盛り上げた女性である。

このサークルには、『女性の権利の擁護』を出版したばかりのウルストンクラフトや、『政治的正義』（一七九三年）を書いて急進的な若者たちを熱狂させたウィリアム・ゴドウィンがおり、ヘイズは彼らとの個人的な交流を深めながら、新しい思想を吸収した（ちなみに、ウルストンクラフトとゴドウィンは一七九六年頃から交際をはじめ、やがて結婚することになるが、二人の仲を取りもったのがヘイズであったといわれている）。こうした関係からヘイズはこれまで長いあいだ、ウルストンクラフトの信奉者、あるいはゴドウィンの弟子として簡単に片づけられてきた。しかし、近年の研究では、その独自な立場があらためて見直されつつある（Kelly 1993; Walker 2006; 細川 二〇〇九）。

ここでふたたび歴史とフィクションというジャンル間の問題に立ち戻れば、ヘイズはたしかに、小説よりも歴史の価値を重んじる女性著述家であった。初期に書かれた『道徳やそのほか多方面に関する手紙と随筆』（一七九三年）のなかで、ヘイズは若い女性たちが読み耽《ふけ》っている小説を、「有害とまではいえないにせよ軽薄なもの」であると述べ（Hays 1793: 90）、それよりもペトラルカの伝記やロラン、ヴォルテール、シュリ侯爵などによる歴史書を読むほうが「哲学的、政治的、道徳的、宗教的な真実」の学習につながると論じている（*ibid.*: 97–8）。このように女性の読書を小説から歴史へと方向づけようとする姿勢には、先述のウルストンクラフトからの影響が明らかにうかがえる。

ヘイズの小説観

しかし、同時に注目されるのは、ヘイズが小説というジャンルに低い位置づけを与える一方で、消極的ながら女性が小説を読むことを容認し、みずからも女性に読まれる小説を書くという、見るからに一貫性のない著述姿勢をとっていた点である。

『道徳やそのほか多方面に関する手紙と随筆』でヘイズは、小説好きの娘を心配する母親に宛てて、娘が小説を読むことを禁じてはならないと説き、教育の方法さえ工夫すれば、女性の読書の趣味を「単なる娯楽の追求から、しっかりした改善に向けて導く」ことができると述べた（Hays 1793: 90）。小説がどれほど「くだらない」ものであろうとも、女性がまったく書物を読まないよりは小説を読むほうがましであり、女性が書物を好きになるきっかけとしては、小説にも意味があるというわけである。

もっとも、ヘイズが小説を肯定したのには、彼女自身の個人的な事情もあっただろう。当時の出版状況では、女性向けの小説は誰もが参入しやすいジャンルとなっており、著述家として世に出たばかりのヘイズにとって、小説の出版というチャンスの魅力には抗いがたいものがあったと考えられるからである。いずれにせよ、小説というジャンルに限定的な役割を与えたうえで、ヘイズがみずから取り組んだのが、『エマ・コートニーの回想』（一七九六年）という小説であった。では、この小説を通じて、ヘイズはどのように女性の読書の趣味を「改善」しようとしたのだろうか。

三　役に立つフィクションとは何か――『エマ・コートニーの回想』

モラリスト小説に対する批判

ヘイズがこの『エマ・コートニーの回想』という小説で意図していたのは、冒頭の序文にあるとおり、読者の「役に立つフィクション」を提供することだった（Hays 2000: 35）。

ヘイズの狙いにはいくつかの点で独特なところがあったが、まずあげられるのは、彼女がそれまでの代表的な小説とは異なる方向に、フィクションの「有用性」を求めた点である。彼女は序文で、一般にこれまでフィクションは、人物を本当に存在しているかのように描き出すのではなく、人物を「そうあるべきものとして」描き出してきたと指摘する（Hays 2000: 36）。ヘイズ自身は採用しないと明言しているこうした人物描写の方法は、モラリスト小説のそれを念頭においたものだった。

これと同じ内容は、小説の出版後の一七九七年九月に『マンスリー・マガジン』という非国教徒系の月刊誌に掲載された論考のなかで、ヘイズ自身がさらに詳しく論じている。「小説を書くことについて」と題されたこの短い論考で、ヘイズはおもにサミュエル・ジョンソンの小説論と、リチャードソンの小説『クラリッサ』を克服の対象としながら、みずからの小説論を展開した。それによれば、こうしたモラリストたちが小説用に推奨する有徳な人物像は、「実体のない偽りの基礎の上に築かれた美しい建物」であって、「真実および事実」とは一致しない（Hays 1797: 180）。さらにその像は、読者を「だます」

ばかりでなく、小説がもつ有用な機能をも損なうとして、ヘイズはこう論じる。

ほとんど存在したことのない空想上の完全性や幻想の卓越性を描き出すよりも、ほかの点では愛すべき徳の高い登場人物が、間違った判断や、誤った歩みや、軽率な行動や、ひとりよがりな度を越えた感情や、悪い慣習によって致命的な結末を迎えるにいたる経緯をたどったほうが、おそらくより効果的な教訓が引き出せることだろう。(Hays 1797: 181)

つまり、完全ではあるが現実味に欠けた人間を描くモラリスト小説よりも、不完全ではあるが現実的な人間を描く小説のほうが、読者に「効果的な教訓」を与えられる、ということである。

不完全な人間を描く小説

ここでいわれている「効果的な教訓」とは何のことか、という問題は後で検討するとして、ヘイズが『エマ・コートニーの回想』を執筆するさいに心がけたのは、まさしく後者の、不完全ではあるが現実的な人間を描くという小説手法であった。序文でヘイズは、次のように宣言している。

エマ・コートニーの性格を描写するにあたって、私はこうした空想的なモデルを想定しなかった。私は彼女をひとりの人間として、つまり、徳を愛しながらも情念の奴隷となり、われわれの脆い性格がもたらす過ちや弱さを露呈してしまうような人間として映し出すつもりである。(Hays 2000:

36)

こうした性格描写は、たしかに小説のなかで実践されている。物語の主人公となるエマは、ラブレイスに欺かれてレイプされ、孤独のなかで崇高な死を遂げる神々しいまでのリチャードソンのクラリッサとは、ほとんど似たところがない。エマは、母親が早くに亡くなったために親戚から甘やかされて育ち、よく相手を知りもしないうちからオーガスタス・ハーリーという男性に夢中になり、感情を抑えられずに何通もの恋文を書き送り、執拗なまでにハーリーに結婚を迫る。ハーリーが秘密裏に外国人の女性と結婚していたことが判明すると、結局、かつてプロポーズされたことのあるモンタギュという騎士道精神の賞賛者を頼って安易な結婚をする。

こうした思慮に欠けたエマの人間像は、間違いなく「脆い性格がもたらす過ちや弱さを露呈」しているといってよい。そもそも、ヘイズが主人公を「失敗例」として読者に提示していたことは、小説の構造全体からも明らかだった。この作品は、突然の大事故でハーリーが亡くなった後、エマが養子として引き取ったハーリーの忘れ形見、オーガスタス・ジュニアに宛てた回想録というかたちで語られているが、その回想録は、後続の世代が過去の誤りから新たな実りを引き出すことに期待している、というエマのメッセージで締めくくられていたからである（Hays 2000: 221）。

空想をかきたてる小説の危険性

それでは、ヘイズはこの小説のなかで、読者にどのような「教訓」を引き出してほしかったのか。

物語のなかでエマが犯した最大の「過ち」とは何よりも、彼女がロマンティックな性格ゆえにハーリーに恋焦がれてしまったことだろう。この失敗を犯すまでのエマの人生をたどってゆくと、興味深いのは、読者がその大きな原因のひとつをエマ自身の偏った読書体験に見いだせるよう、物語のなかで周到に伏線が張られている点である。

エマ自身の回想によれば、彼女は十代の頃から小説やロマンスに夢中になり、わずかな額で本を借りることのできる貸本屋に通って、週に一〇～一四冊という驚異的なペースで小説を読みあさっている。あるときエマは、J＝J・ルソーの『新エロイーズ』を読んでサン・プルーのために涙を流しているところを父親に目撃され、父親はエマの想像力が「おとぎ話めいたフィクションの世界で自由にさまよって」きたこと、そして「歴史的事実や世の中の学問」についてエマがまったく無知であることに気づく。

私が思うに、おまえの空想力には拍車よりも手綱が必要だ。おまえが学ぶことは、これからはもっと落ち着いた性格のものでなければならない。さもなければ、おまえは召使いのことを変装した王子様だと思い込み、この屋敷を幽霊の館なのだと勘違いしてしまうだろう。(Hays 2000: 55)

父親はこのように、当時流行していたゴシック小説のヒロインがいかにも陥りそうな妄想癖の例をあげ、こうした過ちを避けるよう忠告して、エマに古代ローマのプルタルコスの『英雄伝』を手渡す。エマはこの歴史書に関心を示し、一時的にはその共和主義的な精神に強い感銘を受けるが、結果的にこの読書傾向の矯正の試みは、父親の死によって中途半端なまま終わってしまう。こうして、エマはオーガスタス・ハーリーと出会ったときには、すでにそれまでの読書の習慣を通じて、現実認識を著しく欠いた女性に育ってしまっている。ハーリーと知り合う以前に、エマが彼の肖像画を見て心を奪われるというエピソードは、長年のうちにかたちづくられた彼女の夢見がちな性格が招いた当然の「過ち」ということになるだろう。

つまり、ヘイズはこのようなエマの描写を通じて、空想的な小説が女性のロマンティックな気質を助長して現実的な判断力を失わせることに対し、警鐘を鳴らしているのである。

情念の描写という有用性

しかし、女性に非現実的な妄想を抱かせる点に従来の小説の弊害があることを描いてみせながら、一方でヘイズはこの小説のなかで、小説にしかできない表現の可能性を追求しようとしてもいた。序文の冒頭で、ヘイズは「もっとも有用なフィクションとはおそらく、抑えられない強い情念や偏見がたどる経緯を描き出し、その成り行きを跡づけるものである」と述べ、「情念」を描写することに小説の「有用性」を見いだしている（Hays 2000: 35）。

こうした「情念」の強調は、フォーダイスが『若い女性たちへの説教集』で展開した小説批判に対する正面からの反論という意味も含んでいただろう。フォーダイスはもっぱら「煽情的」な小説を警戒し、何ひとつ教訓を与えることなく「快楽と情念の場面」を描く小説は、「あらゆる正しい秩序に対する恐ろしい冒瀆であって、小説を読むことに耐えうる女性は、魂においては売春婦であるに違いない」とまで断言した（Fordyce 1766, I: 148–9）。これに対してヘイズは、「情念」や「偏見」の動きこそ、人間の精神がどのようにかたちづくられるのかを理解する手がかりとなるとして、むしろそれらの感情を、できるかぎりリアルに読者に提示することにこだわった。

ただし、こうした自覚的な取り組みは、ヘイズ独自のものだったわけではない。彼女自身が序文で述べていたように、すでにアン・ラドクリフは、『森のロマンス』（一七九一年）や『ユードルフォの謎』（一七九四年）といったゴシック小説のなかで「恐怖という情念」を追求していたし、またゴドウィンは、小説『ケイレブ・ウィリアムズ』（一七九四年）のなかで、「好奇心」や「名誉欲」といった情念にとらわれてゆく登場人物を描き出していた。これらの先例を参照したうえで、ヘイズが選んだのは、「もっと普遍的な感情」、すなわち恋愛感情であった（Hays 2000: 35）。

たしかに、『エマ・コートニーの回想』のなかで、ハーリーに対するエマの強い感情は物語の牽引力になっており、その心の動きは読者に激しい印象を与えずにはいない。フォーダイスが必死になって女性の目から遠ざけようとした「情念」の描写は、ヘイズにとってむしろ、心を激しく揺さぶる感情との間に均衡を保ちながら、理解力や洞察力を鍛える訓練の一部として、積極的に女性読者に与えられるべきものだった。

実在の手紙の転用

そのとき驚かされるのは、ヘイズがこうした「情念」を描き出すために、実際に自分自身が第三者との間で交わした手紙の内容をそのまま文中に挿入するという、思い切った方法をとっていた点である。一八世紀半ばには『新エロイーズ』や『クラリッサ』をはじめとして、あたかも実際に出された手紙を並べたかのような書簡体小説というジャンルが流行していたが、実在の手紙をそのまま小説に用いたという例は、ほかには類を見ないものである。

ヘイズは小説の序文で、恋愛感情という情念は、「この種の文章では使い古されてきたものであるため、結果として高い独創性をもって扱うことが難しい」と認めながら、そうした独創的な描写を成し遂げることこそ、この作品の狙いであると宣言した。このときヘイズが意図していたのが、自身の手紙を用いるという大胆な手法のことであったとすれば、なるほどその手法は、数ある恋愛小説のなかでも間違いなく独創的なものであった。では、ヘイズが『エマ・コートニーの回想』のなかで使ったのは、どのような手紙だったのか。

フランシス（ゴドウィン）との手紙

小説に転用された手紙のひとつ目は、ゴドウィンとの手紙であった。父親を失って叔父の家に預けられたエマは、慣習や偏見にとらわれないフランシス氏という人物と親しくなるが、この男性とエマの間で交わされる七通の書簡には、すべてヘイズが『政治的正義』を借りたことをきっかけに、一七九四年頃からゴドウィンと交わした手紙が用いられていた（なお、これらの手紙は現在ではニューヨーク・パブリック・ライブラリとボードリアン・ライブラリに所蔵されており、その大部分はブルックスが編集した書簡集（Brooks 2004）に収められている）。

小説のなかのフランシスは、つねに誰かに依存しなければならないという女性の境遇の理不尽を訴えるエマに対し、不利な立場に屈することなく自己を磨くようにと諭すゴドウィン的な合理主義者である。

彼の励ましを受けながら、エマは社会の「進歩」に貢献するための方法について、フランシスと哲学的な文通を開始する。

たとえば、エマはあるとき、自分が「社会構造」や「自分自身の偏見」によって周囲を固められてしまい、フランシスが促すように、個人的な幸福よりも公共善の促進を優先しようなどとは到底考えられないと嘆く。エマによると、男性はその本性にならって利益や名誉を追い求めるが、性格の繊細さを身につけてしまった女性は、恋愛や結婚といった身近な事柄に関心を傾けるよりほかないという（Hays 2000: 115–8; Brooks 2004: 393–6）。またあるとき、エマはこうした女性特有の状況をいくら訴えても、人間にとっての「独立」の意義を説きつづけるフランシスに対して、「女性はみじめで抑圧され、無力です。打ちひしがれているのに、さらに侮辱されます。そんな女性になぜ独立を求めるのですか？」と激しく詰め寄ってもいる（Hays 2000: 173; Brooks 2004: 426）。

これらの手紙はいずれも、既存の社会環境のなかで女性が否応なく恋愛感情という個人的な愛着にとらわれてしまうことを強く訴えるものである。それはまた、こうした女性の状況に気を配ることもなく、理性の力を説いたゴドウィン哲学に対する強力な批判でもあった。

ハーリー（フレンド）との手紙

さらに別の種類の手紙では、こうした恋愛感情の力が溢れんばかりに表現されている。エマとハーリーの間で交わされる一〇通ほどの手紙は、現実にはヘイズがウィリアム・フレンドという男性と取り交わした書簡から抜粋されたものだった。フレンドは、ケンブリッジ大学で数学のチューターをつとめたこともある人物で、一七九〇年代前半には対仏戦争に反対するパンフレットを発表するなど、体制批判的な言論活動を展開し、ゴドウィンとも親しい関係にあった。ヘイズはフレンドと一七九一年頃に知り合い、その後の一七九三年から九六年にかけて、かなりはっきりした結婚の意志をもって恋文を送っていたらしい。ヘイズとフレンドが交換した手紙は残念ながら現存していないが、ゴドウィン宛てのヘイズの手紙には、小説を書くためにフレンドから手紙を返却してもらったという記述があり、ヘイズが小説の執筆当初から実在の手紙を利用する気でいたことは確かだろう（Brooks 2004: 430–1）。

小説のなかのエマはハーリーに宛てて、「有徳で能力のある男性の妻になること」を、「私のもっとも切実な野望であり、それはまた私の栄光となる」ものでもあると述べたうえで、「あなたの幸福に貢献し、またあなたの性格を価値あるものにする手助けができるという確信」について熱く語る（Hays 2000: 139）。さらにエマは、恋愛を「利己的」なものと切り捨てたフランシスへの反論を試みるかのように、ハーリーに対する自己の愛情は「まったく非合理なものでも利己的なものでも」ないと力説する（*ibid*.: 162）。

要するに、エマが訴えているのは、恋愛という個人的な愛着として作動する女性の情念は、もしもそれが「有徳」な男性に向けられる場合には、社会にとって有意義なものになりうるということである。結局、物語のなかでエマはハーリーから拒絶され、また現実にもヘイズはフレンドとの結婚の望みを絶たれてしまうが、こうして出口を失った自身の思いを、ヘイズはエマの手紙というかたちで読者公衆の前にさらけだしたのである。

小説のなかの「真実」

「つくりごと」であってよいはずの小説で、こうした方法をとったことは、もちろんヘイズ自身の小説家としての未熟さを示しているともいえる。しかし、『エマ・コートニーの回想』の出来に対して、執筆を終えたばかりのヘイズは確固とした自信をもっていた。出版直前の一七九六年五月、ヘイズはゴドウィン宛ての手紙に、この小説は「あまりにもリアル」で、「その真実を踏みにじることはできない」と書いている（Brooks 2004: 457）。ヘイズのいう「真実」とは、手紙のなかで表現されたみずからの情念そのものを指しており、それをありのまま読者に差し出すことに、ヘイズは従来の小説とは異なるフィクションの「有用性」を見いだしたのだろう。

こうして恋愛小説という形式を利用しながら、そのなかに「リアル」な語りを入れ込むという企ては、フィクションを好む女性読者を、それとは意識させないうちに「虚偽」の世界から「真実」の世界へと導くものであったといってよい。いわばヘイズは確信犯的に、「フィクション＝虚偽」というジャンルの特性を、その内部から掘り崩してみせたのである。

戦略の失敗？

しかし、彼女の意図が当時の人びとにうまく伝わることはなかった。何よりも、一七九六年という出版のタイミングが悪かった。一七九〇年代後半は、フランス革命の過激化と対仏戦争の開始にともない、革命のもたらす可能性をそれまで意気揚々と語っていたイギリス国内の急進派が大きく後退した時代だった。ちょうどウルストンクラフトが世を去った一七九七年頃から、保守派のプロパガンダは攻勢を強め、「ジャコバン」というレッテルを貼られたヘイズは、さまざまな出版物で中傷されるようになった。ヘイズは一七九九年に『偏見の犠牲者』という小説を発表したが、その読者向けの広告文には、前作の内容が誤解を受けたことに対する当惑の気持ちが記されている。それによれば、彼女自身はヒロインを「実例ではなく警告」として提示し、物語のなかで「行き過ぎた行為がもたらす悲惨な結果を描き出そうとした」が、それにもかかわらず、「そうした行き過ぎを勧めていると非難された」という（Hays 1998: 1）。たしかに、そう読まれてもやむを得ないところはあるかもしれない。エマの突飛な行動は、そこから「教訓」を引き出すべき失敗例として描かれているが、その一方でエマの情念は、女性の感情のなかにひそむ強いエネルギーとして提示されてもおり、ヘイズ自身の狙いは十分に汲み取りやすいものになっていない。小説をめぐるさまざまなメタ次元の議論に対し、小説という形式そのものの内部で答えを出そうとしたせいで、小説を批判するそばから擁護するというような矛盾を抱えてしまった面もあるだろう。

いずれにせよ、一八〇〇年を迎える頃、ヘイズは小説を書くことにすっかり自信をなくしていた。一八〇二年に友人ヘンリー・クラブ・ロビンソンに宛てた手紙には、自分が「公衆から辱めを受け」、「ひどい仕打ち」にあったと書かれている（Brooks 2004: 555–6）。とはいえ、ヘイズが女性の知性を「改善」するための書物の執筆を完全にあきらめたわけではなかった。フィクションから離れたヘイズが次に取り組むことになったのが、『女性評伝集』（一八〇三年）という伝記全集である。

四　楽しめる歴史とは何か――『女性評伝集』

女性向けの歴史

『女性評伝集』は、先に触れた月刊誌『マンスリー・マガジン』の主幹を務めていた編集者が、女性偉人伝というジャンルの成功を見込んでヘイズに依頼したもので、文筆によって生計を立てていたヘイズが必要に迫られて手がけた仕事ではあった。とはいえ、もともと小説よりも歴史に価値をおいていたヘイズにとって、歴史上の実在の人物を対象とした書物は、十分に取り組むに値するものと思われたに違いない。

彼女が『女性評伝集』の執筆当初から考えていたのは、女性が読むべき歴史をどうすれば「楽しめる」ものにできるのかという問題であった。その序文では、「私は女性の大義のために、そして女性の利益のためにペンを取った。彼女たちの改善のために、そして彼女たちの娯楽のために、私の努力は捧げられた」という宣言によって、この書物が女性読者の「改善」と「娯楽」に供するものであることが強調されている（Hays 1803, I: iii–iv）。

すでに述べたように、女性に歴史を読ませることの重要性は、一八世紀後半にかけて男女問わずさまざまな著述家によって指摘されていた。しかし、実際に女性向けの歴史書を執筆する試みは、それほど多く見られたわけではない。わずかな例のひとつとして、一七八〇年にはシャーロット・コウレーによる『女性用のイングランド史』が出版されたが、これは図版が多用されていたことを除けば、内容的にはとりたてて「女性向け」の要素が見られない教科書的な通史だった（Looser 2000: 3–4）。

女性に歴史を読むよう薦めていた女性著述家たちの間でも、特別に女性のために歴史を語ろうとする姿勢はあまり見られない。たとえば、ウルストンクラフトは『女性の権利の擁護』のなかで、自身としては「遠い古代の記録にまで遡って女性の歴史を跡づけるつもりはな」く、「女性はつねに奴隷か、さもなくば専制君主であったと認めておけばそれで足りる」と述べて、女性のために歴史を振り返ることには関心を示さなかった（ウルストンクラフト 一九八〇：一〇九）。

それに対して、ヘイズの『女性評伝集』は、評伝という形式がとられていた点でも、また女性という対象に焦点が絞られていた点でも、女性にとって読みやすい歴史を書くための創意溢れる試みであったといってよい。通史ではなく評伝という形式にしたのは、ヘイズにとっては自覚的な選択であったと考えるべきだろう。それ以前の言及を見ても、先に触れた『道徳やそのほか多方面に関する手紙と随筆』では、女性の読むべき書物のひとつとして、「楽しみながら学ぶような方法、また歴史書を好む姿勢を生み出すような方法で書かれた」伝記があげられていたからである（Hays 1793: 97–8）。また、伝記を読ませることが少しでも歴史に対する女性の関心を引き出す手がかりになるという発想は、『エマ・コートニーの回想』のなかで、「歴史的事実」を知らないエマの将来に不安を感じた父親が、プルタルコスの『英雄伝』をエマに薦めていた場面からもうかがえる（Hays 2000: 56）。

こうして十分な配慮をもって女性に親しまれやすい伝記という形式を選んだのに加え、ヘイズが「女性たちのため」に構想したのが、歴史上の女性の生涯を扱うという主題であった。

「学者」の歴史と「賢者」の歴史

とはいえ、歴史上の女性を扱った書物は、なにもヘイズの作品にはじまったわけではない。もっとも早いものとしては、ローマ時代のコイン収集に没頭していた古事物研究者、ジョージ・バラードが一七五二年に出版した『ブリテンの女性たちの回想録』があげられる。それ以降、女性偉人を讃える目的で書かれた作品は、一八世紀にかけて数点出版されており、実際、ヘイズはバラードの著作や匿名の『ビオグラフィウム・ファエミネウム（女性の伝記）』（一七六六年）などから多くの部分を引き写していた。この点はヘイズ自身も正直に認めるところで、『女性評伝集』の序文にはあらかじめ、「多くの情報を知っている批評家は、この作品のなかに新しいことがほとんど書かれていないと主張するかもしれない」と述べられていた。「しかし、」とヘイズは続ける。

> 真新しさが俗人の想像を超えるほど稀有なものであることは、学識ある人びとに暗示するまでもないことで、ここでは私の本が学者たちのためにではなく、女性たちのために書かれているということを述べておけば十分である。（Hays 1803, I: vii）

歴史上の女性に関する新しい発見を示すだけの用意がヘイズになかった、というのが実情ではあっただろうが、むしろ彼女はそのことに開き直っていた。「学者たちのため」の書物などはじめから意図していない、というのがその理由である。

この含意については、一八〇六年に出版された『若者たち向けの歴史的対話』のなかで、ヘイズが

「学者」と「賢者」の区別について語っている部分が理解の助けになるだろう。歴史の面白さを十代の男女に実感させることを目的としたこの対話集の第三巻で、ヘイズは、「事実」に関する知識はあっても「偏見」や「狭い視野」や「貧しい精神」しかもたない人びとを「学者」や「衒学者」と呼び、それに対して、個別の事実から「より広く普遍的な結論」をかたちづくることのできる人びとを「賢者」と呼んだ（Hays 1806, III: 125–6）。もちろん、ヘイズが評価し、またみずからそうあろうと望んだのは、「賢者」のほうである。知識の量や新しい発見など、古事物学的な「事実」への没頭はヘイズにとって瑣末なことで、むしろ、彼女は事実を材料にしながら「普遍的な原理」を提示することを、女性に歴史を語るさいの目的に据えたのである。

歴史上の女性から示される「原理」

では、ヘイズが提示しようとしたのはどのような「普遍的な原理」だったのか。全六巻の『女性評伝集』の構成からまず明らかなのは、一般的に「男性的」とみなされる領域で能力を発揮した女性の描写に、より多くの紙幅が費やされていた点である。

この評伝集は、二九〇名もの女性の伝記をアルファベット順に収録し、事典のような体裁をとっていたが、個々の女性に関する記述量は明らかにバランスを欠いていた。わずか数行の説明にとどまる女性がいる一方で、ロシア女帝エカテリーナ二世の記述は四〇〇ページ以上、その長さはほぼ一巻分にも相当し、会話の場面さえ再現しながら、その生涯が描かれている。それに次いで詳細な記述があるのは、「悲劇の女王」スコットランド女王メアリ、君主として男性に対する「女性の優位性」を証明したというエリザベス女王、フランス革命のなかで「自由の殉教者」として処刑されたロラン夫人、と続く。もちろん入手可能な記録の量から考えれば、ヘイズが女性君主など、政治の世界で活躍した女性により力を入れることになったのは当然のことかもしれない。

しかし、同時に目をひくのは、ヘイズがメアリ・チュドリー、エリザベス・ヘイウッドといった、当時でも比較的知られていた女性文人をかなり淡白に扱っていたのに対し、王政復古期に独自な自然哲学の体系をつくりあげたマーガレット・キャヴェンディッシュや、プラトンやデカルトの影響を受けながら神学を論じたメアリ・アステルといった女性哲学者を、より具体的に紹介していたことである。ジョン・ロックに教えを受けたキャサリン・コウバーンや、フランソワ・フェヌロンの友人で異端として投獄されたギュイヨン夫人などにまで詳しい説明があるところをみると、ヘイズが政治や哲学といった「男性的」分野に秀でた女性に対し、とくに意識的に光を当てていたことが明らかにうかがえる。

『女性評伝集』の序文でヘイズは、「女性の優雅で穏和な性格に加えて、男性の知識と剛毅をもった女性」こそ、「人間の美点のもっとも完全な組み合わせを示している」と述べたが、まさに彼女が評伝を通じて描きたかったのは、こうした女性たちの活躍だろう（Hays 1803, I: iv–v）。事実を記すことだけに終始する「衒学者」の歴史記述に抗して、ヘイズは歴史的事実をもとに、女性が単に「女性的」性格だけでなく「男性的」性格によっても称賛の対象になりうることを、ひとつの「普遍的な原理」として証明してみせたのである。

感情に訴える歴史

従来のものとは異なった歴史書を目指すヘイズの意志は、さらにその叙述方法にも貫かれていた。ヘイズは『女性評伝集』の序文で、まだ偏見に染まっていない「新しい世代」に向けて、自己形成に役立つヒロイン像を歴史のなかに浮かび上がらせるという目的を確認し、そのために必要な語りの方法を次のように説明している。

女性たちは学校の衒学趣味には染まっていないので、無味乾燥な情報をもとめて読書をするわけではないし、面白みのない事実を頭のなかに詰め込んだり、空虚な博識を見せびらかしたりすることもない。概略だけの伝記では、彼女たちを満足させることはできないだろう。(Hays 1803, I: iv)

ヘイズはこうして、若い女性たちが「無味乾燥な情報」や「面白みのない事実」には興味をもたないと指摘しているが、ここで念頭におかれていたのは、おそらく主観性を廃して経済活動や政治体制についての事実を書き連ねた、ポール・ラパンの『イングランド史』(英訳：一七二五〜三一年)のような超然とした歴史書であっただろう。先述の『若者たち向けの歴史的対話』の冒頭で、ヘイズはこれと似た表現を使いながら、「有用性が感じられる場合にしか興味を覚えることができないような商業や財政の詳細」を扱った歴史叙述は、歴史そのものを「無味乾燥でつまらない」ものにしてしまうと述べている (Hays 1806, I: 5)。

こうした、いわば外在的な歴史を退けてヘイズが志向したのが、人間中心の歴史である。ヘイズ自身は、人間のマナーや慣習を描写するスコットランド歴史学派の叙述方法にひかれていたらしく、この頃の友人宛ての手紙には、彼女がロバートソンの『アメリカ史』（一七七七年）を読んで感銘を受けたことが記されている（Brooks 2004: 332）。しかし、女性向けに歴史を語るにあたり、ヘイズはさらに人間個人に引きつけた語り方を選んだ。先の引用に続けて、彼女は次のように述べている。

彼女たちに必要なのは、教訓や、いきいきとしたイメージや、感情の優雅さや、言葉の洗練と混ざり合った楽しみである。彼女たちの理解力は、もっぱら感情を通じて養われる。彼女たちは、性格の細かい描写を楽しむし、彼女たちに真理を深く感じさせるためには、その真理は冷たいものであっても、簡素なものであってもいけない。（Hays 1803, I: iv）

このように、ヘイズが歴史叙述において重視したのは、若い女性たちが「感情を通じて」理解力を伸ばすことができるよう、「冷た」くも「簡素」でもない、血の通った真理を提供することだった。『女性評伝集』には、ヘイズがこうした歴史を書くために、さまざまな語りの工夫をした痕跡が残っている。とくに、その具体的な取り組みがよくわかるのは、女性の歴史家キャサリン・マコーリに関する記述である。

語りの操作性

マコーリは、共和主義の観点から全八巻にも及ぶ大著『イングランド史』（一七六三〜八三年）を執筆したことで知られ、また急進的なホイッグの立場から政治的な著作も手がけた女性である。彼女は一七九一年に六〇歳で亡くなったが、その直前には、フランス革命を歓迎するとともに男女共学教育の必要性を訴えて、ウルストンクラフトと書簡を交わす関係にもあった。ヘイズは保守派の攻撃を警戒したのか、『女性評伝集』のなかで一切ウルストンクラフトの名前には触れていないが、だからこそ余計に、マコーリの記述には強い思い入れを抱いていたのだろう。脚注の説明によると、ヘイズはマコーリの友人で義理の妹でもあったアーノルド夫人という女性に直接聞き取りを行ない、この女性が語った回想をもとに評伝を書いたという(Hays 1803, V: 292)。この二〇ページほどの記載は、実はヘイズがほかの文献に頼ることなく、独自に調査を行なって書いた唯一の評伝だった。

この評伝は、南海泡沫事件で財産を失った祖父の話から、フランス旅行中にアーノルド夫人が耳にしたという専制に対する憤りの言葉にいたるまで、さまざまなエピソードをちりばめながらマコーリの生涯を跡づけている。叙述の狙いは明らかにマコーリの顕彰にあったが、そのなかで注目すべきなのは、ヘイズの記述にかなりの操作性が見られる点である。

一箇所目は、マコーリの歴史家としての評価に触れている部分である。それによれば、マコーリは歴史書を著わしたことで「女性の領域から踏み外したと思われ」たため、「その存在は強い好奇心と悪意を呼び起こし」、「些細な個人的事柄を口汚い言葉で攻撃された」という(Hays 1803, V: 292)。たしかに、マコーリはある時期以降、周囲から激しい非難を浴びるようになったが、それはヘイズがここでほのめかしているように、『イングランド史』の執筆開始直後のことではなかった。マコーリが批判されることになった直接のきっかけは、彼女の二度目の結婚である。一七七八年にマコーリは四七歳で再婚したが、このとき夫となったウィリアム・グレアムが二一歳、つまり彼女より二六歳も若い男性であったため、この結婚は世間で恰好のゴシップになり、それまで才媛として讃えられていたマコーリの名声は深く傷つけられることになった。

ヘイズは評伝のなかで、マコーリの結婚をめぐる騒動にも、また夫との年齢差にも触れていないが、一七八〇年代にマコーリの私生活にまつわるさまざまな出版物が流布していたことを考えれば、ヘイズがこのスキャンダルを知らなかったとは考えがたい。ここにはヘイズが、否定的印象を与えかねないマコーリの人生の一側面に関して、意図的に沈黙していた可能性を認めることができる。この沈黙によってヘイズは、女性であるという理由だけで不当にも苦境に立たされた歴史家という、共感を呼びやすいマコーリ像を演出したのである。

小説のような歴史

さらにマコーリの記述に明らかな作為が見いだせるのは、むしろヘイズが多弁になっている部分である。若い時期のマコーリが歴史に目覚めた経緯についての詳しい説明のなかで、ヘイズは、マコーリが「おとぎ話やロマンスに満足」してしまってから、「よくしつらえられた父親の図書室に入る方法を見つけ」、そこで「みずからの御用達（her own purveyor）になって知的な贅沢に耽った」と記している。さらにヘイズの叙述によると、マコーリはこれを契機にさまざまなギリシャ・ローマ時代の歴史書を読んで、「愛国主義の精神」や「自由という大義」に熱狂し、それによって心に灯された「火」は、「たいへんな熱と輝きで燃えさかる」ことになったという（Hays 1803, V: 289–90）。

図版 3 「父親の書庫に入ったキャサリン・マコーリ」(1862年)。ヴィクトリア時代につくりだされた少女時代のマコーリのイメージ。ヘイズの伝記からの影響を認めることができる。
出典：Johnson (1862: 202).

このようにいきいきと語られた若き日のマコーリのエピソードは、先の小説『エマ・コートニーの回想』の読者に対しては、一種の既視感を抱かせてしまう。想起されるのは、すでに触れた主人公のエマ・コートニーが、父親の図書室の歴史書を読んで熱狂する場面である。この場面でエマは、「室内の両側に大きくみごとな本のセットが整然とガラスケースのなかに収められた」図書室を見て興奮し、「この知的な祝宴の御用達（my own purveyor）」になりたいと強く願う。さらに、そこで父親から手渡されたプルタルコスの『英雄伝』を読むうち、エマの「精神は共和主義の熱情でいっぱいになり」、「胸は愛国主義の徳で燃えるような熱気を帯び」てゆく（Hays 2000: 56）。

激しい情念の動きを描いたこれらの二つの場面が、語彙の点でも内容の点でもきわめて似通っていることは、一目瞭然だろう。ヘイズは伝記のなかのマコーリ像に、かつて自分がフィクションのなかで描き出したヒロインの姿を重ね合わせたのである。

歴史のなかの「虚構」

過去に実在した人物の描写にこのようなフィクションが差しはさまれていたことは、いかにも評伝としての信頼性を失わせるものに見えるかもしれない。当時の雑誌に取り上げられた『女性評伝集』の書評には、記述が長すぎることへの批判のほか、アーノルド夫人の証言をもとにしたマコーリの記述が中立性を欠いており、このなかに含めるのが不適切であるという意見も示されていた（Walker 2006: 244）。要するに、対象との間に十分な距離が保たれていないという批判である。

しかし、直接的に対象に入り込んでゆく語りは、若い女性の好奇心を引き出しながら、彼女たちに歴史を読ませるために、ヘイズがみずから仕組んだ手法であったはずである。『女性評伝集』出版後の一八〇四年九月、ヘイズは友人ロビンソン宛ての手紙のなかで、自分自身が「次代を担う若者たち、とくに若い女性たちを啓蒙しその心の制約を解くことに対し、何ほどかのことをしてきたのではないかと自負している」と書いた（Brooks 2004: 568）。マコーリの評伝からもわかるように、『女性評伝集』にはときとして、既知の事実を伏せたり、創作まじりの描写を入れ込んだりする語りの工夫が見られたが、むしろそうした小説的な語りこそ、女性の「啓蒙」のためにヘイズが考えだした歴史叙述のスタイルであった。ヘイズは、深く感情移入しながら実在の女性の生涯をたどる営みのなかに、若い女性にも十分に味わうことのできる、歴史の「面白さ」を追及したのである。

五　おわりに

最後に、これまで論じてきたヘイズの試みをまとめておこう。

ヘイズは『エマ・コートニーの回想』のなかで、従来の小説というジャンルの特性に対する批判を込めて、みずから実際に出した手紙の内容を「真実」として物語のなかに挿入し、女性が好んで読むフィクションを「役に立つ」ものにしようとした。また、その後に取り組んだ『女性評伝集』では、「無味乾燥な事実」を扱う従来の歴史書に対する挑戦として、評伝のなかに共感を促す創作的な物語を盛り込み、女性が読むべき歴史を「楽しめる」ものにしようとした。このようなヘイズの独特な語りのなかで、

「フィクション」と「事実」の間の境界線は、必然的に曖昧になってゆく。たとえば小説のヒロインであるエマ・コートニーが、現実に生きたメアリ・ヘイズ本人と重なりあい、また伝記に書かれた実在の歴史家キャサリン・マコーリが、架空のエマ・コートニーと一体化するといった、奇妙な事態も生じることになる。

このようなヘイズの語りは、フィクションであれ歴史であれ、それぞれのジャンルがその後たどった歩みを考えると、見当違いな方向を目指していたようにもみえる。同じ時代にウォルター・スコットが確立しつつあった歴史小説というジャンルと並べてみれば、フィクションにも歴史にも徹しきれないヘイズの語りは中途半端なものに映らざるを得ない。またその後、歴史とフィクションの間の違いが優劣ではなく、扱う対象や手法の違いとして認識されるようになると、小説よりも歴史に高い価値をおいたヘイズのジャンル理解はかなり陳腐なものとなる。

しかし、ヘイズが小説に「事実」を入れたり、評伝に「虚構」を入れたりしたのは、ただ単に彼女が歴史やフィクションといったジャンルの約束事に無理解であったからではない。無謀ではあったかもしれないが、それは読書を通じて女性を啓蒙するという取り組みの一環として、既存のジャンルで前提とされた枠組みを崩しながら、戦略的につくりだされた語りのかたちであった。

ヘイズは、女性読者が受け取る知識をジェンダー化させないために、「歴史＝真実＝男性的」、「フィクション＝虚偽＝女性的」という固定化されがちなジャンル区分と格闘し、その再編を試みたのである。

参照文献

Backscheider, Paula R.（ed.）（2000）*Revising Women: Eighteenth-Century "Women's Fiction" and Social Engagement,* Baltimore: Johns Hopkins University Press.

Binhammer, Katherine（2003）"The Persistence of Reading: Governing Female Novel-Reading in *Memoirs of Emma Courtney and Memoirs of Modern Philosophers*", *Eighteenth-Century Life,* Vol. 27: 1–22.

Brooks, Marilyn（2004）*The Correspondence*（*1779–1843*）*of Mary Hays, British Novelist,* Lewiston, N.Y.: The Edwin Mellen Press.

Chapone, Hester（1773）*Letters on the Improvement of the Mind, addressed to a Young Lady,* J. Walter.

Fordyce, James（1766）*Sermons for Young Women,* 2nd ed., A. Millar & T. Cadell.

Hays, Mary（1797）"On Novel Writing" [signed 'M. H.'], *The Monthly Magazine* 4: 180–81.

———（1803）*Female Biography; or Memoirs of Illustrious and Celebrated Women,* R. Phillips.

———（1806）*Historical Dialogues for Young Persons,* J. Johnson & J. Newman.

———（1998）*The Victim of Prejudice,* ed. by Eleanor Ty, Peterborough, Ont.: Broadview Press.

———（2000）*Memoirs of Emma Courtney,* ed. by Marilyn Brooks, Peterborough, Ont.: Broadview Press.

Hays, Mary and Elizabeth Hays（1793）*Letters and Essays, Moral and Miscellaneous,* T. Knott.

Johnson, Joseph（1862）*Clever Girls of our Time, and How They became Famous Women,* London: Darton.

More, Hannah（1799）*Strictures on the Modern System of Female Education,* T. Cadell & W. Davies.

Kelly, Gary（1993）*Women, Writing, and Revolution 1790–1827,* Oxford: Clarendon Press.

Looser, Devoney（2000）*British Women Writers and the Writing of History, 1670–1820,* Baltimore: Johns Hopkins University Press.

O'Brien, Karen（2005）"History and the Novel in Eighteenth-Century Britain", *The Huntington Library Quarterly,* Vol. 68: 397–413.

Spencer, Jane（1994）"Not Being a Historian: Women Telling Tales in Restoration and Eighteenth-Century England", in *Context of Pre-Novel Narrative: The European Tradition*, ed. by Roy Eriksen, Berlin: Mouton de Gruyter.
Walker, Gina Luria（2006）*Mary Hays（1759–1843）: The Growth of a Woman's Mind*, Aldershot: Ashgate.

梅垣千尋（二〇〇四）「メアリ・ヘイズ『英国・ヨーロッパ女性伝記大事典』について」復刻版 Mary Hays, *Female Biography*（1803）解説、ユーリカ・プレス。

ウルストンクラーフト、メアリ（一九八〇）『女性の権利の擁護』白井堯子訳、未來社。

オースティン、ジェーン（一九九七）『ノーサンガー・アベイ』中尾真理訳、キネマ旬報社。

細川美苗（二〇〇九）「感情と理性の間――メアリ・ヘイズ『エマ・コートニーの回顧録』（一七九六）」十八世紀女性作家研究会（編）『長い十八世紀の女性作家たち――アフラ・ベインからマライア・エッジワースまで』英宝社。

第4章　境界線上のルポルタージュ

あるイギリス人女性とフランス革命

大石　和欣

一　はじめに

九・一一事件に思う

もう一〇年ほども前のことになってしまったが、アメリカでの黙示録的な九・一一事件は、国際政治の領域だけでなく、報道のありかたについて、さらに歴史解釈についても大きな動揺をもたらしたように思う。

あの日、あの瞬間、炎に包まれたニューヨークのツインタワーが地響きとともに崩れてゆく姿をテレビ画面で見ていた私たちにとって、即座にその歴史的意味を解き明かすことなどとうてい不可能であったろう。事件が持ちうる象徴的な意味をなんとなく意識しながらも、真相についてはまるで理解する術を持たなかった。たとえば、外岡秀俊らが編集した『九月一一日メディアが試された日』（二〇〇一）を読んでみても、事件直後の情報の錯綜と解釈の混乱がいかにジャーナリズムの世界をも揺るがせたかがわかる。

実際のところ、それ以降の中東情勢は、事件直後の英米対テロ組織という単純な二項対立ではなく、複数の軋轢と情報の錯綜のなかで加速度的に悪化していき、出口の見えない混沌のなかで苦しみ、傷ついてゆくことになった。二〇一一年現在でも、中東情勢は不安定なまま打開策を見いだせずにいる。そんななかで私たちは何を手掛かりに、何が事実で、何を真実の歴史だと言えるのだろうか。

ルポルタージュと歴史記述

そうした不安や疑問は多くの人びとが共有するものであろう。九・一一事件から二年たった二〇〇三年九月、オーストラリアのラジオ・ナショナルでルポルタージュの意義を再吟味する番組があった。『フェイバー版ルポルタージュ選集』（一九八七年）を著書に数えるジョン・ケアリとジャーナリストのマーティン・フラナガンをゲストに迎えて、分裂し多様化する世界を前にして報道することの難しさを語っていた。

アメリカの報道界では新しい事実を数多く収集することが評価される傾向が強いが、それは必ずしも真実の報道にはならない、と二人は口をそろえて言う。数字や場所の正確さは報道の「義務」ではあっても「美徳」にはならないし、そもそも客観的報告などというものは存在しないのである（Radio National 2003）。

たしかに、事実は丸裸で提示されるものではなく、特定の視点やイデオロギーの枠組みを通して伝えられる。それは歴史学でいう「言語論的転回」を言い換えているにすぎない。しかし、そうであるとすればルポルタージュは主観性とイデオロギーを内部に許容するがゆえに、逆説的に歴史の証言として残るのではないだろうか。ケアリ自身の著書にある表現を使えば、「骨が折れるわりに生気を失った客観的なあるいは再構築された歴史記述とは異なり、敏感で、主観的で、そして不完全であるがゆえに」、ルポルタージュは真実味を帯びた歴史的証言として価値を持ちうることになる（Carey 1987: xxix）。その場で書かれた「現場性」と「生命」を持ち、「公開された個性と偏見」であり、その迫真性ゆえにフランス語の原義通りにその現場へと私たちを「連れ戻し」（*reporter*）、強烈な印象を脳裡に焼きつけるが、その一方ですぐに忘れ去られてしまう目撃証言といえよう（Radio National 2003; Carey 1987: xxxii）。

それはカルロ・ギンズブルグが古典・古代の歴史記述において「真実」をつくりだす美徳として見いだした「エネルゲイア」、つまり生彩さ、生き生きとした表現・印象を含みこみ、一般化と陳腐な表現を断固拒否する生きた歴史記述なのである（ギンズブルグ 二〇〇三：一二、五七〜六〇、六三〜四）。

フランス革命の目撃証言

フランス革命についても同じことがいえよう。一七八九年に革命が勃発し、バスチーユ監獄が倒壊したとき、その直後はイギリスでも好意的な見方が支配するものの、やがて革命の混迷ともに、その情報も錯綜し、バスチーユ倒壊という象徴的事件の解釈も混乱をきわめた。そんななかで著わされたヘレン・マライア・ウィリアムズ（一七六一〜一八二七年）による一連の『フランスからの手紙』（一七九〇〜一七九六年）は、右でいうルポルタージュの一例といえる。

『フランスからの手紙』は、ケアリ自身が編集した『フェイバー版ルポルタージュ選集』に所収されていない。だが、ケアリが旅行記や随想、日記も歴史の証言であるべきルポルタージュとして含めていることを考えても、またフランス革命期がジャーナリズムの発展に寄与した歴史的経緯を鑑みても、旅行記や書簡集の装いを借りたウィリアムズの言説をルポルタージュとして扱うのは不適当なことではないだろう。

ウィリアムズは、女性詩人・作家として名声を獲得しながらも、一七九〇年にフランスへ渡航し、七月一四日の連盟祭以降の革命の状況をつぶさに母国イギリスに伝え続けた。六シリーズ(計八巻)にわたったウィリアムズの革命ルポルタージュは、イギリスにおけるフランス革命論争にも一石を投じ、フランスにおいても彼女の名前は広範囲に知られることになる。ジロンド派の理念に共鳴する彼女のテクストは、革命についての直接的だが個人的見解であり、文学的価値を持つと同時に特定のイデオロギーに歪曲された歴史の目撃証言にほかならない。

女性としてウィリアムズが「書簡」形式を借りて記述したフランス革命ルポルタージュは、文学と歴史記述が交錯する狭間にあって微妙に揺らぎながら、ジェンダーの問題までも包摂するきわめて多面的かつ特異であり、それゆえに貴重なテクストであるように思う。私的性格を持つ手紙に政治的意義を付与することで、『フランスからの手紙』は、歴史と虚構《フィクション》、史実と物語、イデオロギーと言説との間に横たわる不分明な境界線を見つめる新たな視座を提示すると同時に、一八世紀後半における女性の特殊な社会的立場についても再考を促してくれよう。

二　不安定な言説

三重の周縁性

『フランスからの手紙』はさまざまな意味で周縁的な言説である。そもそもウィリアムズ自身、当時のイギリス社会において、家庭環境、宗教、そしてジェンダーの三つの点で周縁に位置する（Kelly 1993: 30）。

一七六一年頃にウェールズ人の父親とスコットランド人の母親の間に生まれたウィリアムズは、翌年に父親が死去すると、異母姉のシシーリアとともにスコットランドにほど近いバーウィック・オン・ツイードに移り、その地で育てられた。辺境の地ではあるが、幸いなことにそこで啓蒙的な文化を保っていた非国教会社会のなかで彼女の知性は育まれる。

二〇歳の頃にロンドンに戻り、その文才を長老派教会の牧師アンドリュー・キッピスによって認められ、物語詩『エドウィンとエルトルーダ』（一七八二年）を出版する。非国教徒に顕著な奴隷解放などの政治問題への関心は、『詩集』（一七八六年）に収められたソネットが豊かに示したような彼女の女性的な感受性と結びついて、サミュエル・ジョンソンが称賛した『平和についての頌』（一七八三年）や『ペルー』（一七八四年）、さらには『奴隷制度制限法案可決についての詩』（一七八八年）へと昇華されてゆく。

しかし、一七九〇年に渡仏し、フランス革命について旺盛な著作活動をしだすと、女性であるがゆえにその言動は批判を招き、政治的にも社会的にも抑圧されてゆくことになる。ジロンド派と親交が深かったウィリアムズは、ロベスピエール率いるジャコバン派が台頭するにつれて、フランスの政治の中心から遠ざかり、挙句の果てには監禁され、釈放後はスイスまで逃げる。さらに、フランスにおいて妻子あるジョン・ハーフォード・ストーンと同棲していたという私的生活面でのスキャンダルは、同時代のイギリスにおいて彼女の評判をいっそう下げ、結果として彼女の言説の信憑性をも失墜させてしまった。

さらなる周縁性

しかし、さらに二つの意味でウィリアムズが周縁的な存在であることにも注意すべきだろう。

第一に、彼女はイギリスにも帰属しないし、一方フランスにも同化しきれない異邦人女性という立場に意図的に自分を置いたことである。フランスに滞在し続け、とくにジロンド派を中心としたサークルに入り込みながらも、イギリス人女性として英語で書き続けたウィリアムズの言説は、特異な意味を帯びてくる。ウィリアムズは、出版されたばかりの『フランスからの手紙』を携えて穏健的革命を意図するジロンド派が中心を占める憲法友の会に出席するものの、正規のメンバーとしては認められることはなかった。トマス・ペインやジョゼフ・プリーストリーがパリの国民公会のメンバーに推挙されたのと比べると大きな違いである（ただし、後者は辞退した）。結局のところ、ウィリアムズの言説は、緊張を増す英仏関係の真ん中で搖動しながら、なかば意識的に宙吊りのまま書き綴られてゆく。

また、彼女の『フランスからの手紙』が、文学研究からも歴史研究からもきわめて曖昧かつ異質な言説として長いあいだ放置されてきたことも忘れてはならない。

『フランスからの手紙』は同時代において話題になった言説であったとはいえ、近年になってふたたび取り上げられるまで文学史的にはまったく無視されていたし、フランス革命を論じる歴史家の間でも当然のようにほとんど省みられることはなかった。さすがにヘヴダ・ベン＝イスラエルの『イギリス歴史家たちのフランス革命論』では、「連盟祭の詳細かつ緻密な描写」が豊富な「注意深い目撃報告」として条件つきの評価を与えるものの、客観性をもった歴史叙述としては認めず、「落ち着きがなく混乱した熱狂に焚きつけられた雑多で矛盾だらけの理想」の賜物でしかない感情的言説として酷評する（Ben-Israel 1968: 18, 12）。

旧版の『英国人名辞典』をひも解いてみても、「感受性の時代」を代表する女流詩人・作家「センチメンタル・ヘレン」としての評価は高いものの、『フランスからの手紙』に見られる歴史記述については、「きわめて不完全で、偏った、そして歪曲された情報にもとづき、頭はいいが無教育な女の狂信的熱情によって戯画化され、無知蒙昧、ひとりよがりに発せられた漠たる印象」であり、それゆえ「事実について数々の誤った意見を生んだ」歴史記述である、と手ひどい扱いである（*DNB* 1917, XXI: 404）。一九世紀的な偏見と女性蔑視的な態度を割り引いてもあまりある。

テーマからいって資料として扱っていそうなモナ・オズーフの『革命祭典——フランス革命における祭りと祭典行列』（Ozouf 1988）にも、またリン・ハントの『フランス革命と家族ロマンス』（Hunt 1992）においてもウィリアムズからの引用はない。フュレとオズーフ編の『フランス革命事典』（フュレ 一九九五〜二〇〇〇）には、バークは記載されてもウィリアムズは出てこないし、ピーター・ヴァンシタートが編集したフランス革命関連の資料集『革命の声』(Vansittart 1989)にも、河野健二編『資料フランス革命』(河野 一九八九)にも『フランスからの手紙』からの抜粋はない。かろうじて、サイモン・シャーマの『市民たち――フランス革命編年史』に連盟祭の目撃者として一〇行ほど紹介されているにすぎない(Schama 1989: 513)。

ロベスピエールの恐怖政治をじかに体験した一七九三年以降、ウィリアムズはみずからの歴史解釈の誤りを修正しはじめるが、たとえそうしたところで、革命が恐怖政治、ナポレオン帝政へと推移してゆくにつれ、『フランスからの手紙』は歴史記述としての信頼性を与えられないまま、やがて本人の存在もろともに忘却されてゆくことになる。

周縁的言説の価値

だが、こうした幾重もの周縁性にもかかわらず、いやむしろその周縁性ゆえにこそ、『フランスからの手紙』は少なくとも最初はフランス革命の目撃証言として価値を保ち、そしてイギリスにおけるフランス革命観の形成にさいして影響を及ぼしたことも確かである。逆説的ではあるが、その意味ではウィリアムズの言脱は、その脱中心性ゆえに重要かつ中心的な役割を担ったことになる。

パリのエルヴェシウス通りにあったウィリアムズのアパートには、メアリ・ウルストンクラフト、チャールズ・ジェイムズ・フォックス、ジョン・オウピーなど革命に同情的なイギリス人や、ブリソやロラン夫人などのジロンド派の要人、さらにはコシチューシュコやフンボルトといった外国の政治家・知識人が立ち寄り、集《つど》い語らうサロンとして盛況を催していた。現代の文学者や歴史家が考えている以上に、そして『フランスからの手紙』のなかに示唆されている以上に、ウィリアムズは革命の裏幕や、ジロンド派の活動や思想的背景について重要な情報を保持していたはずである。

そんなイギリス人女性が見たフランス革命の目撃証言として、『フランスからの手紙』には現場性、つまりギンズブルグのいう「エネルゲイア」が宿っている。それをルポルタージュとして新たに捉え直すことで歴史記述のありかたを問い糺すことができよう。

三　女性の言説と公共圏

一八世紀末における女性と公共圏

ウィリアムズが女性として政治を語ったことは、男性中心であったと考えられる当時のイギリスの出版文化において掟破りとも思われる。だが、一八世紀の半ば以降、女性たちが分筆活動を通して急速にいわゆる「公共圏」のなかに進出していったのも事実である。とすれば、ウィリアムズの言説はまったく想像できないほど突飛なものでもなかったのではないだろうか。

一八世紀のイギリスにおける経済・産業構造の変革に付随する生活環境の変化、そして中流階級文化の進展にともない活性化した出版文化は、女性の社会的立場をも変化させてゆく。女性は出版物を読むことで公共圏に接触するだけではなく、みずからも著作を出すことで直接公共圏へと自己の活動空間を拡大していった。社会的に抑圧された状況にあってさえ、彼女たちは「主観性」、「家庭性」、「自然性」、

「道徳性」、「想像力」という女性的美徳を武器にして、男性社会に対峙する領域を築き上げ、地域や宮廷などの文化的領域でみずからの世界を確立してゆく。

とくに「感受性の時代」といわれた一八世紀後半において、鋭敏な感性や情緒が人間的な美徳としてみなされる傾向を強めてゆく。もともとは男性の美徳であった「感受性」はしだいに女性的美徳として認知される風潮が高まり、女性読者を対象とし、女性が執筆する「感受性小説」がおびただしく巷に出回ってゆくことになる（Todd 1986）。

とはいえ、やはり「出版する」ことは、女性にとって危険な賭けでもあった。男性が支配する「公」の場に出れば、女性としての家庭的美徳が欠如しているとみなされる。また、男性と同等の教育を受けていないために、修辞的訓練や古典の知識が不足しているとして男性批評家から批判されてしまうのが常である。広範囲に読まれたジェームズ・フォーダイスの『若い女性たちへの説教集』（一七六六年）において、女性が、「戦争、商業、政治」、「宗教論争」、「観念的哲学、そしてあらゆる深遠な知識」といった男性の領域に踏み入って著述することを戒めているのは、文壇からの女性排除を示唆する一方で、女性が教育不足ゆえに公の場で攻撃されないための忠告でもある（Fordyce 1766, I: 208, 271–2）。アナ・レティシア・バーボルドのように、非国教徒のアカデミーで教鞭をとる父親のもとで、男性顔負けの古典教養を身に着けた女性はきわめて稀なのである。

こうした障害のために、女性の多くが匿名で出版したり、あるいは女性的感性や家庭的美徳に矛盾しない題材やジャンルのみを選ぶ傾向を強めてゆくのは当然のことかもしれない。

手紙と女性文学

女性たちにとって、言説のジェンダー化にともなう制約を打破するためのもっとも都合のよい形式のひとつが手紙であった。ウィリアムズもその点を意識している。元来「個人」や「家庭」という私的領域に帰属すべき手紙というメディアは、女性の特質と美徳を損なうものではなかったし、また手紙に吐露した心情であれば女性が占有するにいたった感受性文化そのものを表現することになる。

「書簡体小説」といえばサミュエル・リチャードソンがすぐに英文学史ではあげられるが、重要なのはテリー・イーグルトンがリチャードソンの小説のなかに見いだした「言説の女性化」ではなく、女性が主体的に言説を操り公共圏に参与してゆく過程、いわば「女性の言説化」ではないだろうか（Eagleton 1982: 13）。そもそもリチャードソンが『パメラ』や『クラリッサ』を書いて成功した背景には、女性たちが文通や雑誌への投稿など、手紙を通じて積極的に女性独自の言説の領域を築こうとしていた実態がある。実際、一八世紀後半になると女性小説家たち自身が書簡体を小説のなかに積極的に取り込んでゆく。イギリスだけではなく、フランスにおいても、ルソーの書簡体小説『新エロイーズ』が一世を風靡した背景に、女性たちが手紙を媒体に社会と接点を持とうとしていた経緯がある（Curtis 1984）。

イギリスでは一八世紀半ばまでには郵便制度が整備され、手紙の移動や配達が迅速化・広域化していったが、それは手紙が広範囲に拡大し、社会性を帯びていった過程でもある。それとともに女性の言説も、個人的な人間関係にもとづく親密圏のみならず、一般の人の目にも触れる公共圏において、幅広く流通してゆくことになるのである。

社交という背景

同じ頃、「サロン」や「地域」という空間を中心にして、女性が社会のなかで流動的な活動範囲を拡大し、社交性（sociability）を追求していったことにも注目する必要があろう。フランスにおいては女性が主導するサロンを通した「私」と「公」の混交が顕著なだけではなく、デイヴィッド・ヒュームが驚いたように、女性のサロンにおける会話と手紙文との華麗な同一性があった（Hume 1985: 533–6）。

ホイッグ的な男性中心のコーヒーハウス談義が目立つイギリスにおいては、フランスのように女性が主導する政治的なサロンは生まれにくかったことは事実だが、それでもロンドンのブルーストッキング・サークルや地方の非国教徒社会に典型的に見られるように、社交や手紙のやり取り、教会や地域社会を通した交流により、女性は「主」と「個」の領域を拡大し、社会化してゆく。。

ウィリアムズが『フランスからの手紙』を綴りながらパリでサロンを開いていた背景には、フランスのサロン文化への同化という側面だけでなく、イギリスにも浸透していた女性の「社交文化」という背景も考慮すべきであろう。

感受性文化の枠組み

こうした女性の社交性と密接な関わりを持ち、かつ一八世紀の文化において重要な役割を果たしたと考えられるのが、先ほども言及した感受性文化である。

人間の内面や身体に内在する鋭敏な感性や感受性は、啓蒙思想の発展とともに神経に関する医学的知識の発展もあって、重要な文化的潮流を生み出すことになった。フランシス・ハチソンやアダム・スミスなどのスコットランド啓蒙思想において「善意」（benevolence）や「共感」（sympathy）などの美徳が称揚されたように、人間の感受性が持つ道徳性が強調されてゆくことになる。一八世後半において、もともとは男性の美徳であった感受性がしだいに女性的美徳として表象される風潮が高まり、女性読者を対象とし、女性が執筆する「感受性小説」までもがおびただしく巷に出回ってゆくことになる（Todd 1986: 10–28, 110–28; Mullan 1988: 1–56）。

歴史学の領域では軽視されがちであるが、ジョージ・バーカー＝ベンフィールドが示したように、感受性文化は一八世紀の消費文化とも密接な関わりを保つと同時に、文学の領域ではきわめて顕著な思潮を形成してゆく（Barker-Benfield 1992）。

急進的感受性

一七八〇年代以降、救貧や奴隷貿易廃止運動といった慈善活動の高まりとフランス革命の勃発を契機に、女性の感受性はいっそう政治色を帯びることになってゆく。「共感」や「博愛」（philanthropy）の美徳は、女性を地域中心の慈善活動へと積極的に駆り立て、限定されたかたちではあるが、その慈善を口実にして女性は政治的意味を持った言動をとることが可能になった。換言すれば、女性たちは家庭性・母性・共感という女性的美徳を誇る感受性の枠組みのなかで、慈善や奴隷貿易廃止運動を捉えた、いや、むしろそういうジェスチャーを示しながら女性的感受性の枠組みを公共圏へと拡大していったと考えることができよう（Barker-Benfield 1992: 224–31; Langford 1989: 109–13; Todd 1986: 17–21; Rodgers 1949: 10–22; Caines 1997: 29, 53–57）。

こうした政治的感受性が「自由・平等・博愛」というフランス革命の理念によって先鋭化したのが「急進的感受性」(radical sensibility) である。この特殊な用語は、急進的な政治理念に同情的な中流階級女性詩人・作家たち、具体的にはウィリアムズ、メアリ・ヘイズ、メアリ・ウルストンクラフトやシャーロット・スミスなどの言説や、それを支える心的構造を説明するのに有効である (Jones 1993)。その一方で、ハナ・モアを代表とする国教会福音派の女性慈善家は、感受性を福音主義とすり合わせ、急進的感受性に批判的態度をとることで、体制側に立って感受性を社会慣習の一部に組み込んでいった。

だが、こうした女性たちが感受性を政治化するさいに、形式としてしばしば書簡体を用いている点にも注目すべきであろう。ユニタリアンであるアナ・レティシア・バーボルドによる「ウィルバーフォースへの書簡――奴隷貿易廃止法案否決にさいして」(一七九一年) のような奴隷貿易廃止を嘆願する詩であれ、シャーロット・スミスの『デズモンド』(一七九二年) のようにフランス革命への共鳴を示す小説であれ、メアリ・ヘイズの『エマ・コートニーの回想』(一七九六年) のような急進的な小説であれ、書簡体という形式が用いられている。女性のほぼ占有的美徳として認識されだした感受性を自然なかたちで政治的公共圏のなかに送り出す形式として、手紙が機能しているのである。立場の差はあれ、彼女たちの政治的言語は男性のものとは区別して考えるべきである。

「涙もろいやさしさ、どきどきするような共感」といった感受性言語を用いて革命を描写するウィリアムズの『フランスからの手紙』も、そうした文脈のなかにある (Williams 1975, I, 2: 1–2)。

四　言説の革命性と革命の言説性

エドマンド・バークと書簡論争

書簡体言説としての『フランスからの手紙』を取り巻くもうひとつの重要な文脈が、イギリスにおけるフランス革命についての政治論争である。そこでも多くの言説が書簡形式を採用している。

そもそも英語の *"letter"* には論考などの文書一般を指示する意味（*OED* 4）があるから、*"letter (s)"* という名を冠した印刷物すべてを書簡体言説と判断すべきではないが、古代より手紙はきわめて重要な政治メディアであり続けたことは事実である。フランス革命期はとくに書簡形式の政治性は顕著になる（Favret 1993: 25）。その革命論争の震源となったエドマンド・バークの『フランス革命の省察』（一七九〇年）からして、フランスにいる若い友人に宛てて書かれた手紙の体裁を整えている。

バークの議論は、大小合わせれば八〇点以上にのぼるフランス革命賛否両論を一、二年以内にイギリス国内に巻き起こした。論争がこれだけの規模になったのは、彼の巧みな修辞に挑発されたことと、バスチーユ陥落というういわば黙示録的な歴史事件についての解釈が、同時代のイギリス人にとってきわめて切実かつ困難であったためといえよう。アメリカ独立戦争後の政治的・経済的な不安を国内・外に抱えたイギリスにおいて、隣国での新たな革命はさまざまなレベルで意見を違える解釈を増殖させていった。ピューリタン革命、名誉革命、アメリカ独立戦争というイギリスが経験してきた過去の革命が、イギリスにおけるフランス革命解釈に大きな影を落とし、一七世紀以来の思想的確執が新たな言語と新たな枠組みのなかで蒸し返されたのである。

偏見と虚構性

フランス革命が名誉革命の反復であり、ゆえにフランス人も自由と立憲君主政体を樹立する、というリチャード・プライスが提示した解釈（Price 1789）を、バークは真っ向から否定する。フランス革命の破壊的な特異性を、バークは暴徒化した群集のなかに象徴的に見いだしたのである。

一七八九年一〇月にパリの女性市民がヴェルサイユに向かって行進し、パンを国王・王妃に要求したことがその端的な例であろう。その晩ヴェルサイユ宮殿に暴徒が乱入した事件を、バークは劇的に記述している。

歴史はこう記録するだろう。混乱と恐怖と狼狽、そして殺戮の一日が過ぎた一七八九年一〇月六日の朝、フランス国王夫妻は、市民の信頼が誓約の上に確保されたので二、三時間ほど身を横たえて疲れた体を休めたが、心は乱れ憂鬱な思いを抱えたままであった。と、そのとき、番兵がドアの向こうで叫ぶ声で王妃は飛び起きた。彼女を逃がして命を救うためにあげた大きな叫び声であった。しかし、それが番兵が示すことができた王妃への最後の忠節であった。彼は敵の手にかかって絶命していた。一瞬のうちに彼は切り捨てられてしまったのだ。一群の残忍な無法者と刺客たちは、番兵の返り血にまみれたまま、王妃の寝室に乱入し、銃剣や短剣でベッドを何度も突き刺したが、追われた王妃は裸同然の姿でかろうじてすでに逃げ延びた後であった。暗殺者たちが知らない経路を通って夫である国王のもとに避難したのだ。しかし、その彼とてもそのときに命の保証はなかったのである。(Burke 1986, 164)

これは想像にもとづく記述であり、史実というより虚構《フィクション》である。しかしながら、バークはそれまでのパラダイムでは説明しきれないフランス革命の暴力的な側面を、この描写によって切り取ってみせている。旧体制下の社会を「騎士の時代」として理想化し、その法的秩序が革命によって瓦解したと彼は大げさに嘆く(Burke 1986: 170)。

バークの記述はたしかに予言的ではあったが、革命に共感する人びとからはその偏見と虚構性ゆえに痛烈な非難を浴びた。ウルストンクラフトは『人権擁護論』(一七九〇年)のなかで、旧体制を擁護するバークの態度を「甘やかされた感受性」と非難し(Wollstonecraft 1989, V: 9)、ペイン、プリーストリー、ウィリアム・フレンドなども、マリー・アントワネットに対するバークの感傷的で狭量な見方を批判する。

しかし、その一方でバークを擁護する議論も噴出したことも確かである。"*letter (s)*"という言葉を題名に冠しているかいないは別として、こうした革命論争の多くが意見と立場を違える陣営のいずれかに宛てて書かれた手紙として意見交換が行なわれたのである。

バーク批判としての『フランスからの手紙』

表面上はイギリス国内にいる友人に宛てて書かれたウィリアムズの『フランスからの手紙』は、革命の直接的経験にもとづくフランスからのルポルタージュとして特殊な位置を占めるが、同時に女性の立場からのバーク反論という政治的意図を含んでいる。しかも、明白に女性という視点に立って革命を解釈している点では、ウルストンクラフトの理性的なバーク反論や、あるいはフランス革命の道義性を歴史的に探究した『フランス革命についての歴史的・道徳的省察』(一七九四年)とも異なり、露骨にジェンダー的差異を読み手に意識させる。

ウィリアムズは、フランス革命が女性的共感や家庭的愛情を体現し、旧体制下の家父長的社会制約から女性を解放したと目撃証言をすることで、間接情報に頼るバークとは対照的なフランス革命観を提出する。バークの崇高の美学を逆手に取りながら、ウィリアムズは革命が「崇高な」だけでなく、「美しい」ものであると証言する(Williams 1975, I, 2: 22)。バークが男性的崇高性を革命のなかに見いだし、それを混乱と破壊の予兆として表現したのに対し、ウィリアムズは第一および第二シリーズの『フランスからの手紙』において、革命を女性美の表出として画き出すことで反駁したのである。バークがマリー・アントワネットの品位と美しさを「騎士の時代」の象徴として書いたのに対して、ウィリアムズが目撃したマリー・アントワネットは民衆に同化した一人の女性となっている(Williams 1975, I, 1: 86)。

主観の記録

ウィリアムズはさらに革命が理性的な理解力だけではなく、「想像力」と「心」に訴えるものであることを強調する（Williams 1975, I, 1: 6）。フランス革命への「共感」は社会全体の幸福追求への「共感」であり、それゆえに自分の政治的信条は「まったくもって心の問題」であると断言するのである（*ibid.*: 66）。

結果として、ウィリアムズのテクストは、客観的記述ではなく、感情と感受性によって捉えられた主観的な革命の記録として提出される。

私がそのような場面を目撃しても無関心のままだったなどと思わないで下さい。とんでもありません。国の違いなど構っている状況ではありませんでした。人類の勝利の時でした。もっとも気高い人間の権利が宣言されたのです。ごく普通の人間的感情さえあれば、その瞬間に世界の市民になれたのです。私自身、みんなと同じ共感を胸にしていたのです。目には涙が浮かんでいましたし、「記憶がこの胸に宿っている限りは」その日の感激はけっして忘れることはないでしょう。（Williams 1975 I, 1: 13–4）

ここに提出されているのは事実の報告ではなく、そこに居合わせた人間の感動と高揚感の印象である。普遍的、世界的市民の一員として、みずからの異邦性をかき消して新生する社会のなかに溶け込んでいる姿を演出している。

女性たちの革命

革命のさまざまな場面で女性が活躍し、また同時に犠牲になっていることを、ウィリアムズは繰り返し訴える。後に彼女自身が認めるように、参政権を手にしないにしても、女性たちは革命のさまざまな場面で非公式ながら重要な役割を担っていたのである（Williams 1801, II: 63–4)。たとえば、戦闘シーンでさえ、男性兵士の血みどろの戦いではなく、夫や子どもに対する女性たちの愛情が発露する場として描出される。

女性たちもまた、女性にありがちな恐怖におびえるどころか、バスチーユの砲撃をものともせず、危険をも顧みずに息子や夫たちに食料を運んだ。古代ローマの婦人にも比肩すべき精神で戦闘中の男たちを鼓舞したのである。（Williams 1975, I, 1: 27–8)

古代ローマの婦人は、当時のフェミニスト的な文脈にしばしば登場するイメージである。女性が政治に参加する理想的な古代共和国のあり方を象徴すると同時に、その冷静かつ大胆な行動性ゆえに理想的な女性像として描かれる。そのイメージを援用しながら、ウィリアムズは女性の家族愛に革命精神という政治的な意味を担わせているのだ。

ウィリアムズがフランス革命初期に見た理想の社会は、ペインやプリーストリーの国家像とは異なり、「私」と「公」、「家庭」と「政治」、「感受性」と「理性」が区別できない、あるいは反転してしまっている社会像として提示される。フランス革命における女性たちの社会的存在価値と意義は、けっして無視できない。

悲劇のヒロイン

革命が混迷を重ね、恐怖政治に陥っても、この点に関してはウィリアムズは主張を曲げない。愛情ゆえに危険を顧みずに勇敢に戦い、また監獄へも攻め入り、またみずからも牢獄につながれていった女性たち、そして愛情ゆえに希望と安らぎを人びとに与え、人びとを鼓舞し続けた女性たちが、第三シリーズ以降の『フランスからの手紙』においても主役になり続ける。

そのなかで悲劇のヒロインのひとりとなっているのがロラン夫人である。ギロチン処刑を目前に控えたある日、ウィリアムズは彼女を獄中に訪ねる。いつもと変わらぬ理性と落ち着きを持って対面したロラン夫人だったが、話題が夫と娘のことに転じた途端、突然泣き崩れてしまう。自由のためにみずからを犠牲にするという自負の念と勇気は、女性、そして母親としての感情の前にもろくも崩れてしまったのだ。ウィリアムズはそう説明する（Williams 1975, II, 1: 195–7)。

革命の混乱に戸惑いながらも、ウィリアムズのルポルタージュは、男性中心的になりがちなフランス革命を、女性中心的な感受性の言語へと翻訳しているのである。

「エネルゲイア」が溢れる言説

女性としての感受性を重んじたウィリアムズの言説は、それだけ感覚的な描写にすぐれ、きわめて鮮烈かつ生きた革命の証言を残している。ギンズブルグのいう「エネルゲイア」に溢れた言説である。

たとえば、シャン・ド・マルス広場において階級の区別なく人びとがスコップを持って連盟祭の準備に励んだことや、祝祭行列がアンリ四世の暗殺場所で黙禱をささげたこと、さらに活気と陽気さに満ちたパレ・ロワイヤルの広場などが、第一シリーズでは生き生きとした臨場感をもって描写されている（Williams 1975, I, 1: 6, 9, 77–8）。

一年前に陥落したバスチーユで人びとが祝福しあう様子の描写は、歴史の目撃証言としてのルポルタージュの面目躍如たるものがある。

しかしながら、何にもまして私の感情に訴えた光景は、バスチーユで人びとが喜びあう様子でした。すでに廃墟となっていた忌むべき監獄は、まるで魔法の杖にかかったかのように、突如として美と喜びの舞台に姿を変えていたのです。地面には真新しい芝土が敷きつめられ、その上には若い苗木が並べて植えられ、赤々と燃えるかがり火で光輝いていました。ほかの祝祭と比べても人びとの心はひときわ歓喜に満ちていました。彼らはお互いに祝福しあい、過去の恐怖を思い出しながら現在の幸福を噛みしめていたのです。彼らの叫ぶ「国民万歳」は今でも私の耳に鳴り響いています。彼らにとっては一旅行客にしかすぎない私までもが彼らと喜びを分かちあい、声をひとつにし、全身全霊をこめて「国民万歳」を繰り返したのです。（Williams 1975, I, 1: 21）

黒こげになって崩れたままのバスチーユと新しい芝生や苗木の緑がつくりだすコントラストは、カメラのレンズで映し出されたならば、革命前後の違いを際立たせる絶妙な視覚的効果をもたらすであろう。

やや自己演出的にフランス国民と一体化して「国民万歳」を叫ぶウィリアムズの祝祭描写に、客観性を求めるのは無理であろう。だが、距離をとった傍観者としての記述ではなく、主観的であり、現場性を保った記述は、革命記念日を喜ぶフランス国民の生きた姿を直接的に想起させるのである。

現場からのルポルタージュ

といっても、ウィリアムズはつねに客観性を犠牲にするわけでもない。その現場性は、厳密な現場検証にもとづいている。革命戦争が勃発したときも、ウィリアムズはその状況を第三シリーズの『フランス革命からの手紙』において報告してゆく。

フランス軍を率いるデュムーリエ将軍がプロシア・オーストリア連合軍と対峙したときには、みずから戦地に赴いて戦闘の現場検証をし、さまざまな聞き込み調査さえ行なっている。女性ゆえに戦闘自体は目撃できないまでも、その現場レポートは実況中継に近い臨場感を持っている。

デュムーリエは、戦術だけでなく人間の心の動きやそれに影響を与えるさまざまな状況についても熟知していました。そのとき、隊列の先頭に身を乗り出し、上着と胴衣を脱ぐやいなや、合図をしてそれまで鳴りを潜めていた音楽を命じたのです。高らかに演奏されたのは「ラ・マルセイエーズ」の歌でした。その日は非常にのどかな日でしたから、音楽はどこにいてもはっきりと聴くことができました。フランス側の攻撃が止んでいたのでことさらにそうです。敵の威嚇攻撃だけが耳に届きます。敵の砦は円形演技場のように築かれていて、こちらの隊列もその形に配置されていましたから、兵士はみんな司令官を見ることができ、みるみるうちに元気づいてきました。これが決定的瞬間でした。兵士たちの熱狂は極限にまで高まり、砦からは彼らめがけて容赦なく砲撃が仕掛けられたにもかかわらず、「国民万歳」を叫び、この名高い歌を一斉に歌いながら、猛烈な勢いで突撃し最初の砦を攻略しました。敵の騎馬隊は側面攻撃を仕掛けて縦隊を多少突き崩しましたが、うまくいかずに撃退されました。その間に二番目の砦もこちらの手に落ちました。オーストリア軍はフランス軍の烈しい勢いと決意を見てパニック状態に陥り、さほど抵抗することもなく三番目の砦もあけ渡したのです。(Williams 1975, I, 3: 229–30)

ジェマップの戦闘の様子である。過去形で書かれていながらも、現場検証に裏づけられた記述に臨場感と喚起力が宿っている。

しかしながら、デュムーリエが最終的にフランス軍を裏切ったために、緻密な現場検証の甲斐なくウィリアムズのルポルタージュは信憑性を失ってしまうことになる。デュムーリエ擁護のために彼が愛国心を吐露した手紙を一緒に添付して出版するが、結局のところその手紙も偽物と判明し、ますますウィリアムズの言説への信頼は崩れてしまう。

五　多層的な語りの構造

政治的観光旅行記としての『フランスからの手紙』

ルポルタージュとして『フランスからの手紙』を読むことは、その刹那的な感覚性、主観性、不完全性を認めることになるが、「書簡」という言説形式は表現媒体としてきわめて曖昧なジャンルであることを、ここであらためて確認する必要があろう。というのも、『フランスからの手紙』にはルポルタージュの要素だけでなく、旅行記、ロマンス、随想記といった雑多な要素が混入されているからである。

ウィリアムズは連盟祭を旅行者として目撃しただけではなく、ルーアンではジャンヌ・ダルクの処刑現場に赴いて、イギリスの非道と女性の英雄性について想いを馳せ、パレ・ロワイヤルの賑わいを徘徊するさいには、ロンドンのケンジントン公園と比較してフランス女性たちがいかに陽気で美しいかを讃える。戦況報告にさいしても、つぶさに村落の様子を考察し、語ってみせる。ゲアリ・ケリーが「政治的観光旅行」と評してよい根拠は十分にある（Kelly 1993: 33–6）。

ざっくばらんに言ってしまえば、『フランスからの手紙』は同時代の読者の目には革命期のフランス旅行記としても映っていたはずであり、その意味では周縁的な言説というよりも、むしろ典型的かつ中心的な言説として受け取られていた可能性が高い。

ロマンスとしての『フランスからの手紙』

それだけではない。『フランスからの手紙』第一シリーズに関しては、後半すべてを親交のあったデュ・フォセ夫妻の人生をロマンスとして語ることで、限りなくフィクション性が強まり、いっそう女性読者層に受け入れられやすい言説に変質していったと考えられる。

デュ・フォセ夫人は、身分が卑しくとも、美貌、豊かな知性、そして家庭的愛情を兼ね備え、男爵家の長男だったデュ・フォセ氏と結婚するが、男爵の勘気を被る。二人で地方からスイスへと逃れた後に、イギリスに一文なしの状態でたどり着く。そこで夫人はウィリアムズのフランス語教師として知遇を得るが、男爵の姦計によってデュ・フォセ氏は、いったんは本国に連れ戻され投獄される。なんとかイギリスに逃げ戻るが、最終的に二人が幸福になるのは、革命が起きてデュ・フォセ氏に対する拘禁令状が無効になったときだった。

ウィリアムズ自身この物語が「ロマンスの雰囲気」を湛えていることを認めているし、実際のところ、部分的にゴシック・ロマンスの枠組みさえ借用しながら、一八世紀後半において頻繁に使用される書簡体小説の体裁をとって綴られている（Williams 1975, I, 1: 193）。

そもそもフランスに滞在していること自体が「ロマンスの国」にいるようであり、「ロマンティックな歴史」を探究すると公言するウィリアムズにとって、革命の政治史は想像力と心情によって形成されるセンチメンタルな劇、あるいはメロドラマとして叙述すべきものであった（Williams 1798, I, 2: 4–5, 1: 118）。したがって、デュ・フォセ夫妻の物語はきわめて自然なかたちで歴史の記述として提示されているのである。

この挿話は、革命が旧体制下の家父長的圧政から人びとを解放し、家庭的美徳と幸福、そして国民全体の福利を保証し再構築するものであることを証明するための証拠である。第二シリーズの『フランスからの手紙』でも同様の意図から、旧体制下で抑圧されたオーギュストとマデレーンの恋物語が綴られる。史実は虚構《フィクション》の衣を借り、「語り」は歴史と想像力の境界線上で揺らぎだす。

戦略としての語りの多層性

こうした『フランスからの手紙』におけるジャンルの揺らぎに付随する語りの多層性を見ていると、これは実はウィリアムズの意図的戦略ではないか、という疑念が強く湧いてくる。

元来は親しい人びと同士のコミュニケーション手段であった手紙は、私的な感慨、感情、逸話を語るものであるかぎり、友人の体験談をノン・フィクションとして記述することについて何ら差し障りはない。そして、友情や愛情、感受性に動機づけられ、手紙を媒体にしているかぎり、女性が政治や歴史の領域へと足を踏み入れることも容認されうる。ウィリアムズはそのことを十分に意識していたのではないだろうか。

女性が綴る手紙では、哲学者や法律家の議論とは異なり、「心」が敏感に感じ取った事実、愛する人が幸福になる政治制度こそが正しいものとして論じることができる。そうウィリアムズは主張する。

> 旧体制下のフランスで友人が迫害を受け、投獄され、傷害を受け、もう少しで殺されそうになったことが、革命を愛する十分な口実だと思っていただけるのはうれしい限りです。想像の紀伝（the annals of imagination）から政治の記録（the records of politics）へ、人間生活についての詩から散文へと私の注意を引きつけたのは友情以外の何ものでもありません。王権について貴族が私にいくら説明したところで、あるいは民主主義者が人権についていくら長弁舌を振るったところで無駄でしょう。どれほど精緻な議論をしても、思考が散漫ではいつも中断されたでしょうし、私の頭脳では議論や推論を並べ立てるのはきわめて困難でしょう。でも、どれほど私の知性が劣っていようとも、

ある命題が心に投げかけられたなら、私はすぐに直感的に理解できるのです。あらゆる時代において哲学者や法律家が意見を違えた論点について即断することができるのです。ユークリッド幾何学の論証が真実かどうかはともかく、私が愛している人たちを幸せにしてくれる政治制度こそが最良であると確信できるのです。(Williams 1975, I, 1: 195–6)

男性評論家たちが難解な政治理論や哲学によって革命の是非を議論するのに対し、ウィリアムズは女性としての感覚的な認識が判断の絶対的基準であるべきだ、とわりきった主張を展開する。想像力を用いた詩文学から政治的な散文記録に言説を移行したところで、ウィリアムズの道徳価値基準は、社会理論や政治的利益の上に成り立つ理性的議論ではなく、私的人間関係、個人的感情によって構築された感受性の言説として存立する。つまるところ、ウィリアムズの「政治の記録」は、男性的な歴史証言ではなく、歴史的事変に立ち会った女性による情緒の記録なのである。しかも、外国人女性としての目撃証言なのである。

手紙の雑種性

こうして意図的に雑多な要素を包摂し、揺らぎ続けるウィリアムズのテクストは、歴史記述としても捉えがたいが、当然のことながら旧来の文学研究で行なう書簡体小説論でも分析しきれない。デボラ・ケネディは、ウィリアムズの『フランスからの手紙』が「文学」としても、「歴史記述」としても伝統的な範疇からかけ離れているがゆえに、定義しきれないことに戸惑いを覚えている (Kennedy 2001: 317–36)。同時代のほかの書簡体のかたちを借りた言説にも、こうしたケースは見られる。一八世紀後半において、私的コミュニケーション媒体という古典的な手紙は、ジャンルと内容とを変質させ、混合させてゆく傾向が強い。

そうした雑種化した書簡体言説のありかたは、ジャック・デリダがいう「アンヴォワ」(envois)、つまり過渡期性、変型可能性、不完全性、そして多声性といった脱構築的側面さえ持ちうるものである(Derrida 1987: 3–6)。ウルストンクラフトの『北欧からの手紙』(一七九六年)にも、ヘイズやシャーロット・スミスらの政治的書簡体小説にも、そうした要素を認めることができよう。ウィリアムズの『フランスからの手紙』も、ジェンダーの問題や政治性を抱え込みながらも、虚構と歴史記述の境界線上で無限に脱構築を繰り返しながら言説を展開している。

危険な情報媒体としての手紙

手紙にはもうひとつの隠れた政治性が潜んでいたことにも注意する必要がある。一八世紀末において手紙はフランス革命とイギリス国内の急進運動の活性化、それに対するイギリス政府の弾圧という政治的緊張関係のなかで、革命と社会的混乱そのものを引き起こす危険な情報媒体として認識されはじめていた。

ロンドン通信協会などのイギリス国内の急進的団体は、その名のとおり情報交換を手紙による通信を通して頻繁に行なった。フランス革命やアイルランドの反英運動についての情報交換も、政府側であれ、革命側・反乱側であれ、手紙を媒体として行なわれていた。そのためスパイが国内外に跳梁跋扈し、流通する手紙を傍受し、政府に密告する役目を担ってゆくことになる。

国際的規模での革命共感者どうしの情報交換に危機感を募らせたイギリス政府は、「煽動的著作物に反対する国王宣言書」(一七九二年)、「反逆的通信法」(一七九三年、一七九八年)、大逆行為および治安妨害集会を抑止するいわゆる「箝口令」(一七九五年)、「新聞法」(一七九六年)といった法律をつぎつぎに可決させ、国内外に流布するあらゆる文字・活字メディアに対して内務大臣と外務大臣の検閲権と監督権を強めてゆく。

急進的活動家にとってスパイの存在と手紙の危険性は明瞭に意識されていたはずで、暗号めいた文章を綴ったり、配達経路を特殊化することは普通に行なわれた。当然、傍受された手紙は、その差出人あるいは受取人の危険活動(テロ行為)の証拠として読まれ、逮捕・裁判・処罰の証拠として提出されたのである。たとえば、ウィリアムズの同棲相手ストーンからロンドンの急進主義者ホーン・トゥックへ宛てた、「貴兄から婦人帽製造業者へと私に託された注文は、きちんと依頼しておいた」という一見たわいない趣旨の手紙は、政府スパイにより傍受され、ある裁判に一種のテロ行為準備の証拠として提出された(Cobbett 1809–26, XXV: 847)。また、プリーストリーは一七九八年にパリからアメリカにいる自分に宛てられた手紙を傍受されたが、それが友人どうしの私的書簡であるといくら主張しようとも無駄であった。同時代のウィリアム・コベットが指摘するように、手紙はそれ自体きわめて危険な革命の手段であったのだ(Favret 1993: 41–2)。この時代にスパイ小説の先駆的例が見られるのも、こうした歴史的背景と無関係ではない。

『フランスからの手紙』の戦略性

フランス革命の実況を『フランスからの手紙』を通して公に報告し続けたウィリアムズは、当然そうした手紙の持つ政治性と危険性を熟知していたはずである。実際にロベスピエールの恐怖政治によって投獄される直前、彼女はロラン夫人を含むさまざまな人から受け取った手紙をすべて灰にしている。ルポルタージュとしての歴史証言にロマンスの要素を混合し、女性の書いた「主観的」、「個人的」手紙として公表することで、ウィリアムズは政治的な弾圧や検閲の対象から堂々と逃れようとした形跡さえある。

女性的な感受性を口実にして政治的コメントの拒否を繰り返し、書簡形式を借りて多様な文学的要素を溶かし込んだのには、そうした戦略的意図があったように思われる。感受性に訴える表現を用いながら、ウィリアムズはそれに飲み込まれることなく、むしろ意識的に利用しながら、実際はそれから距離をとって理性的な言説をすべりこませているのである。露骨な女性的感受性の意識的な演出が、つねに政治的言説という舞台の上で繰り広げられているのである。

ストーンのたわいもない手紙がテロ準備の証拠になるならば、ウィリアムズの『フランスからの手紙』も重要な歴史の証言として注意深く解読する必要はないだろうか。少なくとも、揺らぎながらジャンルと構造を脱構築させてゆく女性の語りは、それ自体特殊な政治的・社会的環境の産物であり、その歴史的な意味を考える必要があるであろう。

六　ぶれる評価

否定される『フランスからの手紙』の価値

ウィリアムズの言説は内容や構造のみならず、評価においても特殊な「ぶれ」を見せる。ロベスピエール率いるジャコバン派が権力を掌握し、恐怖政治を始めるにしたがい、ウィリアムズの革命礼賛ルポルタージュは、イギリスにおいて信憑性を失ってゆく。みずからも監禁されるにいたって、ウィリアムズは自分の歴史解釈が間違いであったことを認め、それを訂正し、書き直していった。バークの予言者的なまでの慧眼を暗に認めるように、処刑された国王を彼と同じ修辞を用いて哀れみ、自分が思い描いていた「革命の理想」が潰えてしまったことを嘆く（Williams 1975, I, 4: 29; II, 2: 87）。

恐怖政治後に書かれた第四シリーズ以降の『フランスからの手紙』は、いわば歴史解釈の再吟味と修正の記録であり、それは終わりのない自己の理想と歴史的現実との対話、永遠に不完全なままの歴史解釈の試みといえよう。「革命」という言葉自体にさえ批判的な意味をウィリアムズは加えてゆく（Williams 1975, II, 2: 117）。『ブリティシュ・クリティック』がしたように、ウィリアムズの記述を女性的な感傷の入り混じった「ジャコバン的哲学病」の症状例として一蹴するわけにはいかない（*British Critic* ns 12, 1819: 392）。

同時に、ウィリアムズ自身が認識していたとおり、英仏両国において彼女はしだいに孤立していったこともたしかである。実際、『ジェントルマンズ・マガジン』は、ウィリアムズの詳細な革命の記述が女性的美徳への冒瀆にほかならないと非難している（*Gentleman's Magazine* 65, 1796: 1030）。T・J・マサイアスなどは、彼女の「ガリア人的熱狂」を嘲笑し（Mathias 1798: 238）、リチャード・ポルウィールもそれに倣うようにウィリアムズを「無節操なガリア的放蕩さの擁護者」と揶揄した（Polwhele 1798: 19）。旧友のアナ・シーワードやレティシア・ホーキンズでさえ、ウィリアムズの誇張したスタイルや政治への関与を厳しい口調で叱責した（Seward 1811, III: 332; Hawkins 1793, I: 21–3）。

寛容な見方

これまでの研究ではこうした『フランスからの手紙』の否定的側面を強調する嫌いがあるが、視野を広げて同時代の書評全体を見渡すと、風俗・文化、そして歴史の記録としてウィリアムズの言説はけっして完全に価値を否定されているわけではない。むしろ評価する書評も少なくない。

『クリティカル・レヴュー』は「簡潔でかつ劇的なフランス革命の歴史」と評し、また陽気さと沈痛さを混交し、会話的な口調から政治的議論へと自然に移行する書簡特有のスタイル的多様性を讃え、政治家や法律家ではないがゆえに独自の視点から一般の人びとの心情や風俗を描写している、と高い評価を下す（*Critical Review* ns 31, 1801: 183）。非国教徒に寛容な『マンスリー・レヴュー』も、修辞上の欠陥を指摘しながらも、女性としてはきわめて優れた著作であることを認めた（*Monthly Review* ns 21, 1796: 325–6）。

その一方で、『反ジャコバン派』は当然のことながらウィリアムズの政治家めいた言説をこき下ろすが、しかしその裏には、詩才豊かなウィリアムズが書いた革命報道は巷に甚大な影響力を持ちうるという危機感が垣間見える。事実、一七九三年時点でも「出版されたばかりのヘレンの著作を近所じゅうの人たちが私から借りてゆくので、自分が読む時間がまったくない」と、友人だったヘスター・ピオッツィが嘆きながら証言するほど、『フランスからの手紙』は中流知識人女性への影響力を保っていた(Knapp 1914: 92)。

また、同時代の文学に対する影響も無視できない。一七九〇年の『ヨーロピアン・マガジン』にはデュ・フォセ夫妻の物語が掲載され、その後さまざまなかたちに変質して当時の小説や雑誌のなかに挿話として取り込まれていったし、詩人ワーズワスの『序曲』のなかにさえかたちを変えて挿入されてゆく(Keane 2000: 72; Mayo 1962: 260)。

ルポルタージュとしての『フランスからの手紙』再考

とすれば、政治記録あるいは歴史記述としては必ずしも有効とはいえなくとも、少なくとも、イギリス人女性が解釈したフランス革命のルポルタージュとして、イギリス本国の人たちが広範囲に共有したフランス革命観を示唆する歴史記述としては無価値であるとは言いきれないことになる。

第五シリーズの『フランスからの手紙』を書評しながら、『クリティカル・レヴュー』が女性の歴史家としてウィリアムズを大いに評価する理由はそこにある。

たとえ政治家や法律家が行なう徹底的な調査が欠如していたとしても、たとえ高邁な歴史家が好んで熱中するような政治議論に欠けていたとしても、〔『フランスからの手紙』には〕もっと価値あるものが含まれていよう。つまり時代の鮮明な実写である。荘重さがなくても、面白さではひけをとらない。官房室での権謀術数や政治家の見解について深入りすることはなくても、一般の人たちの感情の推移については精確に写し取っているのだ。議会での質疑応答や戦功についての委細を不快なほど長々と記述することは稀であっても、風俗を生き生きと描写し、さまざまな興味深い逸話によって人間の心を呈示してくれるのだ。（〔　〕内は引用者）（*Critical Review* ns 16, 1796: 1）

風俗の「実写」だからといって、『フランスからの手紙』が信頼できる歴史記述ということにはならない。しかし、ウィリアムズのテクストが、これだけ同時代の人びとの注目を集め、一方では強い反発と批判を招き、他方で男性的な政治論とは異なるフランス革命の記述として評価されたことは、簡単に無視できることではない。たしかに感情的かつ主観的な言説を装ってはいるが、当時においては手紙がきわめて重要な情報伝達媒体であったことを考えると、エネルゲイアに富んだ『フランスからの手紙』のルポルタージュ的側面が有する価値を再考する必要があろう。

七　おわりに

フランス革命をめぐる史実、真実の語り、客観的な歴史解釈は、一七九〇年代のイギリスにとってはきわめて困難な試みであり、それゆえにさまざまな歴史解釈と記述を増殖させていった。この論考を報道とルポルタージュの話からはじめた理由は、それがウィリアムズの『フランスからの手紙』の意味を解きほぐす鍵のひとつだと考えたからだが、それは混沌としている世界情勢を前にして、歴史とフィクションについての境界を見きわめようとする私たちの現代的不安につながる問題でもあろう。

歴史の目撃証言としてのルポルタージュ『フランスからの手紙』は、女性が戦略的に感性的な言語と書簡形式を用いたことによって、きわめて雑種的で、それゆえに曖昧で特異な言説として浮かび上がってきたが、それはイギリスとフランス、男性と女性、歴史記述と文学との空隙に落ち込み、その狭間で意識的に振動しながらも、それらの境界線を見つめ直させる力をもった言説だといえよう。

『フランスからの手紙』を読むことは、特異な生き方をしたウィリアムズが見聞した特異な歴史的状況をたどることである。しかし、偏見とイデオロギーを抱え込み、ジャンルも構造も雑多に許容し、不均質に融解させる彼女の「語り」は、けっして近代イギリスの周縁に位置づけるべきものではなく、同時代の女性たちの「語り」の構造を見直すための重要な示唆を含んでいる。文学からも、歴史からも無視されがちな不完全なフランス革命ルポルタージュ『フランスからの手紙』は、イギリスにおけるフランス革命についての認識を左右し、また反映する中心的テクストのひとつなのだ。そこに包摂されるのは、ウィリアムズ個人の問題ではなく、文学と歴史、史実とフィクションの茫洋たる境界線の問題であり、近代イギリスの女性たちが抱えた「語り」の問題であったといえよう。

参照文献

British Critic

Critical Review

Gentleman's Magazine

Monthly Review

Adams, M. Ray（1962）"Helen Maria Williams and the French Revolution", in *Wordsworth and Coleridge: Studies in Honor of George McLean Harper,* ed. by Earl Leslie Griggs, New York: Russell & Russell.

Barker-Benfield, George J.（1992）*The Culture of Sensibility: Sex and Society in Eighteenth-Century Britain,* Chicago: University of Chicago Press.

Ben-Israel, Hevda（1968）*English Historians on the French Revolution,* London: Cambridge University Press.

Burke, Edmund（1986）*Reflections on the Revolution in France,* ed. by Conor Cruise O'Brien, Harmondsworth: Penguin（半沢孝麿訳『フランス革命の省察』みすず書房、一九七八年）.

Caines, Barbara（1997）*English Feminism 1780–1980,* Oxford: Oxford University Press.

Carey, John, ed.（1987）*The Faber Book of Reportage,* London: Faber and Faber.

Cobbett, William, T. B. Howell, and T. J. Howell（1809–1826）*A Complete Collection of State Trials and Proceedings for High Treason and Other Crimes and Misdemeanors from the Earliest Period to the Year 1783, with Notes and Other Illustrations,* 33 vols., London: T. C. Hansard.

Curtis, Judith（1984）"The *Epistolieres*", in *French Women and the Age of Enlightenment,* ed. by Samia I. Spencer, Bloomington: Indiana University Press.

Derrida, Jacque（1987）"Envois", in *The Post Card: From Socrates to Freud and Beyond,* trans. by Alan Bass, Chicago: University of Chicago Press, pp. 3–256（若森栄樹・大西雅一郎訳『絵葉書——ソクラテスからフロイトへ、そして

その彼方』水声社、二〇〇七年）.

Eagleton, Terry（1982）*The Rape of Clarissa: Writing, Sexuality, and Class Struggle of Samuel Richardson*, Oxford: Basil Blackwell（大橋洋一訳『クラリッサの凌辱――エクリチュール、セクシュアリティー、階級闘争』岩波書店、一九八七年）.

Favret, Mary（1993）*Romantic Correspondence: Women, Politics, and the Fiction of Letters,* Cambridge: Cambridge University Press.

Fordyce, James（1766）*Sermons to Young Women,* 2 vols., London: A. Millar, T. Cadell, J. Dodsley.

Hawkins, Letitia（1793）*Letters on the Female Mind, its Powers and Pursuits: Addressed to Miss H. M. Williams, with Particular Reference to Her* Letters from France, 2 vols., London: Hookham and Carpenter.

Hume, David（1985）*Essays Moral, Political, and Literary,* ed. by Eugene F. Miller, Indianapolis: Liberty Classics.

Hunt, Lynn（1992）*Family Romance of the French Revolution,* Berkeley: University of California Press（西川長夫・平野千果子・天野知恵子訳『フランス革命と家族ロマンス』平凡社、一九九九年）.

Jones, C. B.（1993）*Radical Sensibility: Literature and Ideas in the 1790s,* London: Routledge.

Keane, Angela（2000）*Women, Writers and the English Nation in the 1790s: Romantic Belongings,* Cambridge: Cambridge University Press.

Kennedy, Deborah（2001）“Benevolent Historian: Helen Maria Williams and Her British Readers”, in *Rebellious Hearts: British Women Writers and the French Revolution,* eds. by Adriana Craciun and Kari E. Lokke, New York: State University of New York, pp. 317–36.

Kelly, Gary（1993）*Women, Writing, and Revolution 1790–1827,* Oxford: Clarendon Press.

Knapp, Oswald, ed.（1914）*The Intimate Letters of Hester Piozzi and Penelope Pennington, 1788–1821,* London: George Allen.

Langford, Paul（1989）*A Polite and Commercial People: England 1727–1787,* Oxford: Clarendon Press.

Mathias, Thomas James（1798）*The Pursuits of Literature: A Satirical Poem in Four Dialogues. With Notes,* 6th edition, London: T. Becket.

Mayo, Robert D.（1962）*The English Novel in the Magazines, 1740–1815,* Evanston: Northwestern University Press.

Mullan, John（1988）*Sentiment and Sociability: The Language of Feeling in the Eighteenth Century,* Oxford: Clarendon.

Ozouf, Mona（1988）*Festivals and the French Revolution,* trans. by Alan Sheridan, Cambridge, Mass.: Harvard University Press（立川孝一訳『革命祭典――フランス革命における祭りと祭典行列』岩波書店，一九八八年）.

Polwhele, Richard（1798）*The Unsex'd Females: A Poem Addressed to the Author of the* Pursuits of Literature, London: Cadell and Davies.

Radio National, Australia（2003）"The History of Reportage", *Works and Writing,* 22 June <http://www.abc.net.au/rn/arts/bwriting/stories/s 902685.htm>.

Rodgers, Betsy（1949）*Cloak of Charity: Studies in Eighteenth-Century Philanthropy,* London: Methuen.

Schama, Simon（1989）*Citizens: A Chronicle of the French Revolution,* New York: Random House（栩木泰訳『フランス革命の主役たち――臣民から市民へ』全三巻，中央公論社，一九九四年）.

Seward, Anna（1811）*The Letters of Anna Seaward Written Between the Years 1784–1807,* 3 vols., ed. by A. Constable, Edinburgh.

Stephen, Leslie, and Sidney Lee, eds.（1917）*The Dictionary of National Biography: Founded in 1882 by George Smith,* 22 vols., Oxford: Oxford University Press.

Todd, Janet（1986）*Sensibility: An Introduction,* London: Methuen.

Vansittart, Peter, ed.（1989）*Voices of the Revolution,* London: Collins.

Williams, Helen Maria（1975）*Letters from France, Eight Volumes in Two,* ed. by Janet M. Todd, Delmar, N.Y.: Scholars' Facsimiles and Reprints.

［Vol. I, 1］*Letters Written in France, in the Summer of 1790, to a Friend in England. Containing Various Anecdotes Relative to the French Revolution; and Memoirs of Mons. and Madme du F*（1790）.

〔Vol. I, 2〕*Letters from France: Containing Many New Anecdotes Relative to the French Revolution, and the Present State of French Manners*（1792）.

〔Vol. I, 3 / Vol. I, 4〕*Letters from France: Containing a Great Variety of Interesting and Original Information Concerning the Most Important Events That Have Lately Occurred in that Country, and Particularly Respecting the Campaign of 1792,* 2 vols.（1793）.

〔Vol. II, 1 / Vol. II, 2〕*Letters Containing a Sketch of the Politics of France, From the Thirty-first of May 1793, till the Twenty-eighth of July 1794, and of the Scenes Which Have Passed in the Prisons of Paris,* 2 vols.（1795）.

〔Vol. II, 3〕*Letters Containing a Sketch of the Scenes Which Passed in Various Departments of France During the Tyranny of Robespierre, and of the Events Which Took Place in Paris on the 28th of July 1794*（1795 *Switzerland*）.

〔Vol. II, 4〕*Letters Containing a Sketch of the Politics of France, From the Twenty-Eighth of July 1794 to the Establishment of the Constitution of 1795, and of the Scenes Which Have Passed in the Prisons of Paris*（1796）.

――――（1798）*A Tour in Switzerland: or, A View of the Present State of the Government and Manners of Those Cantons, with Comparative Sketches of the Present State of Paris,* 2 vols., London: G. G. and J. Robinson.

――――（1801）*Sketches of the State of Manners and Opinions in the French Republic, Towards the Close of the Eighteenth Century, in a Series of Letters,* 2 vols., London.

Wollstonecraft, Mary（1989）*The Works of Mary Wollstonecraft,* 7 vols., eds. by Janet Todd and Marilyn Butler, London: Pickering.

河野健二（編）（一九八九）『資料フランス革命』岩波書店。

ギンズブルグ、カルロ（二〇〇三）『歴史を逆なでに読む』上村忠男訳、みすず書房。

外岡秀俊・枝川公一・室謙二（二〇〇一）『9月11日メディアが試された日――TV・新聞・インターネット』トランスアート。

フュレ、フランソワ／モナ・オズーフ（一九九五 - 二〇〇〇）『フランス革命事典』全七巻、河野健二・阪上孝・富永茂樹監訳、みすず書房。

第5章　動くパノラマを求めて

旅と国家

富山太佳夫

一　はじめに

われわれの想像力にこびりついてしまう国家のイメージを構成するのは、大きく杜撰な概念の枠組みと日常の具体的な些事のまことしやかな混在であるように思われる。しかし、そうであるとすれば、旅はそのような国家像の形成と、その維持、変更と、どのように絡んでくることになるのだろうか。国外への旅ということになれば、もちろん時代と状況による違いはあるにしても、それほど複雑なことではなかったかもしれない。とりわけ一八世紀のイングランドから西インド諸島やアフリカ、イスラム圏の諸地域や南太平洋に向かうというのであれば、つまるところ、国内では眼にすることのないもの、体験することのないものに直面し、国内での既知の体験との比較において、その異質性に驚嘆すればすむことなのだから。その場合にどれほどの差別性や優越感が露呈しようが、まだそれほど大きな問題になることはなかったはずである。(1)

むしろ問題となるのは、国内の旅の方であった——どの地域に、何を目的として旅をするというのか。その旅の記録を残すことによって、いったい何を狙うというのか。一般的に言えば、このような国内旅行の場合には、その目的がそれなりに明確に規定されて、視野に入ってくることを許されるものが選別される一方で、旅行者の意図の枠組みの外にあるものもそこに侵入してくる可能性がある。旅において発見されるのは、旅行者の眼の前にある、その存在を許容された対象であると同時に、時代と個人の裡にある既存の、あるいは未知の欲望の影でもあり得るだろう。そのために、そこにはいわゆる事実とフィクションがもつれあいながら併存するということになる。いや、それ以前に、体験の総体の中からある部分のみを選択して旅の記録を構成するということ自体が、何らかのフィクションの介在無しには起こり得ないのではないだろうか。『サー・ジョン・マンデヴィルの旅行記』からダニエル・デフォーの『大英国回覧記』にいたるまで、さらにはウィリアム・コベットの『農村騎馬行』にいたるまで、フィクションと事実のもつれあいのかたちは異なるものの、それらの併存的な混淆という存在様式は変わらない。(2) そして、そこにこそ、旅行記を読むことの難しさは由来すると思われる。

二　デフォーの旅——国家の想像

記述の方法

『大英国回覧記』(一七二四〜六年)の眼差すところは、初めから明確に規定されている。「面白いもの、観察に値するものを、何であれ、具体的かつ多面的に説明する」と表紙に明記してあるのだから。それが具体的には、主要な町、人びとの風俗習慣、各地の産物や交易、港や内陸水路、貴族の館や教会などの建造物に関わる情報や逸話を材料として展開されることも、同じように明記されている。(3) 確かにこの説明に偽りはなく、イングランド、ウェールズ、スコットランドの各地についての報告がこの旅行記のなかに、この約束を裏切らないかたちで記載されている。その意味では、この旅行の記録が、一八世紀初めのイングランドの社会経済史の資料のひとつとして利用されることに問題はないだろう。つまり、そこからは歴史学的にも通用する事実を拾い出せるということである。

問題は、そうした歴史的な事実や情報や逸話がどのように配列されているのか、どのようなコンテクストに配置されているのかということである。ひとつの例を挙げてみることにしよう。

ヘレフォードから、なるたけワイ川に沿うように進むと、古き良き町ロスに到着するのだが、ここで名高いものと言えば、良質のリンゴ酒と、大量に作られる鉄製品と、ワイ川を利用した活発な取引であり、それ以外に私の記憶に残っているものと言えば、巨怪なほど肥満したひとりの女のことで、ともかく周りの連中は私に見に行かせたかったらしい。しかし、私はその話をさんざんに聞かされていたし、読者にしても同じ破目に陥ることになるのだろうが、話では、この女、腰回りが三ヤード超、座るときには腹をのせる小型の床机を置かなくてはならない、云々とのことであった。(Defoe 1968, I: 450)

デフォーの旅行記のなかにはこのような挿話が決して頻出するわけではないにしても、この例の場合、後半の肥満女のエピソードの有無が――この女性の存在も歴史的な事実と解すしかないのかもしれないが――「古き良き町ロス」の印象を多少なりとも左右しかねないことは否定できないだろう。このエピソードが書き込まれていること自体、この町の位置づけと何らかのかたちで絡んでくるのだろうか。逆に、この町に何らかの特記すべき点がほかに存在したとすれば、この話は除外されてしまっていただろうか。いずれにしても、この挿話の前半と後半を簡単に分断して、前半のみから歴史的事実を抽出してしまうというのは、『大英国回覧記』の言説を読むための適切な方法ではないと言うしかない。この大部の旅行記を読むにあたっては、そこに書き込まれている夥しい事実に眼を向けながら、それと同時に、それらをつなぐ線にも、それらを囲い込む枠組みにも眼を向けなくてはならないようである。

しかも、そうしたつなぎの線や囲い込みの枠組みが作者本人の明示的な意図と合致しているのかどうか、その点も疑わざるを得ないのだ。旅行記の意図と実践が合致していない、というよりも、むしろ露悪的に、合致に向かうべき方向性を裏切ってしまっているとしか思えない事態も存在する。

> 私は各地の経度や、町、団体、建物、許可状等々の歴史的な由来とは関わりをもたず、本書の標題通りに、全体の現在の状況について、さらには、商業、興味深い対象、習俗について、読者にひとつの見方を提示したいのである。(Defoe 1968, II: 587)

これは嘘である。何度もしつこく繰り返される嘘である。ヨークシャについて報告しようとする作者のペン先から洩れた嘘は、スコットランドについて書こうとするときにも顔をのぞかせてしまう。

私はさまざまの土地の話をしているのであって、人の話をしているのではないし、現状について書いているのであって、その歴史のことを書いているのではない。したがって、ときには歴史のなかに立ち戻ることがあるとしても、それはきわめて稀なことで、例外的な場合に限られる。(Defoe 1968, II: 703)

さらに端的な例もある。

しかし、それは歴史の問題であって、いま、私のかかわることではない。(Defoe 1968, II: 697)

古事物学者ウィリアム・カムデンに繰り返し言及し、ときには彼に反論するということ自体、土地や建物や人への強い歴史的な関心があることを物語っているし、実際問題として、デフォーの旅行記のなかには歴史的な由来についての夥しい言及が散りばめられているのである。(4) 彼自身もそれに気づいていたからこそ、何度も言い訳をする破目になってしまったのだ——何を示しているのだろうか、この口約束と実践の見えすいた乖離は? 読む者の眼に見えるようにそこに隠されているこの戦略は一体何を狙ったものなのだろうか。

中心としてのロンドン

本文中でも繰り返される旅行記『大英国回覧記』の狙いは、すでに第一巻の序文のなかに明言されている。「諸物の状況は……現在の姿によって提示される。土壌の改良、土地の産物、貧民の労働、製造業、商品、船舶運輸の改良にいたるまで、すべて過去ではなく、現在を第一に考える」(Defoe 1968, I: 3)。なぜそのようなかたちの全国旅行記をまとめるのかと言えば、「世界で最も繁栄している豊かな国」(*ibid.*: 1) を称揚するためということになる。そして繁栄とは豊かさに向かっての絶えざる前進である以上、そのありさまを確認しておく必要があるということである。

理想とする国家像を正面から明確に語ることはしなかったデフォーが、その代わりに試みたのは、繁栄する祖国の姿をみずからの眼で確認し、その反映の余波に身を浸すということであった。「諸物の姿はしばしば変化するのであるが、この偉大なるブリテン帝国の諸般の事情もつぎつぎに新しいものへと変わり、自然そのものでさえそうなので、旅する者の眼の前には日々新たな観察の対象が出現してくることになる」(Defoe 1968, I: 2)。この序文のなかで五回連呼される「グレート・ブリテン」という呼称と、この「偉大なるブリテン帝国」という表現の先にあるのは、旅による現状確認を待つ、いまだ明確には規定しきれない国家のイメージ、想像の共同体のイメージだと思われる。デフォーが旅するのは完成したひとつの国家ではなくて、その途上にある地理的空間であったと考えるべきであろう。

彼の旅はイングランドによるスコットランド併合のあと、二つのジャコバイトの反乱の間の時期に試みられている。逆に、国境という名のそれも含めて、各種の境界線が明確に規定される前の旅であるとすれば、そのような旅の成果を提示するにあたっては、たとえ表面的にはアト・ランダムな報告であるようにみえても、そこにはそれなりに周到な計画性が埋め込まれていることも考えられるのではないだろうか。巧みに小説のプロットを構成し続けてきたジャーナリストでもあった作家が、この点について無自覚であったとは考えられない。

『大英国回覧記』をまとめるにあたってデフォーの採用した戦略は、どんな読者にもわかる明確なものであった。すなわち、ロンドンを中心に置くということである。海外への旅行記であればおそらく困難なものとなるこの戦略によって、「偉大なるブリテン帝国」の中心がロンドンであることを彼は明示したのである。

> この旅行記の中心に近いところまで来たところで、イングランドの大いなる中心、ロンドン市とその周辺部分について記述したい。(Defoe 1968, I: 316)

ロンドンのさまざまの面を紹介する部分がこの旅行記全体の真ん中に近いところに配置されているのは、〈中心〉の設定という戦略と密接に絡んでいる。そして、この中心的な位置の配置をふまえて、ロンドンの中心性がさらに具体的に説明されることになる。この都市が、一方では他の諸国には存在しない世界一の側面を幾つも持つことを力説しながら、国内的には、各地域と結ばれていて、たとえば経済的にもその中心として機能していることを謳いあげることによって。

「シティは商業と富の中心である」し、行政地区の華やかさも群を抜いており、周辺には夥しい数の職種がある。そして、「そのすべてにおいて、世界のいかなる都市もそれに及ぶものではない」(Defoe

1968, I: 338)。「世界の何処にもこれほど多くの仕事が、これほど楽々とこなされている場所はない」(*ibid*.: 342)。「これに類したことはパリでも、アムステルダムでも、ハンブルクでも、私の見聞している他のどの都市でも見られない」(*ibid*.: 344)。

作者の巧妙なレトリックは思いがけない対象についても似たような世界一、ヨーロッパ一自慢を繰返し、あたかも洗脳的なプロパガンダの早い例を眼にしているような印象すら与える。軽くうなづきながら読み流してしまいそうな実例の洪水の中に、〈中心としてのロンドン〉を読む者の意識の中に沈殿させようとする作者の意図が見え隠れすると言えばよいのだろうか――もちろんその意図は、この旅行記全体を始めから終わりまで貫いているものでもあるのだが。

シティの周辺部全体を通して小麦市場と呼べるものは二つしかないのだが、ただその二つが怪物的な規模であって、世界に肩を並べるものがない。この二つとはベア・キーとクイーン・ヒスのこと。

> 二つのうち、第一の市場には、海上経由でこのシティにもたらされる膨大な量の小麦が到着し、荷車単位、馬単位というよりも、むしろ船単位で取引されると言いたくなるくらいで、ダンツィヒやイングランドからの船団が入港するときのオランダの大小の小麦倉庫を別にすれば、全世界を合わせても、ここで売買される量に並ぶものではない。(Defoe 1968, I: 347)

端的に言えば、小麦の取引を通じてロンドンが中心として機能していることを説明する件《くだり》であるが、巧妙なのは後半に挿入されたオランダへの言及である。そこにあるのはオランダという国のなかのいずれかの都市の名前ではなくて、オランダという国名であって、ロンドンというひとつの〈都市〉の経済活動がオランダというひとつの〈国家〉のそれと比定されているのだ。そこにはイングランドという〈国家〉の名前が挿入されて、それは中心としてのロンドンに小麦を集めるだけでなく、オランダにもそれを輸出するだけの豊かな余力を持つ国という位置を与えられている。巧妙なレトリックの戦略と言わざるを得ない所以である。しかも、そのすぐあとの石炭に触れる件では、ビリングズゲイトの石炭市場の名をあげたあと、国内の輸送ルートに言及する。「ロンドンのシティと周辺地域、さらにはイングランドの南部が、ニューカッスル・アポン・タイン、さらにはダラムやノーザンバーランドの海岸から石炭を供給される、つまり、海の石炭を」(Defoe 1968, I: 348)。ここで示唆されているのは、ロンドンが各種の経済活動の中心として機能しているという事実であると同時に、それが海上を経由する交易ルートによって支えられているということである。

このような、ある意味では正統的な強調法のかたわらで、中心にある都市を誇りとして呈示するにはいささか意外な特徴の前景化も試みられている。それは一六六六年のロンドン大火という負の歴史の記憶を何とか封じ込めようとする意図と連動しているこのかもしれないが、次のようなかたちでもロンドンの世界一性が言われているのである。

世界中でロンドンほど火事を消火するための気遣いがなされているところはない。もっとも火事を予防するための気遣いがなされていると言えないのは、ロンドンの召使いというのは、いや、使う主人の側にしてもそうであるが、こと火事に関しては世界で一番の不注意者であって、間違いなくこのことこそが、ヨーロッパのすべての都市を合計したのよりももっと頻繁に、ロンドンとその周辺部で火事が起きる理由である。……ひとたび火事が起きると、それを消火する用意ができている点では、世界の他のどの都市も及ばないにしても。(Defoe 1968, I: 351)

これが真剣な主張なのか、それとも笑いにくいユーモアなのか、判断しにくいところであるが、この豊かな都市のなかで各種のチャリティ活動が営まれているという指摘にしても、一方では貧困の蔓延を暗示するだけに、ある種の皮肉をかもし出してしまいかねないところがあるだろう(因みに、このような曖昧さはデフォーの小説ではよく起きることではある)。

以上が主要な病院であるが、今の時代が最も傑出した公的なチャリティ活動の幾つかを生み出したということ、サットン病院のそれを別にすれば、イングランドの歴史のなかでわれわれの手のとどく範囲内では、私人によるものとしては、最も価値のある活動の幾つかを生み出したということを述べておくのも無用ではないだろうし、ここでそのことに眼を向けておくのも場違いではないだろう。

シティのほとんどすべての地区に見られる数知れずの救貧院に加えて、こうした例から判断すると、私人によるこれだけのチャリティ活動が見られる都市は世界の何処にもないことは間違いない。(Defoe 1968, I: 377)

ロンドンをさまざまの角度から国家の中心に、さらにはヨーロッパの、世界の第一位に押し上げようとする戦略は疑いようのないものである。あまりにも雑多に見える事実の書き込みは、実はそのような枠組みの内部で実践されているのだ。しかし、それでは他の町や他の地域はこの形成途上の国家像のどの位置に、どのように収まることになるのだろうか。『大英国回覧記』の抱え込んだ課題とは、それであった。

中心とのつながり

デフォーは決してイングランド、ウェールズ、スコットランドの各地を旅して、その現状の見聞録を単純に書き残そうとしたわけではない。彼の旅は、未知の驚異の見聞を書きとめればすむ海外への旅や航海ではなかった。問題は、旅して回る各地をどのようにして〈中心〉となるロンドンと結びつけるのか、なおかつ、それとの差異をどのようにして発見するのかということになる。たとえば、スコットランドの首都にあたるエディンバラとロンドンをどのようにして結びつけるのか——経済的なルートではつなぎにくいこの二つの都市をどのような手法によって結びつけるのか。ここではロンドンの中心性を力説する場合とは別の手法が使われる。

まずエディンバラの地形等を説明して差異を際立たせるのは当然の策であるだろう。それは多くの人口を抱えた、高貴な、豊かな町であり、依然として首都である。そのメイン・ストリートは……ヨーロッパでも最も広々としていて、最も長く、家並みも整っている。……建物はその強靭さといい、その美しさ、高さといい、驚くべきものである。……世界のどの都市をみても、エディンバラほど狭い場所にこれだけ多くの人びとが住んでいる例はない。(Defoe 1968, II: 710)

ヨーロッパや世界における第一位性を言うのはロンドンの記述のなかで繰り返し使われた手法であるが、エディンバラの記述ではこのような例は極力抑えられ、逆に眼につくのは次のような例である。

宮殿から西の方向に伸びる通りはキャノンゲイト、俗にはキャニゲイトと呼ばれていて、この部分はひとつの郊外に相当するのだが、ロンドンにとってのウェストミンスターと同じで、一種の自治地区のようなものである。……この通り一帯には、シティ全体ほどの人は住んでいないものの、王族が町に来た場合等々の住居として作られた実に壮麗な貴族の館が幾つかあって、ちょうどロンドンとホワイトホールをつなぐストランド街のようなものであった。(Defoe 1968, II: 711)

この町のインナー＝エスクと呼ばれている部分には、庭園付きの立派なカントリー・ハウスが幾つかあり、エディンバラの市民は夏になるとここにやって来て、居を定め、新鮮な空気を味わうことになるのだが、ロンドンからケンジントン・グラヴェル＝ピッツやハムステッド、ハイゲイツに出かけるのと同じである。(*ibid*.: 706)

彼らはシティの公の安全を守る護衛としているのだが、市民にとって、私的な泥棒などを防いでくれる保安係としては、ロンドンにおける夜警ほどには役立っていないことを、私としては認めるしかない。エディンバラにも、その人口に応ずるだけの数の万引きや強盗やスリの類がいないわけではなく、その点ではロンドンと変わりない。（*ibid.*: 713）

要するに、ロンドンとの比較であるが、他の都市でこのような扱いを受けているものはない。エディンバラは〈中心〉と比較されることによってその位置を保証されると同時に、その〈中心〉の名声の影のなかに組み込まれることになるのである。それは、のちにこの町が「北のアテネ」と呼ばれるようになって手にする位置づけとはまったく別のものであった。

しかし、それでは他の町や村は、他の地域は〈中心〉としてのロンドンとどのように結びつけられることになるのだろうか。この点については、作者はみずからの目論見をいささかも隠そうとはしなかった。「私は旅を、やがてはそれを終えることになるところから、つまりロンドンのシティから始めた」(Defoe 1968, I: 5）と書き始められる、イングランド南東部をめぐる旅を報告する第一書簡の初めのほうに、その意図が明言されている。

読者はこの島全体を通して、ほとんどすべての有名な土地で似たようなことを眼にされるはずであるが、この王国全体が、そこに住む人びと、土地、いや、海さえも、そのすべての部分において何かを、更に言えば、何であれ最高のものを提供することに、ロンドンに物資を補給することに、物資とは小麦、肉、魚、バター、チーズ、塩、燃料、木材等々、それに衣料、さらには必要な建築資材のすべて、自分たちの使う家具や商売のためのそれのことであるが、それらを補給することに関わっているのが見えてくるはずである。(Defoe 1968, I: 12)

旅行記はこの主張を随処で具体的に肉づけしてゆくことになる。「この数年末、七面鳥だけでなくアヒルも歩かせることができるのだとわかってきた。その結果、ノフォークの一番端からでもすさまじい数のアヒルがロンドンに歩かされてくる。……アヒルの追い立てが始まるのはおおむね八月だが、その時期までにはだいたい収穫が終わっていて、アヒルは切り刈を食べながら歩いてゆけるのだ。それが一〇月の末あたりまで続く」(Defoe 1968, I: 59)。

ロンドンからは遠く離れた南ウェールズからも似たような例が挙げられる。「この州には実に山が多いのだが、食料は余るほどあって、しかも州のどこでもその質がいいし、こうした山々にしても何の役にも立たないということではない。ロンドンのシティにとってさえ……と言うのは、ここから毎年大量の黒い牛がイングランドに送られてくるからであって、それで幾つものフェアや市場が、スミスフィールドのそれさえもが、溢れかえることが知られている」(Defoe 1968, II: 452)。この例ではスミスフィールドの肉市場、ロンドン、イングランドという三つの名詞が、何の企みもないかのように並列されているのが見てとれるだろう。

類似の例を各地から拾い出しはじめると本当に収拾がつかなくなることは間違いない。しかし、その一方で、その遍在性のために読む側の注意力が鈍化してしまうと、読む側がこの旅行記の裡にひそむプロパガンダ性の餌食になってしまいかねないのも危険な事実であるだろう。ことはこの旅行記のみに限られた話ではない。国内旅行のものであれ、国外旅行のものであれ、未知のものとの対峙からくる驚きの新鮮さを前面に押し出すか、既視感に由来する保守願望に訴えるかは別にして、旅行記はつねにプロパガンダ文学として存在するのである。トマス・モアの『ユートピア』やジョン・バニヤンの『天路歴程』が、そのめざすところの極端な相違にもかかわらず、同じく旅行記の形式を採用しているというのは、実は異様なことではない。旅行記のなかではリアリズムとファンタジー文学がこともなげに共存してしまうのである。

肥大化するロンドン

中心とはすべてが集中してくる場であると同時に、みずからの存在を一方では維持しながら、他方ではみずからを拡張してゆくことを迫られる場でもある。歴史上の帝国の盛衰を振り返ってみればすぐにもわかるこの事実を、デフォーははっきりと理解していたように思われる。彼はさまざまの物や人の集中点としてのロンドンを強調するだけでなく、その拡張も確実に視野に置いている。その端的な例となるのは、この都市の空間的な拡張への注目であろう。一七二二年四月三日、テムズ河に沿って東の方角に旅を始めた彼の眼にまず飛び込んできたのは、ロンドンの拡張、拡大という歴史的な変化であった。

ロンドンのシティの近隣と言ってよいところにある村々のすべてで、最大限でもこの二〇〜三〇年の間に、異様なほどに建物が増えてしまっている。……この期間のうちに、従来からあった家々の価値と賃貸料も猛烈に上昇してしまった。……〔新築もしくは改築された立派な住宅は〕主として、田舎とシティとに一軒ずつ二軒の家を持てるきわめて豊かな市民の住居か、金を十分に儲け、商売からは足を洗い、人生の残った部分を楽しく健康に過ごすために、こうした近郊の村で暮らしたいという市民の住居なのだ。これらの幾つかの村の内で暮らす住民の所有する馬車の数が二〇〇を下らないという話を聞くだけでも、ともかく事の真相は見えてくるだろう。（〔 〕内は引用者、以下同じ）（Defoe 1968, I: 6）

これとは別の方角に旅を始めたときの印象も旅行記には書き記されていて、そこで眼にした住宅については、「商売で裕福になり、ロンドンの雰囲気をいつもひきずっている中流階層のものが一般的であるが、なかにはシティと田舎の両方で暮らしている者もいるけれども、多くはやたらと金持ちである」（Defoe 1968, I: 382）と言われている。とりわけユダヤ人が好む地区もあり、そこにはシナゴーグも見られる、と。そうした例からひとつの一般的な見解を引き出すのはおそらく造作もないことであったろう。

ロンドンの周辺の村々はその影響を大きく受けるので、ロンドンが肥大化するのにつれてすべての村々も肥大化してゆくことになる、同じ理由から。（Defoe 1968, I: 381）

何よりも興味深いのは、このような肥大化の傾向に対して感嘆の念を隠そうともしない作者が、その一方で、それに対する不安を感じとっているという事実である。「この怪物的なシティは何処に向かって拡張してゆくのだろうか？　それを囲い込む線は、連絡の線は、何処に置くべきなのだろうか？」(Defoe 1968, I: 318)。作者の裡に不安をかきたてているのはロンドンの影響の及ぶ境界線が、あるいはそのような地域とその影響の外にある外部を区別する線が何処にあるのかという疑問でもあるように思われる。だからこそ、ウェールズにも、北イングランドの内陸部にも、スコットランドの北部にまでも足を伸ばさざるを得ないのだ。そして経済的なつながりや交通上のつながりを探索せざるを得ないのだ。窮余の策として、その土地から何人の国会議員が（ロンドンに）送り出されているのかという関係化までもが繰り返し使われることになる。ロンドンから遠く離れた地方の旅は〈中心〉との関係化の方法を模索しながら、それの不可能な内なる外部と交錯する旅となる。それが物見遊山とはほど遠い真剣な旅になってしまわざるを得ない所以である。

〈中心〉としてのロンドンといかなるかたちの関係化を設定できるのか、逆に、その〈中心〉の肥大化は何をもたらすのかという不安がたどり着くのは、おそらく境界線の問題であるだろう。歴史上のさまざまな帝国を規定する最も重要な契機のひとつは間違いなく境界線、つまり国境線の存在であるはずだが、イギリスの場合、ヨーロッパの諸国としては例外的に、この問題がきわめて単純なかたちをとる——国境とは何よりもまず海岸線の問題なのだ。海岸線が、そこにある町や村や港がどのような役割をになうのかということに収斂してゆくのだ、少なくともある時期からあとの時代には。『大英国回覧記』をまとめたデフォーはもちろんそのことを承知していたと思われる、いや、『ロビンソン・クルーソー』や海賊の歴史の本の著者がそのことを承知していなかったはずがない。

実のところ、ローマの将軍のアグリコラがそうしたと言われるように、海の側からブリテンの海岸を全周してみようと一度は意を固めた。その航海ではすべての岬を廻り、すべての湾の奥に入りたい、そのためによい船と腕のよい船長を用意したいとまで思ったのだが、単なる好奇心からというだけで、ほかに何の関わりもない人間がそんなことをするのは危険すぎるだろうと思い到って、結局やめてしまった。(Defoe 1968, I: 254)

第四書簡の初めの方にあるこの文章の前の部分では、「大ブリテン」の東西南北の端にくる地名があげられている。陸続きの国家の場合にはあまり見られないような、海の側から、つまり外側から海岸線を、国境線を確認しようという発想がここには見られるのである。しかも、かつてローマ帝国がこの島にひとつの境界線を付与しようとしたときにもそれが試みられたという意識とともに。しかし今回は、外から与えられる境界線ではなくて、内側から確定される境界線でなくてはならないのだ。

デフォーはひとつの妥協策をとる。海岸沿いにある町や村をなるたけ数多く旅のなかに組み込みながら、それらに内陸部の地域とは違う属性を付与してゆく、内陸部の地域とは別の角度から見ることによって差異化するという方法をとるのだ——対外貿易と外国からの侵略を二つの大きな手がかりとして。内陸部が中心ロンドンとの接合を強調されるのに対して、海岸線は国外との交流と断絶の場として浮かび上がってくるように仕組まれるということである。一七〇七年に併合されたスコットランドの港湾都市についても、この手法の典型的な例を見ることができる。

ここでは塩漬けにして樽に詰められた豚肉の輸出も見ることができるが、東インドに向かう船や軍艦の食料としておもにオランダ人に売るのであって、アバディーンの豚肉は、長期の航海用としては、ヨーロッパの他の何処のものよりも保存がきくという評判をもっている。

要するに、アバディーンの人びとは、世界の北の部分の交易が伸びてゆくところには何処に対してでも商人になるということである。彼らはオランダ、フランス、ハンブルク、ノルウェー、ゲッテンブルク、バルト海に対してきわめて大きな交易を行なうのであり、要するにスコットランドでは、エディンバラ、グラスゴーに続く第三の都市と評価してよいだろう。

アバディーンから海岸線はブリテンの北東の端となる地点に向かって伸びてゆくことになるが、そこはグハン州にあることから、船乗りたちにはグハネスと呼ばれている。アン女王の時代に、僭王を乗せたフランス艦隊が、サー・ジョージ・ビングの率いるイングランド艦隊に追われて、陸地を眺みながら逃げたのはこの地点をめざしてであったが、ここから、あたかもノルウェー海岸をめざすかのごとくに東北に舵を切ったところで、イングランド側の提督がもはや追いつける見込みなしとして追跡を諦めると、彼らは夜の闇にまぎれて進路を変え、距離をとりながら南に向かい、出発点のダンケルクに戻ってきたのだ。(Defoe 1968, II: 812)

書かれていることは〈歴史的な事実〉であるが、それらの並列を可能にしているのは明らかに広義の〈フィクション(つくられたもの)〉である。地理的な位置、交易、侵略者との戦い、その三つを組み合わせて境界線を浮上させ確定する手法である。この文章が示唆しているのは、大ブリテンが国際的な交易のネットワークの中にしかるべき位置を占めると同時に、ジャコバイトの一七一五～六年の一回目の反乱を契機として、敵国フランスと対峙する姿であって、そこには作家デフォーなりのナショナリズム意識がひそんでいると考えられるのである。もちろん海岸線沿いの各地の町がこの三つの条件を備えていることはあり得ず、各々の特徴が強調されることにはなるものの、そうした強調のベクトルの先にあるものは大同小異である。イングランド南東部の二つの町の紹介を並べてみるだけで、そのことが充分に感じとれるだろう。

この町では一六七二年に、その前にある湾でイングランドとオランダの艦隊が激烈な海戦を繰り広げたことで有名であるが、依怙贔屓しないようにするならば、このときはイングランドの艦隊が敗北し、ヨーク公爵のもとで提督をつとめていたサンドウィッチ伯爵モンタギュー公が艦を失うことになった。一〇〇門の火砲を備えたロイヤル・プリンス号に彼は搭乗していたが、艦は伯爵もろともに燃上し、ほかにも幾つかの艦とおよそ六〇〇人の水兵の命が失われた。その戦いで命を落とした者の一部は、私の聞いた話によれば、ここで陸に運ばれて、この町の教会の墓地に埋葬され、他の者はイプスウィッチに埋葬されたという。(Defoe 1968, I: 56)

デフォーはすでに一八世紀の初めに、戦死者の弔いがナショナリズム感情の不可欠の要素のひとつになることを直感していたのだろうか。

こうした漁船というのは多くの場合、人びとにとって大いに役に立つものではあるが、とりわけ戦争のときには人集め用に使われ、何らかの作戦が迫ってきて、急に人集めが必要な場合には、海軍に加わる水兵を確保するために沿岸を北へ、西へと走り回る。また別のときには、カレーやサン・ロマほかの砦のある港を爆破する道具としても使われたことがある。(Defoe 1968, I: 8)

海戦の相手として名前をあげられるのはスペイン、オランダ、フランスなどの周辺のヨーロッパ諸国に限られ、一八世紀における国内的な国家意識の形成には、西欧の内側におけるブリテンの差異化という契機も絡んでいたことを否応無しにうかがわせるものとなる。いかにも雑然とした記述のなかに読みとれるこうした特徴は、『大英国回覧記』の雑多な細部のなかに確固たる枠組みが、現状の記述というもっともらしい謳い文句とは別のレベルの意志と枠組みがうごめいていることを推察させるのである。

興味を引くのは、ヨーロッパ以外の地域を対外貿易の相手としてもつ港湾の存在にも、デフォーの眼が確実に向けられていることである。やがて大英帝国を本格的に支えることになる大西洋貿易にも——奴隷売買の問題は別として——眼が向けられているのだ。「ブリテンの驚異のひとつである」とされるリヴァプールについては、

いまやこの町には豊かな交易が栄えていて、しかも増大の傾向にあり、ヴァージニアやアメリカの島々にあるイングランドの植民地との交易だけを見ればブリストルには及ばないかもしれないが、富と輸送をあらゆるかたちで増大させることによって、それを追い抜く勢いにある。彼らはこの島

全体で交易をしていて、ノルウェーやハンブルクやバルト海だけではなく、オランダやフランドルにも船を出しているので、要するに、ロンドンの商人に、世界を相手にする商人に近いものになっている。

ブリストルはアイリッシュ海に開かれているが、それについてはリヴァプールも同じこと。ブリストルは主としてアイルランドの南と西、東のダブリンから西のギャロウェイまでと交易するのに対して、リヴァプールはダブリン港からロンドン・デリーまで東海岸と北海岸のすべての交易を押さえている。（Defoe 1968, II: 665–6）

と説明されている。東インドを除けば、この時点で知られている世界の各地域とのつながりを前景化する言説であることが見てとれる。同じ手法がハルについても使われる、しかもロンドンの名前を忍び込ませるというそっくりの手口を活用して。このイングランド東北部の港湾都市は――『ロビンソン・クルーソー』の冒頭では、主人公の父がブレーメンから最初に移住してくる場所ということになっている――〈中心〉ロンドンを経由して西インド諸島ともつながりながら、決してそこを凌駕するものでないことが補記されているのだ。こうした手法はとても偶然のものとは思えない。この北海に面した港は、戦争のときには、守るべき境界線として浮上し、平時にはヨーロッパの諸国や西インド諸島との交易を通してイングランドの経済的繁栄を象徴し、そして〈中心地〉としてのロンドンともつながり、なおかつその地位をゆるがされることはない。そのような修辞構成の先にチラつく影があるとすれば、それは構築途中のナショナリズムであると言う以外にないと、私は思う。

デフォーは決して構築済みの国家像を踏まえて国内旅行をしているのではなく、その存在を未来把持的に信じたうえで、それに向かって旅をしているのである。そこにある基本的な明るさは、約一〇〇年後のコベットの『農村騎馬行』をおおう失望と怒りとは正反対のものである。イギリスという国家の存在を自明のこととして受け容れ、その政治がもたらした農村部の疲弊に激怒するコベットの暗さは、デフォーには微塵もない。この二人の間で、長い一八世紀をはさんで、国土を見つめる眼が激変しているのである。そのような対照性を念頭に置くならば、逆に、ハルをめぐる記述にひそむある種の楽観的な力強さが感じとれるかもしれない。


この町はハル河の河口に位置しているのだが、この河がハンバー河に流れ込み、それがさらにゲルマン海〔＝北海〕につながってゆくので、この町の一方は海、もう一方は陸地ということになる。おかげで自然と大変強力な場所になってしまい、何か事が起きたときには、周辺の土地の低さを利用して逆に難攻不落にすることもできるのだ。

戦時におけるハルの強さについて言えば、最大の弱点は、海に面しているために砲撃を受けやすいということで、これは海上の支配権を握ることで食い止めるしかないのだが、われわれが支配権を握っているかぎりは要塞化の必要はない。……〔ハルの商人は〕国内の各地に外国のあらゆる品物を提供しており、そのために既知の世界の全地域と取引をしているが、ブリテンのどの港の商人と較べてもみても、ハルの商人ほど、その取引の公正さについても、その交易の中味と資金の大きさについても信用度が高く、性格も公正なものはない。彼らはここからノルウェーやバルト海に大規模な輸出をし、ダンツィヒ、リガ、ナルヴァ、ペテルスブルクにも重要な輸出をし、そこから大量の鉄、銅、麻、亜麻、帆布、灰汁、モスクワのリネンと撚り糸等々を輸入して、国内に大量に送り出している。またワイン、リネン、油、果実等も大規模に輸入し、オランダ、フランス、スペインに売っているし、西インド諸島からの煙草と砂糖の交易については、おおむねロンドン経由で扱っている。加えて、オランダとフランスだけでなくロンドンにも送っている小麦については、イングランドの他のどの港で行なわれている、もしくは行ないうるその種の取引を凌いでいる、ロンドンを別にすれば。(Defoe 1968, II: 652–3)

海岸線という名の境界線にかかわる港町については、機会があるごとにこのような記述が反復されてゆくのである。

旅する嵐

こうした例のいずれもが、時代の状況を考えれば、ごくまっとうな記述と言えるかもしれない。しかし、『大英国回覧記』には、ほかの旅行記には見あたらない特異な記述もあって、繰り返される一七〇三年の大嵐への言及がそれである。一七〇三年一一月二六日、二七日にブリテン島を縦断し、英国史上最大の被害を残していった大嵐への言及である。ニューゲイト監獄から解放されてまもなくこの大嵐を実体験したデフォーは、翌年に『嵐』という本を刊行することになるのだが、この特異なルポルタージユのなかにも彼特有の国土意識が顔をのぞかせているように思えてしかたがない。それも驚くには値しないことなのだろうか。ブリテン島を横断して北海へ抜けてゆく大嵐自体をひとつの特異な旅の主体と考えるならば、そこにも奇妙なかたちの旅行記が成立することになるわけだから。

『嵐』の副題は、「最近の恐るべき大嵐に際して、陸上、海上で起きた驚天動地の死と災害」というもの。後の国内旅行記の場合と違って、ここでのデフォーはみずからを「歴史を語る者」と位置づけ、歴史と寓話、あるいは歴史とロマンスを峻別することを力説している。「われわれは決して事実を踏みにじることをしない」(Defoe 2005: 5)と。その理由は、多少の毒を含むとはいえ、はっきりとしている。

かりにある説教の根拠があやういとか、説教者が嘘をついているとかいうことがあっても、それで被害を受ける者はわずかだろう。しかし印刷された書物が嘘を打ち出したり、人が嘘を印刷したりするとなると、それは人を傷つけ、世界につけ込むことになるし、あとになって子どもたちが、さらにそのまた子どもたちが世の終わりまで嘘をつき続けるような原因を作ってしまうことになる。(Defoe 2005: 3)

彼の場合、事実や真実を語ることとの必要性は宗教的な真理との関係において主張されるものではなく、その正体のはっきりしない、「後代の人びとのため」ということにされている。その必要性の根拠を将来のなかに求めるという世俗化志向が、そこには見え隠れする。それは『天路歴程』の第Ⅱ部の締め括りに見てとれるものとは、明らかに別の志向であるが、途轍もない自然災害の事実を語るということの意義も目的も未確定の時代に、なおかつ宗教的な意味づけ（たとえば、神の怒りの発露といった意味づけ）を回避しようとすれば、このような曖昧な世俗化を内包する説明に逃れるしかなかったのかもしれない。もちろん彼は、「後代の人びとはこれを読んで面白いと思うに違いない」と、きちんと口を滑らせてみせはするものの。

しかし、それでは、大嵐の残した爪跡に関わる事実を集めるためにデフォーはどんな方法をとったのだろうか。彼は自分の眼で確認するために旅をするという方法は採用せず、明らかに時代の遥かに先を行く斬新なジャーナリズムの手法を使った。各地でこの大嵐を体験した人びとに情報の提供を求め、それをひとつの物語に構成していったのである。

> ここで御詫びをしたいと思うのは、文体が高尚なものでないことと、田舎から送られてきた手紙をその文体のままに印刷するといういささか異例の手法を使ったことについてである。
>
> この最後の点について読者に申し上げたい理由というのは、私の側に、真実に密着したい、それを送って下さった方の真の権威を残したままで説明をまとめあげたい、巻き込まれた方々についても正当に扱いたい……という気持ちがあったということである。多くの手紙の場合、話の平明さと正直さが文体の高尚さの欠如を補っていると思われるし、そうした手紙の差出し人がいかなる人びとなのか、そのことを知る眼が読者の側に欠けているはずがない。（Defoe 2005: 8）

『嵐』の中核をなす部分は、イングランドの各地から送り届けられたこのような手紙によって構成されることになるのだが、それらを列挙するにあたって彼はひとつの工夫をした。まず最初にロンドン市内での被害状況を説明し（中心の確定）、その次に周辺地域からの被害報告の手紙を配置していったのである（周辺地域への拡張、被害の及んだ地域の境界線の想定）。当然のことながら、そうした手紙は嵐の襲来以前の各地の状況の説明も大なり小なり含むので、決して秩序だったものにはならないにしても、ある種の地誌的な記述がそこに浮上してくることになる。それを読んでゆく読者は、たとえ国土という概念を明確にはもたないにしても、やがてそうした概念によって分節化されることになるものを想像することになったかもしれない。

デフォーはそのような分節化される以前の何かについて、嵐の被害によって結ばれ、構成された想像の共同体の発生について、次のように説明している。

読者がこの本のなかで、ウェールズのミルフォードヘイヴンからの報告を眼にして、コーンウォールの西部のヘルフォードや、東部のヤーマスとディール、南部のポーツマス、北部のハルからの報告を眼にして、その中間の地域が同じような、もしくはそれ相応の被害を被らなかったと思い込んでしまうほど想像力が弱いとは思えないし、ある町からの手紙が一通、ある地方からの手紙が二通ある場合、その地方での被害はそこに語られているだけだと考えることなどできないし、逆にそれどころか、その地方のすべての町が相応の害を受けたと考えるしかないだろう。すべての地方のすべての個人まで数えあげることにでもなれば、集める側は収拾がつかなくなり、読者もゲンナリというところだろう。（Defoe 2005: 105）

ここに想像の共同体の発生を促すモメントがあるとするならば、それは、端的に言って、嵐という行為者がもたらした幅広い被害の共有意識であるだろう。想像の共同体はポジティブなモメントによるだけでなく、ネガティブなそれのひとつでもある被害者意識によっても誘発されるし、それがときには強烈な愛国意識に転化してゆく事例は歴史のなかに幾つもある。デフォーが取り上げたのは、特定の地域に限定される特殊な何かではなくて、多くの地域の多くの人びとの生活に関わってくる対象であった——たとえば、大麦や小麦などの農作物への被害であった。あるいは教会の建物が被った被害であった。さらに次のようなレトリックも援用して、嵐による負の想像の共同体に、階級による距離を越えさせている。

あらゆる土地のジェントルマンの領地も甚大な被害を受けた。多くの場所で庭園が完全にやられてしまい、入口の近くにあった木々は倒れ、庭の塀も吹き倒された。……煙突も五本から二〇本、その邸宅の大きさに応じてそれ以上、あるいはそれ以下の数が吹き倒された領地を……イングランドのなかだけでも一〇〇〇以上はリスト・アップすることができると思う。……貧しい家庭がどれだけ壊滅してしまったのかは分からないのだが、ロンドンの火事は甚大なる損失をもたらし、人によってはその被害額を四〇〇万スターリングと算定している。これは大きな被害であるし、しかもひとつの場所で起きたもので、膨大な量の物が激しい火焔にさらされてあっという間に消失し、焼尽した家屋は一万四〇〇〇軒にのぼる。

けれども、その一方で、この災禍はひとつの狭い地域に限定されたものであるのに対して、損失はいちばん富裕な層にも及び、こちらの損失もいたるところで発生していて、その規模も大きく、失うほどのものを所有している家、家族で、この嵐で何かを失わなかったという例はひとつとしてない。海も陸も、家屋も教会も、小麦も、樹木も、すべてが吹き荒れる暴風を感じたのだ。(Defoe 2005: 107–9)

一七〇四年に、このルポルタージュである。イギリス小説史の原点としての彼の地位はもちろん揺らぐものではないが、雑誌『ブリテン国の情勢のレヴュー』(一七〇四〜一三年)の刊行といい、大部の国内旅行記といい、デフォーはまさしく異能の作家であったと評するしかない。

しかし、問題がまだ残っている。このような想像の負の共同体であっても、それが力を発揮するためには、中心とその周辺からなる内部のほかに、何らかの境界線によって区別される外部の存在が要求されるはずであるが、それはどのような修辞法によって差異化されることになるのだろうか。もちろん彼もこの問題の所在には気がついていた。そのような差異化のための外部として、海が、一七〇三年の嵐の被害を受けた海上と大陸の諸国が併置されなければならないことは充分に理解していた。イングランド各地の河川や海岸地域での被害を事実として報告するのは当然として、同じように被害を被った大陸の諸国をいかにして差異化するのかという問題も眼の前にあることを、彼は承知していた。

同じように嵐の被害を被った内部と外部をどのようにして差異化するのか。『嵐』のなかでデフォーが活用したのは、歴史を振りまわすという戦略であった。「カムデンによれば、ブリテンが世界のすべての地域と違うのは、通行不能の海と恐るべき北風のためであって、そのためにアルビオンの海岸は船乗りにとって恐怖すべきものとなっている。そのためにこの地域は、人の知る北の地の極限とされており、その彼方まで航海した者はいなかった」(Defoe 2005: 18)。カムデンのこの間違いと分かっている説明があえて引用されているのは、たとえネガティブなかたちであるにせよ、そこにブリテン島を特権化し差異化する契機が含まれているからではないだろうか。しかし、このような最悪の事態はすでに遠い昔の話になっている。海深の測量方法の改善と安全航行を助けるための標識の設置のおかげで、「もはや海岸に危険はない」(*ibid.*: 20)と言えるまでになっているのだ。デフォーは過去の歴史と現状を対比して、国の進歩を誇るかのように、そう言い切る。

さらにイギリスの船乗りの勇気と技術力の向上を前面に押し出すことによって、その海岸の安全性を力説することになる――問題の嵐は、逆説的なかたちで、それらを誇りとする機会を与えてくれたことになるのである。そこには、嵐による被害を愛国的な気持ちにもってゆこうとする意図が感じとれるだろう。「古代の人びとがブリテンとその恐ろしい海岸について語った暗鬱なことごとは、海洋知識の幼なさと船乗りの勇気の弱さからくるものであった。……われわれの造船技術の向上はめざましく、われわれの船はいかに激しい嵐ももともせずに乗り出せるので、船乗りは海の荒れなど意に介するに足らずということになってきた」(Defoe 2005: 23)。

このようにブリテン島と海の関係を説明したあとにデフォーが持ってくるのは、三〇年ほど前の嵐のおりの他の諸国の被害の状況についての、サー・ウィリアム・テンプルの回想録のなかの記述である。

アムステルダムは悲惨であった。多くの樹木が根こそぎにされ、港では船が沈み、海峡でもボートが沈み、家屋が倒され、道を歩いていた人びとが何人か吹き飛ばされて、運河に落ちてしまった。しかし、ユトレヒトの話が伝わってくると、それもすっかりかすんでしまった。その嵐の激烈さのために彼の地の大聖堂がバラバラに崩壊してしまったというのだから。……フランスとブリュッセルでも、旋風、落雷、稲妻、さらに巨大な雷による被害は甚大なものであった。これは一六七四年のことであったが。(Defoe 2005: 40–1)

比較の強引さが逆に、デフォーのなかにあったイギリスという国家の現状をともかく肯定したいという欲望をあぶり出してしまうことになる。もっとも、過去の事例との比較対照で満足してしまう彼ではなかった。私が眼を引かれるのは、たとえば次のような記述である。

プリマスの湾、ならびにファルマス、ミルフォードの両港には、アメリカの島々や植民地から戻ってきた小規模の商船隊が幾つか、嵐からの避難場所を求めて追い込まれてきた。ヴァージニア船隊、バルバドス船隊、そして東インド関係の船は各地の港にバラバラに逃げ込み、アイルランドのキンセイルには八〇隻近くが入ったが、いずれも船荷を満載して祖国に向かっていたのである。

ブリストルには西インドから戻ってきて、まだ積荷をおろしていない船が二〇隻ほどいた。(Defoe 2005: 52)

嵐からの避難にことよせて、大ブリテン帝国の植民地交易のルートが列挙されていると読んでも差し支えないのではあるまいか。嵐が触発した想像の負の共同体のイメージのなかに、もはや他のヨーロッパの諸国の追従できそうにない広大な交易圏をしのび込ませることによって差異化が試みられているのである。国内旅行記のあとにこの嵐のルポルタージュを読み返してみると、逆にそこにひとつの類縁性のある志向が読みとれるような気がしてくるのは、とても私だけの錯覚とは思えない。そこには間違いなく、海岸線という名の境界線をもつ想像の共同体としての国家像がゆらめいているのだ。

歴史の問題

中心の確定、境界線の内側での繁栄の確認、海外の植民地とのつながりの確認――『大英国回覧記』にはナショナリズムの構築に不可欠のもうひとつの視点が混入されている。それが歴史の問題だ。歴史の問題には関わらないという作者の繰返しの発言を裏切るかのように、この旅行記のいたるところに歴史への、歴史的な由来への言及が顔を出してくるのである。第一書簡からひとつの例を挙げてみることにしよう。

コルチェスターの町は、その監督下にある村々も含めて四万人の人口を持つとされている。この町にこれだけ多くの人びとが住んでいることの悲しい証拠として、一六六五年のペストの年に五二五九人を埋葬したということがある。……コルチェスターの城は今ではこの町の古さを示すモニュメントにすぎないものと化しているが、町を囲む城壁と同じで、ローマ時代の煉瓦が使われている……町の人びとは、初めてキリスト教徒のローマ皇帝となったコンスタンティヌス大帝の母ヘレーナはここで生まれたのだということをしきりと自慢するけれども、私としては、カムデン氏がコルチェスターの城について述べていること、つまり、「この市の中央にいつ倒壊してもおかしくない古い城がある」ということしか言えない。(Defoe 1968, I: 58–60)

古事物学者カムデンの名前は何度も繰り返されるし、このような歴史的由来の説明はそれこそいたるところに登場する。旅行記の第一の目的が現状の経済的繁栄の確認とその喧伝である以上、たしかに過去の歴史への詳しい言及は不要であったのかもしれないが、各地で地方貴族の館や廃墟の前に出ると、作者はほとんど例外なしにその由来に言及している。過去の戦いへの言及もふんだんにある。なぜなのだろうか――おそらくその理由はたいしたことではない。歴史的な由来を付与された対象の権威づけが目的のはずであって、そうした場所が国内のいたるところにあることは国土の権威化にとって有効であるからだろう。

いわゆるナショナリズムが成立するにあたっては歴史による権威づけと正当化が必要であることからすれば――ヒュームの『イングランドの歴史』(一七五四～六二年)から、ディケンズの『子どものためのイングランド史』(一八五二～四年)にいたるまでの英国史が、大なり小なりそのような役割を分担したことは否定できないだろう――デフォーもそれに早々と手を染めてしまったということであろう。ただ彼の前にはそれを体系化し、方向性を与えるための枠組みがなかったというだけの話である。ナショナリズムを成立させ、国家意識をまとめあげる長い一八世紀のスタート地点にいた彼にできたのは、政治経済の中心と、地理的な空間と、歴史とが必要であることを、旅行記を通じて模索することであった。彼の国内旅行を誘導し、大量の社会史的な事実を書き残させたのは、おそらくそのようなフィクションであった。

三　コベットの旅――農村と国家

衰退する国家

コベットにとって、政治経済の中心となるロンドンは「腫れもの」でしかなかった。そこは諸々の悪の流出源でしかなく、彼の眼にするイングランド南部の農村は疲弊し切っていた。アメリカの植民地はすでに独立し、フランス革命があり、共和主義的な国家像すらも可視のものとなり、彼自身、米仏での生活体験を持っていた。そのような人物の『農村騎馬行』（一八三〇年）は、奇しくもデフォーの旅のちょうど一〇〇年後の一八二二年九月二五日に始まる。この符号が意図的なものであったのかどうかを判断するすべはないのだが、一世紀をへだてたこの二人のジャーナリストの旅は、およそ考えられる限り対照的な記録を残すことになる。

私は今朝、霧雨のなか、息子のジェイムズを連れて、馬でケンジントンを出発した……私の目的は宿屋や通行税をとられる道を見ることではなく、地方の田舎を見ること、我が家にいる農夫を見ること、田畑に出ている労働者を見ることであった。そのためには自分の足で歩くか、馬で行くしかない。〔傍点は引用者。以下、引用内すべて同じ〕(Cobbett 1967: 31)

みずからも農業者としての豊かな実体験をもつコベットがまず眼を向けるのは土壌の特性であり、そこで栽培されている農作物であり、市場での取引価格である。しかし彼の旅では、眼の前に現われるものについての報告をしようという意図よりも、それをみずからの主張の実例として使おうとする欲望の方が、旅の初めのところから前面に出てきてしまうことになる。デフォーの旅と較べるならば、その分だけ話題の幅が狭く、単純であると同時に、強烈になってくることになる。コベットには旅の目的と眼にするものを囲い込む枠組みを、旅で体験する事実のなかに忍び込ませようとする修辞的な狙いはなく、むしろそのような枠組みのなかに収まる事実が選びとられてゆくのだ。表面的には日記の形式をとる旅行記のなかには、農民を前にしての演説に近い部分も挿入されているし、『ポリティカル・レジスター』の一八二二年四月六日の号に掲載されたエッセイ「地主への訣別状」のかなりの部分がそのまま転写されている部分もある。彼にはブリテン島のすみずみまで旅をしようという願望はないし、町にも海岸線にも興味はない——旅して回るべきはイングランドの南部の農村地帯のみであり、そこで見るべきものも事前に決まっている。

旅に出て約一カ月、一〇月三一日の記述を見るだけでそのことがはっきりとわかる。

ここには新しい囲い込み地が際限なくある。さらに家屋もあちこちに、この忌わしい地方の全体に広がっている。……こうした新しい囲い込み地や家屋は、資金の渦巻く場所からは遠く離れた地方の各地を貧困させることによって出現しているのだ。ずっと以前から農村の数はどんどん減っているし、労働者の家もどんどん減っていて、きちんと見る眼を持つ者には、どの村もきまって疲弊してゆくのがわかるはずである。税金を喰いつくす連中が足を伸ばすことのないこの王国の各地で、このことが起きているのだ。この王国の本当の農村地域で、衝撃的な衰退が起きており、大々的な家屋の腐朽と取り壊し、崩壊が進んでいる。農家にしても、四〇年前の四分の三は減っている。つまるところ、ピットと彼の追従者たちの地獄的なやり方が農家の四分の三を潰してしまったということだ。労働者の家も消えてゆく。そして、役に立つ人びとがどんどん減ってゆく。ロンドンの近くのおぞましい砂と砂利の土地は囲い込まれ、家が建つのに、他の地方のいい土地は見捨てられたまま。こんな囲い込み地や建物はムダと言うしかなく、手段の誤用であって、国の繁栄どころか、国の衰退の証拠である。（Cobbett 1967: 66–7）

コベットが眼を向けるのは、繁栄に向かう途上にある国家ではなく、衰退の途上にあるそれであって、その典型的な徴候を農村に見ているのである。しかも彼はそのような衰退をもたらす理由を、ジャーナリストとしての活動を通して、すでに彼なりに確定していた。彼が国の衰退の大きな理由のひとつとみなしたのは、税金の浪費であった。「その金は意図的に、最悪の目的のために濫費されたに違いない」（Cobbett 1967: 200）。税金が濫費されてしまう先は幾つもあったはずであるが、彼が酷しい口調で言及するもののひとつに各種の年金の受給者があった。

毎年五三〇ポンドの金が、先の戦争にかり出された休職将校や恩給受給者、退職将校、後方支援にあたった兵士などに分与されているのだ。われわれに降りかかってくる先の戦争の遺産はそれしかないにしても、やはりかなりの金額である。あの戦争自体が正義を欠く、不要なものであり、その基本となった考え方も目的もおぞましいものであったが、それでも、実際に戦ったすべての人に対して、国外で兵士の義務を果たしたすべての人に対して、なにがしかのものは提供したいと思うし、彼らを困窮させたまま放置するわけにはいかない。しかし、この重荷の大半をなす若い人びとの大群のために生涯にわたって年金を提供することが、国家にとって正しいことなのだろうか。ところが、これがすべてというわけではないのだ、年金を貰っている寡婦や、貰うことになる子どもたちがいるのだ。皆さんは驚かれるかもしれないし、それはもっともなことではあるのだが、事実なのだ。（Cobbett 1967: 49）

槍玉にあげられるのはこうした人びとだけではなく、教会の維持管理を十分にすることをせず、その荒廃を招きながらも、高額の手当てを平然と受け取っている聖職者たちも厳しい批判を受けることになる。その背景にあるのはコベットのゆるぎない信念であった――彼の哲学の根幹にあるのは、自給自足の農業者の姿であった。彼の思想がときにはきわめて保守的に見え、またときにはきわめて過激に見えることの根底には、その信念がある。国内的、対外的な交易ルートにこだわり続け、それこそ経済成長を讃美することによって国家を想定してゆくデフォーに対して、彼は生まれ育った土地に執着する自営農民こそを国家の根底に置くのである。のちにサミュエル・スマイルズの『自助論』（一八五九年）によって喧伝されることになる自助のエネルギーを体現する農民こそが中核に置かれるのだ。彼が見すえていたのは、世上もっとも英国的な理念として振り回されるジェントルマンの精神とは別の心的な姿勢であると言ってもよい。それが自助の考え方を経由して、今日のDo It Yourself. の発想にまで伸びていると考えても、決して侮蔑にはならないはずである（Williams 1983: 31）[5]。その原点となる発想を、自営農民の形象を通して分節化したのが彼であった。『ポリティカル・レジスター』の一八三一年一月二九日の号に掲載されているエッセイ「イングランドの農民へ、その義務と権利について」には、彼のそうした想いが凝縮されている。ヴィクトリア時代の始まる六年前、コベット本人の死の四年前、彼はこう訴えたのだ。

> この重大な危機を前にして、どうか辛抱強く聞いてほしい、私はあなたたちの義務と権利について語りたいと思う。……食べるもの、着るもの、生きてゆくのに必要なもののすべてを、労働者は手にする権利を持っている。しかし、その権利は、働く義務を果たしたうえでのことなのだ、あるいは、それを果たす意志があればの話なのだ。……将来は、すべての人が自分の手元に置くべきなのだ、自分のものと言うべきなのだ、自分のためにのみ使うべきなのだ——自分の労働によって得たものは。……労働、労働だけが財産の、その財産がどんなかたちのものであれ、その唯一の基盤なのだ。したがって、人間の第一の義務とは、生きてゆくための手段を得るために何らかのかたちの労働をするということなのだ。（Cobbett 1931a: 285–7）

そして、そのような義務を果たす者のみが同胞とみなされるのであり、そのような同胞のいるのが、彼にとっての国土となるのである。「すべての人類のなかで最高の、最も美徳にあふれる人びと、全能の神の恵みを受けるこの土地の農業労働者、そして長きにわたって世界で最も自由で、最も幸福な国！」（Cobbett 1931a: 288）。ここでは、イングランドを他の地域の諸国と差別化するための基準が、一世紀前のデフォーとはまったく別のものになっている。地理的な差異などではなく、国民性がそのための基準として前景化されているのだ。しかもその基準は貴族階級や中流階級の体現する何かではなく、何らかの文化現象でもなく、農民の労働のモラルに結びつけられているのである。年金受給者に対する手厳しい批判を口にせざるを得ないのは、まさしくこのようなモラルが彼の裡にあるからであろう。実は、この問題のエッセイの冒頭は、そこから滲み出てくる〈愛国の精神〉を謳いあげるものとなっている。

同胞よ——あなたたちこそは、私にとってつねにかけがえのないもの、あなたたちに囲まれて生まれ育ったことを私は最高の誇りとする。世界を旅して回ってもあなたたちほどよく働き、誠実で、徳の高い人びとを、親としてやさしい人びとを、やさしい子どもを、進んで従う召使いを、ゆるぎなく忠実な友を、私は見たことがない。その性格といい、行動といい、あなたたちは私にとってつねにかけがえのないもの。どんなに時が流れ、どんなに遠く離れても、あなたたちの幸福を願う熱い想いが薄らいだことはない。私は海の彼方から呼んだ、牢獄の壁の奥からも、私の声は届いたはずだ。あなたたちが幸福であれば私の心はいつも嬉びにあふれ、悲惨であれば悲しみに沈む。

（Cobbett 1931a: 285）

農村の窮乏

このように強烈な〈愛国の精神〉が、逆に、その強烈さに見合う対象を求めるというのは論理の必然と言うべきかもしれない。現にコベットは旅先で農民の窮乏を眼にするたびに、その土地についての報告をそそくさと切りあげて批判を繰り返し、その原因を政治と経済の問題にまで追いつめてゆく。彼は眼の前に展開する農民の貧困化の理由を、「労働者階級がワーテルローの騎士たちやその他の戦争の英雄たちの費用のすべてを払う」（Cobbett 1931a: 160）ようにしようとする政治の側にあるとし、紙幣使用への移行を文字通り憎悪する。

> 年金をもらえる陸海軍の将校、兵站将校、補給将校、事務長ほかの有象無象がいるだけではない。この連中だけではなく、こうした英雄本人の死後には年金を支給されることになる妻や子どもがいる。……さらに、二万を数える牧師のほかに、ひょっとすると二万を超える株式の仲買人や相場師がいる、四万から五万の収税吏がいる、給料が全支給される陸海軍の将校が何千といる。さらに、これらすべてに加えて、何千という重荷ペアがいて、ジェントルマンやレディを生むのに忙しく取り組んでいらっしゃるのだ。労働者階級の子育てにマルサスが歯止めをかけようとしている一方で、そうなのだ。しかも、全員が子育ての奨励金をいただいていらっしゃるのだ！　マルサスは何処へ行ってしまったのだ？　この人口抑制牧師はどこへ？　お仲間の『エディンバラ評論』の皆様方

は?(Cobbett 1931a: 166)

コベットが眼の敵にするのは、自分の労働によって何かを生産するのではなく、紙幣と株の取引によって富を蓄積しようと目論む連中である。

> この悪辣な紙幣と資金調達のシステム。このオランダ起源のシステムが……このシステムがすべてをギャンブルに変えてしまった。ギャンブルを続けるための代理人となることで生きている連中が何百人もいるのだ。彼らはこの「腫れもの」に居を構えているが、ギャンブルにのめり込んでゆく連中の多くは田舎に住んでいて、株式仲買人と呼ばれるギャンブルの代理人に指示を出す。代理人は注文に応じてギャンブルをやり、もう一方が利益を受け取るか、損失に直面するかする。このようなギャンブルを続ける代理人の仕事以上に悪辣な仕事を考えられるだろうか! それなのに、このごろつきどもはみずからをジェントルマンと称し、最悪でも、犬小屋の掃除をする者よりも自分たちのほうが上だと考えるのだ。ホップをめぐるギャンブルにしても大差はない。「腫れもの」にたむろするギャンブルの代理人どもが、田舎に住むギャンブル好きに代わって賭けをするだけの話だ。(Cobbett 1931a: 153)

「腫れもの」(The Wen)とは嫌悪をこめたロンドンの呼称(ただし、この旅行記のなかでは他の都市に対しても使われているし、複数形の用法もある。コベットの想念のなかでは、都市と田園地方が徹底して対置されている）。彼にとっては、中心となる「腫れもの」ロンドンから政治を動かす者、紙幣経済をあやつる者、株の取引によって利益をあげる者、さらにはそうしたシステムに寄生しているとしか思えない年金生活者や聖職者などは、まさしく自分で生きてゆくのに必要なものを作ろうとしない連中としか見えないのだ。彼らは「同胞」にとっての――彼が理想のイギリス国民とする人びとにとっての――内なる敵、内なる他者となる。すでに国家のシステムや国境線の確立と守備を云々する必要からは解き放たれていた彼が注視する対象は、デフォーの場合とは違って、交易の相手国でも戦争の相手国でもなく、内なる差異に移行しているのだ。「私は世界市民ではない。イングランドとアイルランドとスコットランドにとって何が最善なのかを考えること、私にとってはそれで十分だ」（Cobbett 1931b: 495）。そう断言してはばからない彼にとって、眼を向けるべきは「腫れもの」と田園地方の、株屋と農業労働者の、紙幣と農作物の、中流以上の連中と労働者階級の差異であることになる。旅の第一日目の記述のなかにすでに、「卑劣なイカサマでしかない紙幣」（Cobbett 1967: 34）や、「融資の仲介屋、株式の仲介屋、ユダヤ人」（*ibid.*: 150）への怒りが書き込まれ、ときには「ユダヤ人と仲介屋と税金を喰らう連中」が罵倒され、「ユダヤ人は嫌いだ」（*ibid.*: 428）とまで言われるのは、そのことを代弁するものであるだろう。

問題は、このような憎悪の言説は、その激しさにあたかも比例するかのように別の盲点をはらんでしまいやすいということである。「ユダヤ人は嫌いだ」。繰り返されるユダヤ人への嫌悪は、西欧の文化のなかにある伝統的な偏見にもたれかかっているだけのものとしか思えない[6]。農業労働者の置かれた悲惨な状況を説明するために、植民地の黒人奴隷が比較の対象として引き合いに出されるときには、そのレトリックこそ多少錯綜してくるものの、似たような事態が発生してしまうことになる。一八〇七年に奴隷売買禁止法が成立する前後の時代に生きた政治ジャーナリストとしての彼がこの問題の存在を知らなかったはずはないのだが、イングランドの田舎の貧民への同情ゆえに、そのとらえ方に奇妙な歪みが生じてしまうのだ。

『若者への助言』（一八二九年）には、奴隷とは何かを論じたセクションが含まれているが、そこでの定義は人種の問題にはいっさい触れることなく、労働と財産を前面に押し出すものとなっている。「奴隷とは、まず第一に、財産を持たない人間のことである。財産とはその人物が所有し、その許可もしくは同意がなければ誰も奪うことのできないものである。……奴隷はみずからの労働の内に財産を持たない」(Cobbett 1911: 248)。この定義であれば黒人奴隷と農業労働者の双方を包摂して、その比較ができるかもしれないが、コベットの議論は思いがけない方向に展開してしまうことになる。

しかし誰かが、奴隷とは私有財産であって、家畜のように売買できるのだと言いだすかもしれない。さらに、ひとりの財産になろうが、多人数の財産になろうが、それが奴隷にとって何なのだというのか、と。ある主人の手から別の主人の手に期限無しの売買で渡されようが、年、月、週単位で貸し出されようが、それが何だというのか、と。売り渡されるのは血と肉と骨ではなく、労働なのだ。もし実際に人の労働を売りとばすというのであれば、たとえ短期間のことであっても、その人物は奴隷となるのではないか。……黒人の奴隷貿易の場合……奴隷にとっては私有財産となるほうが得となるだろう、なぜなら、所有主はその奴隷の命と健康と体力の維持にはっきりと強い利害関心を

持ち、必要な食料と衣料を十分に与えるはずだからである。(Cobbett 1911: 249)

挙句の果てに彼はアメリカ合衆国について、次のようなねじれた理屈まで書き込んでしまうことになる。

幾つかの州には奴隷がいるので、それらの州はその奴隷たちのおかげで、ある数の代議員を上乗せできることになる！　奴隷たちは所有主によって代弁してもらえることになる。これこそ本物の、実際的な、開かれた、まさしく事実上の代議制ではないのだろうか！(Cobbett 1911: 250)

ここまで来てしまうと、黒人奴隷を引き合いに出すこうした議論をまともに受け止めるわけにはいかないことが了解できるにしても、『若者への助言』というタイトルを与えられた本が本当にこのようなレトリックを必要とするのかどうか疑問になってくる。それとも、みずからのレトリックをつねに制御できたとは言いかねる彼の言葉遣いの隙間から、抑圧されてしかるべき想いが顔をのぞかせていると解すべきだろうか。彼の前にいた農学者アーサー・ヤングがウィリアム・ウィルバーフォースとも交友を持ち、明確に奴隷制度に反対する姿勢をとっていたのとは大きな差があると言うしかない。

実は『農村騎馬行』のなかにも、黒人奴隷を引き合いに出した不安定な説明が登場する。具体的には、「黒人を自由にする」運動に尽力している人びとが、逆に国内の貧民問題には無関心だとして批判される件《くだり》である。

……その労働者たちは、この地上のいかなる国でも眼にしたことのないほど痩せ細り、ボロをまとい、落胆して、ふるえている人間なのだ。西インド諸島の黒人であっても、その日の食料として、イングランドの平均的な労働者が一週間で口にする以上のものを、もっと良い食料を口にしない者はいない。……もしも彼らが黒人に同情することにかまけて、イングランドの労働者を、過去、現在、未来のどのような黒人奴隷と較べても、さらに惨めに、比較にならないほど惨めにしてしまう制度を維持してゆくというのであれば、彼らは軽蔑以外の何物にも値しない。(Cobbett 1967: 261–2)

ここでもまた植民地における黒人奴隷の問題は、ひとたびは引き合いに出されながら、そこに放置されてしまうだけである。コベットの真正の共感がアメリカ合衆国や他の植民地に届いているようには思えない。彼の関心はあくまでもイギリスの、さらにはイングランドの境界線の内側にそれだけ強く拘束されてしまっているということであり、それだけ強烈な国家意識が彼の内部に根づいてしまっているということである。この農業ジャーナリストがなぜ多少なりとも不安気に国境線の問題に言及しないのかと言えば、決してそこに関心がないからではなく(彼にはカナダ、アメリカ、フランスでの生活経験がある)、それがあまりにも自明のものと化しているからである。長い一八世紀に形成されたイギリスのナショナリズムは、彼の場合、未来形ではなく現在完了形としてそこにあったということだ。ヨーロッパの各地や植民地は、デフォーの場合とは違って、国内の否定的な側面に眼を向け、それを批判するときに引き合いに出せば事足りる何かになっていたのである。それこそがコベットの偏見の特性であった。

「サント・ドミンゴは独立していた。われわれは独立した国としてのそこと交易していたのだ」(Cobbett 1967: 276)。「そうした植民地はムダな金を喰うだけで、何かの役に立つ可能性はない」(*ibid.*: 283)。「こうした価値のない、おぞましい植民地は、イングランドをこのような恐ろしい事態にもたらすのを助けただけだ」(*ibid.*: 284)。このような評言が随処にばらまかれている。そして、ときには、国内のネガティブな側面を批判するために取り込まれてしまうことになる。

> ウィズィントンは実に心地のよい土地柄で、明るく楽しい場所であったし、比較的最近まではそうであったのだが、今ではほかに例のないくらい荒廃し、みすぼらしくなってしまった。それでもまだ二人のジェントルマンの家が残っている。その代わりに大きな農家が住むようになっているけれども、今現在その土地の所有者となっているのはどこかの税金泥棒か、罰当たりなユダヤ人か、もっと卑劣で邪悪な貸金喰いの泥棒か、そのいずれかではないだろうか。実のところ、この土地の人たちは、ジャマイカでは黒人たちが植民地の奴隷になっているのと同じように、完全にその奴隷となり、もっとひどい虐待を受け、何のことはない、この土地の農家そのものが、彼の地の黒人管理人に対応する行動をとっているのではないだろうか。(Cobbett 1967: 406)

イングランド国内の土地所有者、農家、労働者の関係が、植民地ジャマイカにおけるプランテーションの所有者、現地の管理人、黒人奴隷の関係と類比され、前者の焦点化がされるのである。これこそがコベットの論理の特性であった。

歴史と地理

「かつては幸福でモラルの守られていたイングランド」（Cobbett 1967: 227）の、そして現在の「偉大なる〈大英帝国〉」（*ibid.*: 290）の存在を信じきっていた彼にとって、国家の歴史的正当化の問題は、その土地の伝承とカムデンの古事物学者的な記述に大きく頼らざるを得なかったデフォーの場合とはまったく別のかたちをとった。彼の前にはすでに大部のイングランド史やアイルランド史があり、彼としては容認しがたいそれらとは別の歴史をどう書くのかという問題となったのである。「ヒュームやスモレットやロバートソンにわれわれは長いあいだ騙されてきた、もうこれ以上騙されている気分にはなれない」（Cobbett 1911: 233）。現に彼は『イングランドとアイルランドにおけるプロテスタントの〈宗教改革〉の歴史』（一八二四年）をすでにまとめていたのだが、その経験も踏まえて、課題は次のように規定し直されることになる。

> 私には、もっとも早い時期から今日にいたるまでのこの国の完全な歴史を書くという課題が残っている。……エドワード三世が舞踏会で踊っているうちに、あるレディのガーターに手を伸ばしてしまい、そのガーターを騎士の勲章の原点とした……といった話を十何ページも読まされて時間を潰したいとは思わない。そんなことはどうでもよい。われわれが知りたいのは、この偉大なる国王の時代に民衆の状態はどうであったのか、労働者の賃金はいくらだったのか、食料の値段はどうだったのか、労働者は何を着ていたのかということである。ゴールドスミスのそれのようないわゆるイングランド史なるものから、若い人たちは何を吸収するというのか。これなどは子どもを楽しませ

る小さなロマンスにすぎないし、ほかの歴史家たちは暇な大人たちを楽しませる大きなロマンスを提供しているにすぎない。そうしたものが残してしまう影響を破壊し、自分たちの国はこれまでどんなであったのか、これからどうなるのかを人びとに知らせること、それが私の目的である。(Cobbett 1911: 232)

『若者への助言』のなかに見いだされるこの件《くだり》は、何かしら早すぎた社会史宣言と読めなくもない。ただし、注目すべきはその点ではなく、彼が来るべき歴史記述の目的としたものが、『農村騎馬行』のなかに集積されている諸々の事実とおおむね合致するということである。民衆の状態、労働者の賃金、食料の値段などがそこに記録されているからである。そのなかにアーサー・ヤングが三度肯定的に言及されている理由もおそらくはここにあるはずで、農村を旅してそれらを調査し、しばしば表として提示してみせたのがヤングだからである。対象的に、デフォーへの言及は一度もない。つまるところ、彼の旅行記は、彼の考えた歴史記述につながってゆく可能性を、たとえわずかにではあるにしても、内包していたと考えることができると、私は思う。

デフォーとの比較上もうひとつ留意すべきは、境界線への関心が、コベットの場合には、地理への関心に移行しているということである。

私にとって奇怪と思えるのは、若い人の時間がペルシャや中国の境界線を確認するのに使われてしまい、その一方で、ヨークシャやデヴォンシャの境界線や河川、土壌、産物その他については何も知らないということである。地理でまず第一に来るのは、われわれが今生きている国、とりわけ生まれた国の地理を知るということだ。私はこの眼でこの国のほとんどすべての丘陵と谷間とを見てきたし、都市や町もほぼ全部、それから全村落の相当な部分も見てきた。したがって、この国について説明する資格があるはずである。……若い人が自分の国の地理のことをよく理解できるようになったら……他の諸国に、とりわけ、その力や大きさからして自分の国に影響を与えそうな国々に眼を向けるのもよいだろう。フランス、合衆国、ポルトガル、スペイン、メキシコ、トルコ、ロシアの規模をよく知るというのはとても重要なことであるが、アジアやアフリカの部族についても知る必要があるだろうか？　そんなところの状況など、月面で起こることなどわれわれには関係ないのと同じことで、関係ないはずである。（Cobbett 1911: 233–4）

デフォーとコベットの間に横たわる一世紀の間に、さまざまの分野で起きた激変をあらためて思い知らされる一瞬である。(7)

四　ヤングの旅――農村とピクチャレスク

田舎の風景

イングランド各地の農村の土壌、耕地面積、賃貸価格、輪作に使われる作物、家畜の種類と数、農業労働者（男、女、子ども）の賃金、さらにはその地域の人口、洗礼者数、死者数にいたるまでこと細かに調べあげて表にしていったのがアーサー・ヤングである。その農村探訪記のなかにはコベット流の政治的な発言は見られない。彼の関心はひたすら農業の現状と新しい改良の試みを報告することにあった。そのように土壌の性質や作付け作物について報告するというやり方をコベットが継承したことは歴然としていて、とりわけ『農村騎馬行』の初めの方ではそのことが明瞭に読みとれる。行く先々でその地の地主や農家から情報をもらうというやり方も踏襲されている。

さらに興味を引かずにおかない共通点が二人の間には見られる――それは、農村の現状報告とは直接的には関係がない、田舎の風景についての描写である。デフォーはほとんど興味の眼を向けなかったイングランドの丘陵、曲がりくねる川、建物などによって構成される風景が、繰り返しこの二人の言説のなかに登場してくるのである。たとえば、

フレッチャー氏の風致の豊かな土地はこの王国のなかでも最も美しいもののひとつであるので、この道を通ってホリヘッドなどに向かう旅人は、そこを訪ねれば好奇心を大いに満たされることだろう。

立地そのものが美しく、急な下りの傾斜、陰影のある林、豊かな谷間、広々とした見晴らしが結びついて生み出す変化が臨めるのだ。道そのものが趣味よく作られており、全体がひとつにまとまって、なんとも心地良い風景を形づくっている。（Young 1932: 172–3）

オートンに到着する手前のところでこの地方は一枚の完璧な絵となる。道は、新緑のみごとな木々のおい繁る実に美しい谷間を半ば囲い込むかたちの丘の端に沿って湾曲しており、川はまるで姿を見せるのを恥じらうかのように、一、二カ所からしか見えない。この道の下りはなんとも急で、深い底に向かって伸びているので、相当な高さの木々のてっぺん越しに、その枝の間から谷間が見える。(*ibid.*: 169)

素晴らしい風景だ。手前の方にある狭い隙き間というか、切れ目があって、遠くの森の姿が臨めるのだが、その効果たるや、これまでわれわれが見てきたものとはまったく違う。農場の反対側に眼をやると、広い谷間に川が曲がりくねっていて、ずっとつつましやかな流れになっているものの、村や農場などの点在する広々とした耕作地に明るい雰囲気をもたらしている。(*ibid.*: 69)

こうした風景のなかに共通するものがあることをヤングは十分に承知していたはずだし、その共通するものを表象する言葉を知っていたはずである。現にそれを何度も使っているのだ。

その地方は、進むにつれて、並外れた美しさをどんどんましていった。ダットフォードの近くでは、右手にこれ以上ピクチャレスクなものはないと言えるほどの野原が幾つか見え、木々に縁取りされたさまざまの傾斜地が豊かな土地にさらなる美しさを添えていた。(Young 1932: 136)

彼は家をほとんど新築しただけでなく、その周りの土地をとても心地のよいものに整備していた。正面の庭は、遠くの山並みに囲まれた豊かな谷間と部分的に耕作の手の入った近くの丘を望むとても気持ちのよいものであるうえに、ちょうど真ん中にちょっと変わったかたちの丘があって、とてもピクチャレスクな景色になっている。(*ibid*.: 160–1)

要するに、風景を見つめるときの彼の眼は、自然の風景に反応しようとするイギリス人の旅行者の眼を、とりわけ一七七〇年代あたりから急速に拘束してしまうことになるピクチャレスクの枠組みに依拠しているということである。(8) デフォーにこの枠組みはなかった。もちろん、農業ジャーナリストとしてのヤングがピクチャレスクの美学に厳密に従ういわれはなかったであろうが、それでもこの枠組みの存在を否定することはできないだろう。さらに注目に値するのは、いかにもイギリス的な風景を差異化し価値化するために発明されたこの枠組みの前提となった〈美〉と〈崇高〉の枠組みについても、彼がエドマンド・バークを読んでいたか否かは別にして、知っていたと推定できるということである。

コールブルックの谷はとてもロマンティックな場所で、この巨大な丘陵の間を湾曲している峡谷であるが、その丘陵がさまざまの形をとりながらもすべて厚い森でおおわれ、鬱蒼とした樹々の広がる抜群に美しい場所を作りあげている。実のところ、あまりにも美しすぎて、人間の技術が谷底に広げてしまった恐怖の光景とはあまり息が合っていない。巨大な機械を備えた鉄炉や工場などの騒音、赤々と石炭が燃える溶鉱炉から吹き出してくる焔、石炭窯の煙などはおよそ崇高と言うしかな

く、むき出しの崖の岩肌と合うことだろう。(Young 1932: 152)

農村部を旅して回るヤングの裡にあったこのような美意識と較べると、行く先々で農民の困窮を眼にして政治や経済への怒りを爆発させることに情熱を注いだコベットには、ピクチャレスクの美学などおよそ馴染めるものではなかったように思えるのだが、(9) 実際にはその枠組みの産物とも見える記述が何回かは登場するのである。

ここにあるほぼ楕円形のみごとな谷間は、そこからゆるやかに傾斜して登ってゆく高い丘陵に囲まれているのだが、その真ん中からあまり遠くないところには、脚と底の部分のもぎとれた脚付きグラスを逆さにしたような形の丘がひとつある。テーブルの上にそういう脚付きグラスを置くように、それが谷底にぽんと置かれているのだ。その丘もけっこうな高さがあって、一部は樹木におおわれ、あたりの景色に実に独特の雰囲気を与えている。(Cobbett 1967: 80)

ヤングの場合には、何らかの高台から見下ろす視線によって形成されるピクチャレスクな景色であるのに対して、ここでのコベットは見上げる視線を前提としている。視線の方向性についてはいずれも可能であるだろうが、壊れた脚付きグラスの比喩にいたっては軽い失笑すら誘いかねないだろう。ピクチャレスクな風景の正統的な記述ではユーモアの介入を必要とはしないので、むしろ、どこかしら、ウィリアム・クームの『シンタックス博士の旅、ピクチャレスクを求めて』(一八一二年)等のパロディものを連想させるようなところすらある。さらに次の例では、あまりにも整いすぎた記述と土塚の比喩が何かしらしっくりしないものを残している。

その領地は美しいの一語に尽きる。館の片方の側にはみごとな池の水が見え、遠くには、高い丘陵にはさまれた谷間がのぞまれるが、別の側では地面が初めはわずかに、それからしばらくはゆるやかに、それからは急速に、一マイルほどだろうか、登りとなり、あちこちに不規則に木が一本または数本と生え、領地の全体に実に素晴らしい木々が散在する形になっている。また別の側には、小ぶりの美しい丘があって、なかには丘陵の上などにある土塚の形をしているものもあるけれども、その大きさは四〇倍か一〇〇倍、まったく木のないものも一、二見られるが、他のものは上のほうに木がはえている。ただし、こうした小さな丘のひとつに眼をやると、この小さな丘にある背の高い木々よりもさらに数ヤード上のところに、教区の教会の塔がのぞまれる。全体としてみると、この丘は私がこれまでに眼にしたことのある最も喜ばしいもののひとつではないかと思われる。

(Cobbett 1967: 392)

たしかにこの二つの例のなかではピクチャレスクという言葉は使われていないものの、しかしながら、それはコベットがその言葉を知らなかったということを意味するわけではない。彼が何度か使っている例のひとつ、「ドーヴァーの町は他の港町と似たりよったりだが、それでも、段違いに清潔で、これまでに見たどの海港よりもゴロツキの数は少なかった。確かに、やたらとピクチャレスクな土地ではある」(Cobbett 1967: 198)。

言葉の内実についてはそれなりの差異はあるものの、一八世紀の末から流行したこの言葉が二人の農業ジャーナリストの言説をつないでいることは否定できない。彼らはこの言葉の触発する境界線の揺れる枠組みを通してイングランドの心地よい自然の風景を、それを破壊してしまわない限りは多少の人為の介入も許容する風景を見つめているのだ。その点では、デフォーとはまったく違う。自然の光景を見るためのそのような枠組みをまだ意識のなかに秘めてはいなかった彼は、ウェールズ南部の山々を眼にすると、「アンデス山脈やアルプスの山々」(Defoe 1968, II: 451) を引き合いに出してしまうことになる。一八世紀初めの読者が理解したとは思えない地名を並べてしまうことにもなる。「実のところ、この山々はアルプスによく似ていて、人びとの使う言葉を別にすれば、グルノーブルからスーサへ、もしくはグリゾンの人びとの国を通過しているように思わないではいられない。さらに、あちこちにたくさんある湖にしてもそうした類似を大きくするし、土地の人びとがそれについて語る昔話にしても、スイスの人びととの間で語られる、彼らの国の有名な湖についての昔話とそんなに違うわけではない」(*ibid*.: 462)。イングランド北部に旅したときには、ヤングならば崇高という言葉を使ったはずのところで、デフォーはまたもや馴染みのない地名を連発してしまう。「アペニン山脈には、フィレンツェの近くに、軍隊がひとつすっぽりと収まるほどの洞窟がある、との文章がある。すでに述べたように、アルプスにも、ドーフィネやサヴォイの丘陵にも、世界の他の場所にも、そうした洞窟がたくさんある」。これは、あくまでも、似たような洞窟が「イングランドの多くの場所に見つかる」(*ibid*.: 580) ことを説明するためにあげられている例なのだが、デフォーはいったい何を目論んでこんな比較をしてみせたのだろうか。国家としての繁栄の途上にあり、ヨーロッパの各地や大西洋の彼方とも交易をもつにいたった「大ブリテン帝国」が、「イングランド帝国」(*ibid*.: 470)が、みずからの国土の内部にミニチュアの世界を内包していることを臭わせたかったのだろうか。つまるところ、この三人の一八世紀の国内旅行者が自然の風景を表象するときに見せる大小の差異は何を表わしているのだろうか。

五　おわりに

長い一八世紀にイギリス人の試みた旅行は大きく四つのサブ・ジャンルに分類することができる。[10] そのひとつが、大西洋、さらにはインド洋や太平洋に向かう大洋航海であり、その航海の先にある大陸や島々での冒険旅行であった。それが奴隷貿易や掠奪行為や植民地化とひとつになっていたことは歴史学の常識としてよいだろう。そのことを体よく忘れて、一国のみの労働運動史に視野を限定してしまう社会経済史になど、私としては、もう興味を持ちたくもない。

このような海外旅行のかたわらに、グランド・ツアーと呼ばれる大陸旅行がある。その主人公となったのは、多くの場合、貴族や金持ちの子弟であって、家庭教師、医者、召使いの付き従う馬車旅行の一行であった。子弟の教育を目的にかかげたこの物見遊山の旅は、一九世紀の後半になればその主体が豊かな市民階級へと移行し、トマス・クックのような旅行業者の介入に下支えされて、レジャーのための旅へと変貌してゆくことになる。〈地中海への旅〉はその典型であった。地理的にも文化的にもヨーロッパの枠の外に逸脱することのないこの旅が、一九世紀から二〇世紀にかけていかに多くの文人を魅了し続けたことだろうか。

この二つの、国外へ出てゆく旅のそばに、国内的な旅のサブ・ジャンルが二つ存在する。そのひとつは、関心や力点の置きどころはそれぞれに異なるものの、ともかく（アイルランドも含めて）国内の各地を旅して回り、その各地の現状を視察し報告するというかたちのものである。デフォーの『大英国回覧記』はその典型としてよいだろう。ただし彼の場合には、いかにも雑然とした情報の書き込みを、彼なりの親ナショナリズムの潜在的な枠組みが支えているようにも見えるのである。繁栄する国家の形成期に生きた彼には、それこそが妥当かつ有効な選択的決意であったのかもしれない。

しかし、同じような国内旅行であっても、ヤングやコベットの旅はまったく異質の様貌をもつことになる――旅を通して観察すべき対象が農業に絞られているのだ。もちろんヤングの関心が農業の耕作を焦点化し、対照的にコベットの方は、そこにもしかるべき注意は向けながらも、農民の貧困化を招いた経済や政治の動向を告発し批判することに情熱を傾注しているという違いはあるにしても。それでも、ともかく彼らが農業の分野に関心を集中させることができた背景には、政治的にも経済的にも、さらには社会文化的にも、イギリスがひとつの国家として整備されてきたという歴史のプロセスが背景にあったはずである。国内の旅は、たとえ関心を向ける対象がどんなに雑多であったとしても、何かを讃美するか、批判して是正を求めるか、そのいずれであったとしても、そのプロセスにほぼ肯定的に参与するものであったはずである。

問題は、農業中心の旅行記などでは周縁的なものとしてしか扱われないイギリスの自然の風景に対する関心の存在である。ことは、第四のサブ・ジャンルであるピクチャレスクの旅と関係してくる。人工的な美を誇るフランス式の幾何庭園とも、アルプスの壮大な風景のもつ崇高性とも異なる何かをイギリスの国土の内に求めたとき、そこに浮上してきたのがピクチャレスクという枠組みであった。それを単純に絵画的と訳してしまうのはもちろん誤りである。あからさまな人為の介入を抑えたピクチャレスクな自然の風景もしくは光景は、まさしく農村の空間に見いだされる何かであった。ウィリアム・ギルピンがその枠組みをあるところまで定式化したあとは、それこそ瞬く間にこのピクチャレスクの枠組みが、とりわけイングランドとウェールズの自然の風景を見つめるときの補助手段として機能するようになってしまう。たとえば、湖水地方への旅はそこにあるピクチャレスクな風景を楽しむためのものとなる。詩人ワーズワス他がこの枠組みに偏執的に反応したのは周知のとおりである。詩人も小説家も一般の人びともイングランドの自然の風景の無前提の美しさに魅了されたのではなく、ピクチャレスクな自然の風景に魅了されたのである――もちろんヤングも、コベットも。イングランドの田舎の自然の風景のなかにあるのはまさしくそれであった。そして、その意味において、ピクチャレスクの枠組みは、実にやさしい癒しの雰囲気を漂わせながら、人びとの愛国心に混じり込んでゆくことになるのである。[11] 海洋大国としてのイギリスの愛国心を前面に押し出す歌「統治せよ、ブリタニア」（一七四〇年）の成立からほどなくして、愛国的な癒しを内包するピクチャレスクの枠組みが広まったと考えることができるのだ。そのために大きな役割を果たしたのが、ヤングやコベットの農村探訪記が自明の前提としていたピクチャレスクの旅であった。[12]

註

（1）旅と国家像の形成の関係を論ずるにあたっては、独仏からイングランドを訪れた旅行者の記録や、オラウダー・イクイアーノをはじめとする黒人たちによるイングランド滞在記に含まれる視点も考慮する必要があるのだが、それは別稿にゆずるしかない。

（2）一八世紀のイギリス小説史の重要なジャンルであったピカレスク小説、とりわけフィールディングやスモレットの作品は、言うまでもなく、フィクションに力点を置いた一種の国内旅行記であった。ジョンソン博士のスコットランド旅行記や種々の人びとによるピクチャレスク探訪の旅は、その延長線上にあると考えられる。

（3）デフォー本人の観察に基づくだけでなく、先行文献も利用されていることは、ウィリアム・カムデンに繰り返し言及されていることからも容易に察しがつく。Trench（1990）を参照。

（4）Richetti（2005: 323–36）も歴史性について、私とは別の角度から注目している。サザーランド（Sutherland 1971: 221–27）にもこの旅行記の議論があり、ワーズワスとの接点を示唆している。ウェスト（West 1998: 304–87）はこの旅行記の内容を丹念に紹介したもの。

（5）デフォーとコベットの旅の本格的な比較検討が試みられることは少ないかもしれないが、カーライルは、「デフォーを別にすれば、コベットこそは間違いなくイングランドの生んだ最も多面的な作家であった」（Carlyle 1904: v）と述べている。ただし、本文中で具体的な比較がされているわけではない。

（6）コベットの反ユダヤ主義については、Schweizer and Osborne（1990: 70–7）を参照。

（7）なお、コベットの生涯と思想については、Green（1985［1983］），Nattrass（1995），Ingrams（2005）を参照。コベットの著作のなかから自伝性の強い箇処を抽出して構成された〈自伝〉にReitzel, ed.（1933）があり、面白い。

（8）ヤングの『フランス紀行』（Young 1929）を読むと、彼は文字通りフランス全土を旅しているものの、国土の性格の違いもあるのだろうが、風景に対するこのような視線は感じられない。Betham-Edwards, ed.（1898）でも、ピクチャレスクな風景への趣好が主題化されることはない。にもかかわらず、それは体質化した趣好として彼についてまわったと思われる。

（9） Dyck（1992）でも、このテーマが主題化されることはない。

（10） ウズビィ（Ousby 1990）の本は、今日のツーリズムの原点となる一八世紀半ばから一九世紀半ばにかけてのイングランドの国内旅行を、その目的となる対象によって分類した研究。その対象とは、「文学的な聖地もしくは作家と絡む土地、カントリー・ハウス、古代の遺跡や中世の廃墟……自然の風景」（*ibid.*: 4–5）であるが、この枠組みではデフォー、ヤング、コベットらの旅は扱いきれない。

（11） Andrews（1989: 10）には、次のような指摘がある。「ジョン・エイキンは一七九〇年代に、〈自然への趣味は自由と真理への姿と等質である〉と書いている。『自由』の作者であり、〈統治せよ、ブリタニア〉の共作者でもあったトムソンは、このような類比を喜んで支持した。スコットランドの人間であったトムソンはその時代のイングランドのナショナリズムにもうまく反応したということであるが、それこそは国産のピクチャレスクを探究する国内旅行を後押しした力でもあった」。私もこの見解に賛成する。Chard（1996）も参照。

（12） 一八世紀から一九世紀にかけての各種の旅行を――国内旅行はもちろんのこと、アフリカ、北米、カリブ海、南太平洋への国内旅行も含めて――体系化したアンソロジーにBohls and Duncan, eds.(2005)がある。とりわけ、ボールズの「序論」（pp. xiii–xxvii）は重要な論文である。これと関連して、旅行とジェンダーの関係に眼を向けたのがParavisini-Gebert and Romero-Cesareo, eds.(2001)である。

参照文献

Andrews, Malcolm（1989）*The Search for the Picturesque: Landscape, Aesthetics and Tourism in Britain, 1760–1800*, Stanford: Stanford University Press.
Betham-Edwards, M., ed.（1898）*The Autobiography of Edward Young*, London: Smith, Elder & Co.
Bohls, Elizabeth A. and Ian Duncan, eds.（2005）*Travel Writing 1700–1830: An Anthology*, Oxford: Oxford University Press.
Carlyle, E. I.（1904）*William Cobbett: A Study of His Life as Shown in His Writings*, London: Archibald Constable.
Chard, Chloe（1996）“Crossing Boundaries and Exceeding Limits: Destabilization, Tourism, and the Sublime”, in Chloe Chard

and Helen Langdon, eds., *Transports: Travel, Pleasure, and Imaginative Geography, 1600–1830,* New Haven, Mass.: Yale University Press.

Cobbett, William（1911［1829］）*Advice to Young Men,* London: Ward, Lock & Co（庄司浅水訳『若き人々への提言』東京書籍、一九九〇年）.

――――（1967［1830］）*Rural Rides,* Harmondworth, Middlesex: Penguin Books.

――――（1831a）“To the Labourers of England, on their Duties and their Rights”, *Political Register,* 29th January.

――――（1831b）“Belgium and Poland”, *Political Register,* 20th August.

Defoe, Daniel（1968［1724–26］）*A Tour thro' the Whole of Great Britain,* 2 vols., London: Frank Cass.

――――（2005［1704］）*The Storm,* London: Penguin Books.

Dyck, Ian（1992）*William Cobbett and Rural Popular Culture,* Cambridge: Cambridge University Press.

Green, Daniel（1985［1983］）*Great Cobbett: The Noblest Agitator,* Oxford: Oxford University Press.

Ingrams, Richard（2005）*The Life and Adventures of William Cobbett,* London: Harper Perenial.

Nattrass, Leonora（1995）*William Cobbett: The Politics of Style,* Cambridge: Cambridge University Press.

Ousby, Ian（1990）*The Englishman's England: Taste, Travel and the Rise of Tourism,* Cambridge: Cambridge University Press.

Paravisini-Gebert, Lizabeth and Ivette Romero-Cesareo, eds.（2001）*Women at Sea: Travel Writing and the Margins of Caribbean Discourse,* London: Palgrave.

Reitzel, William, ed.（1933）*The Progress of a Plough-Boy to a Seat in Parliament,* London: Faber and Faber.

Richetti, John（2005）*The Life of Daniel Defoe,* London: Blackwell.

Schweizer, Karl W. and John W. Osborne（1990）*Cobbett in His Times,* London: Leicester University Press.

Trench, Richard（1990）*Travellers in Britain: Three Centuries of Discovery,* London: Aurum Press.

West, Richard（1998）*Daniel Defoe: The Life and Strange, Surprising Adventures,* New York: Carroll & Graff Publishers.

Williams, Raymond（1983）*Cobbett,* Oxford: Oxford University Press.

Young, Arthur（1929）*Travels in France: During the Years 1787, 1788 & 1789,* ed. by Constantia Maxwell, Cambridge: At the University Press（宮崎洋『フランス紀行　一七八七、一七八八&一七八九』法政大学出版局、一九八三年）.

———（1932）*Tours in England and Wales: Selected from The Annals of Agriculture,* London: University of London.

第6章　歴史の語り
史料が表象する「過去」

森村　敏己

一　はじめに

歴史家はどのようにして過去に到達できるのか。そして、その過去をいかにして叙述するのか。「事実と虚構」といったテーマに絡めてこういった問題を論じようとすれば、「言語論的転回」や「歴史＝物語論」が提示した議論をまず整理するのが正攻法なのだろう。しかし、こうしたいわゆるポストモダニズムの立場からの歴史学批判と、それに対する反論の応酬にはいまだに決着がついていないようだ。

イギリスで二〇〇二年に出版されたデイヴィッド・キャナダイン編の『いま歴史とは何か』のプロローグとエピローグによれば、伝統的歴史学にとっての危機は去り、ポストモダニズムは張り子の虎にすぎないことが判明したらしいが（キャナダイン編 二〇〇五：一～二八、一三七～五八）、翌二〇〇三年に「張り子の虎」陣営のひとりであるキース・ジェンキンズは、一九九一年に出版した『歴史を考えなおす』を変更を加えずに再版している。一九九一年に「提起しようとした問題は決して消えていない」

（ジェンキンズ 二〇〇五：xxi）というのがその理由である。

日本でも野家啓一の『物語の哲学』が、みずからが契機となった論争を受けて二つの章を追加するかたちで文庫版として再版されたし、二〇〇六年に出版された鹿島徹の『可能性としての歴史』は歴史への物語論的アプローチの有効性を支持するものだといってよいだろう。こうした著作で議論されている多くの論点を正確に理解し、整理したうえで自説を展開することはとてもできそうにない。むしろ『思想』（一九九四）に掲載された特集「歴史学とポストモダン」や、シリーズ『歴史を問う』の四～六巻（二〇〇一～二〇〇四）といった論集を読むように勧めるほうが読者のためだろう。

そこで、ここではまず本書のテーマに関わる限りで、ポストモダニズムが歴史研究に与えた影響、それも好ましいといってよい影響について考えてみたい。

二　ポストモダニズムと歴史研究

史料と過去の事実

第一に、歴史家は史料と過去の事実との関係がきわめて複雑であることを、これまで以上に明確に意識するようになった。とはいえ「すべての史料はテクストであり、その限りにおいて言語を媒介としている。そして言語と外部世界の関係は恣意的なものでしかなく、ゆえにテクストは外部世界について何も教えてくれないし、テクストそのものはどのようにでも解釈できる」といった議論を、いまさらながら持ち出そうというのではない。

ただし、こういった極端な理解は斥けたとしても、歴史家が自分が扱う史料の解釈について慎重にならざるをえなくなったことは確かだろう。もちろん、ポストモダニズムによる指摘とは関係なく、歴史家の世界では史料批判の重要性はずっと以前から強調されている。いわば、史料に書かれたことを鵜呑みにしてはいけないという教えは歴史を研究するうえでの初歩的な心構えといってよいのだが、それでも、言語論的転回がテクストとしての史料と過去の事実との関係についてより深く考えるよう歴史家に促したことは間違いないだろう。

両者の関係の複雑さは非文字史料を例にとったほうがわかりやすいかもしれない。たとえば歴史上の一場面をテーマにした絵画を見て、そこに描かれているのは過去の事実そのものだと思う人はいない。絵の制作者が直接見聞した出来事を題材にしているとしても、事情は同じである。そこでは画家が登場人物の選択と配置、全体の構図、筆致、色彩等々を決め、自分が理解し、表象しようとする対象を、狙いどおりの印象・効果を生み出すべく、演出を施したうえで表現している。そのようにできあがった絵画が過去の事実の忠実な再現であるとは誰も思わない（バーク 二〇〇七：九〜二四）。このことは、絵画だけではなく報道写真についても当てはまる。そもそも、「この事実は記録するに値する」という判断が介入することで初めて史料が成立するのだとすれば、記録者の主観や思惑というフィルターを経ない「ありのままの過去」などあるはずもない。

史料解釈にともなう困難

さらに、このようにして残された史料をもとに過去の事実を解釈しようとするさい、歴史家が考慮しなければならないのは作者の主体的な関与のありかただけではない。絵画の例を続けるなら、当時の絵画表現、広くは視覚表象の文化に関わるさまざまな解釈コードを理解しておかなければならない。画家と鑑賞者とが共有していたはずの教養、約束事、暗黙の了解などに通じていなければ、制作者がキャンヴァスに描き込んだ意味を把握できないからである。いうなれば、解読用コードを手にせずに暗号文を読もうとしても無理だということだ。しかも厄介なことに、この解読用コードは既製品としてどこかで手に入るものではなく、歴史家が試行錯誤しながらつくりあげてゆくしかない。

このように慎重な手続きを経てようやくある解釈に到達したとしても、その解釈の正当性を確信することは難しい。ひとつには新しい史料の発見によって解釈が覆る可能性がつねに存在するからだが、ここで問題になるのはより原理的なパラドクスである。つまり、史料という痕跡を通してしか過去の事実には接近できない、いいかえれば過去そのものを直接把握することはできない以上、ある史料がどのように過去の事実を表象しているのかをめぐる解釈が妥当なものであるかどうかを、史料と過去の事実とを突き合わせ、その正確な対応関係を確認するという作業を通じて検証するのは不可能なのだ。突き合わせてみることが可能なのは史料と史料だけである。こうした事情は絵画史料にかぎらず、文字史料の場合も基本的には同じである。なまじ文字で書かれているために、史料が伝えようとする意味を読み誤る危険が少ないように見えるだけである。しかし、この原理的なパラドクスを免れることのできる史料はない。

史料概念の拡大

だが、過去をありのままに伝える特権的なジャンルの史料は存在しないという事実が認識されることで、逆に史料概念はより拡大したといえる。もちろん、史料概念の拡大は歴史学がその探求領域を広げてきたことの反映であり、必ずしも言語論的転回に後押しされた結果ではない。何を史料とするかは歴史家が何を知ろうとするかに左右される。信頼性の高さという理由で公文書館に保存されている公的文書に特権的な地位が与えられていた時代に、政治史と外交史が大きな位置を占めていたことは当然であった。しかし、経済史、社会史、文化史と歴史学がその領域を広げてゆくなかで、当然ながら用いられる史料も多様にならざるを得ない。やがては文字史料という枠さえ越えて、史料の探索と解釈は進むことになる。しかし、ポストモダンがもたらした認識論上の反省が、こうした動きを理論的に支える機能を果たしたとはいえるだろう。

客観的に事実を記したとされるある種の文字史料は、過去の事実を再構成するうえで信頼性が高いといった議論は、もはや成り立たない。すべての史料は過去を何らかのかたちで表象はするが、表象であるかぎり直接的な反映ではあり得ず、どのような史料も解釈コードを練り上げながら慎重に読み解いてゆくしかないとすれば、特定の史料を特権化する理由は存在しなくなる。史料間のヒエラルヒーは揺らぎ、それまで虚構とされ、それゆえ、過去の事実の客観的な叙述ではない、もしくは過去の事実との乖離が大きいとされていた文書も立派な史料となる。

歴史家は何を知りたいのかによって史料を選択するわけだが、選択の幅が広くなったことは素直に歓迎すべきだろう。それに史料概念が拡大したことは、とりもなおさず歴史家の関心領域が拡大したことの反映であり、これも喜ばしいことである。また、史料と過去の事実との関係を自覚的に考察したことの結果として、研究者が言説の機能にこれまで以上に注目するようになったことも好ましい結果といえる。ゲオルク・イッガースは言説分析を重視する研究の増加を指摘しながら、そうした歴史叙述を五つのグループに分けているが（『思想』一九九四：七七～九三）、このような新しい研究が歴史学の方法と領域を広げていることを憂う理由はない。

物語としての歴史

最後に、歴史叙述という行為が物語的な要素を含むという問題を提起した点をあげてもよいと思う。とはいえ、歴史＝物語論というと、ホロコースト否定論や、日本では「新しい教科書を作る会」など、つまり歴史修正主義ないしは「記憶の暗殺者たち」と関連づけられることがあるため、その点での誤解を解いておく必要はある。また、物語的歴史叙述の理解や機能についてはさまざまな議論があるが、そうした点についてはは『可能性としての歴史』や『歴史の哲学』、『史学概論』といった理論書を参照してもらうことにして（鹿島 二〇〇六：三～二〇、遅塚 二〇一〇：一九一～二〇五、貫 二〇一〇：一～八九）、ここでは史料との関わりに焦点を当て、ひとまず次のように理解しておきたい。

歴史家は史料に残る過去の痕跡を手がかりにそれらの痕跡の意味や関連を解釈し、示そうとする。収集した史料を並べたら史料がみずからその意味と関連を語り出したということはあり得ない。そのさい、歴史家は提示しようとする解釈、意味づけを説得的に表現するために問題の設定、議論の組み立てを考え、論証に効果的な引用箇所の選択とタイミングを工夫するなどしているはずである。いいかえれば、さまざまな史料が全体として意味することを、矛盾や欠落を認めながらも、読者に理解してもらえるよう、ある程度筋の通った話にまとめあげている。

ここで歴史叙述には物語的要素が含まれるというのは、歴史叙述の構成における歴史家のこうした主体的な役割、つまり、歴史叙述とは歴史家がさまざまな技巧を用いてみずから作り上げるものだということを指しており、物語は虚構だから事実にもとづかなくてもよいという意味ではない。ならば、物語という誤解を招くような用語を使うべきではない、物語というとどうしても虚構を連想させるというのであれば、それでもよいだろう。たとえば、「歴史叙述とは歴史家が史料を根拠としながらとはいえ、さまざまなレトリックを用い主体的に構成するものであるとする見解」としてもよいのだが、長すぎる。それに、事実と虚構の境界は曖昧だという立場に立つとしたら、あえて物語という言葉を使うことにも意味はあるだろう。

しかし、ポストモダニズムの影響のなかで何より好ましいことは、歴史家に自分はいったい何をしているのかあらためて考えさせた点だろう。もちろん、歴史家の側には、歴史研究の現場を知らない文学者や哲学者が勝手な理屈を振り回しているという苦々しい思いがあるかもしれない。しかし、こうした理論家たちの主張に必ずしも全面的にしたがう必要はないと決めたうえであっても、さて、自分は、史料と自分が知りたいと思う過去との関係をどう考えているのか、原稿を書くとき何に気をつけているのか、そもそも何を書きたいのか、自分の主体性は研究にどう反映しているのか、といった問題は考えるに値すると思う。ただし、本章では、歴史家の主体性をめぐる問題は主要なテーマではない。これらについてはすでに多くの議論の蓄積があるし、何よりも「事実」と「虚構」が絡みあう複雑な領域に主として史料という観点からアプローチすることが本書の目的なのである。

三　過去の「事実」とは何か

言説と「事実」

遅塚忠躬は「事実」を「構成史上」「事件史上」「文化史上」に区別している。「構成史上」の事実とは「商品の売買、土地の賃貸借、租税の納入、出生・婚姻・死亡」などを指し、ひとつひとつはほとんど意味を持たないが、それらが大量に集積されたときには構造的な変化を知ることができるような事実だとされる。「事件史上」の事実は、それ自体が歴史的に意味のある事実＝事件のことである。そして、人間の心性、思考や行動の様式、政治文化などを対象とするのが広義の文化史だとしたうえで、遅塚は、文化史上の事実とは言説そのものであり、そこでは言語論的転回に依拠した「テクストの外部は存在しない」というポストモダニズムの言明は当てはまる、としている（遅塚　一九九六：三三九〜五二）。

私は思想史を専攻しており、ここで文化史についての遅塚の理解をそのまま思想史に引き寄せて批判することには問題があるかもしれない。だが、遅塚は思想史も広義の文化史に含めているし、また、私自身が実践したいと思っている思想史は、ある時代に生きた人びとが自分たちを取り巻く現実をどのように認識し、それにどう対処しようとしていたかを知ることであって、その意味で思想史とは歴史研究の一領域だと思っている。もちろん、民衆思想史のようにみずから証言を残してくれない人びとを対象とした思想史を別とすれば、思想史は活字であれ、手稿であれ、誰かが書き残した「作品」を対象とすることが多く、その意味で、「事実」を記した記録を文書館で収集し、分析するタイプの歴史研究とは異なっているようにみえる。

しかしこうした違いは、先に述べた史料概念の拡大と史料間のヒエラルヒーの揺らぎを考慮すれば、実は本質的な問題ではない。それに、私が専門としている一八世紀フランスに即していえば、よく指摘されることだが、啓蒙思想家と呼ばれる人たちはマルチ・タレントであり、哲学を語り、政治・経済について自説を展開し、自然科学を論じるかと思えば、小説も書くし戯曲も著わす。また、領主として土地経営もするし、徴税請負人であれば徴税報告書も残す。さらに日常生活の些事から歴史的な事件の目撃談まで含む書簡や日記、回想録まで考えれば、彼らを研究対象とする場合、それぞれの史料が経済史、文化史、思想史、文学史のいずれの領域に属するのかなど分類できるはずもない。

もちろん、研究する側は彼らほど多才ではないので、研究テーマは限定せざるを得ないが、自分の関心が学問区分のどこに当てはまるのかは正直いってどうでもよい。過去のある時代に書かれたテクスト群を分析することで、それらが映し出している当時の知的世界のありようとその変容を明らかにしたいという点で、自分が行なっていることは言説分析を主たる方法とする歴史研究の一分野であると理解しておくのが妥当だろう。ただし、対象とする言説は、過去の出来事の記録とされる史料に比べて、理論化・抽象化の度合いが強く、著者の個性が目に見えやすいかたちでテクストに刻印されているとはいえるだろう。

言説を越えて

さて、以上のことを念頭においた場合、文化史の事実は言説そのものであるとする遅塚の説明は誤解を招くように思う。むしろ言説を分析することで再構成しようとする文化史的事実とは、そのテクストによって作者が示そうとした内容と、作者の意図とは別に当時の読み手・聞き手が独自の「読み」を通じてそのテクストに対して行なう解釈とが、一体となって作り出す意味であろう。当時の言説空間においてそのテクストが持った、あるいは持ちえた意味だといってもよい。

たしかに、穀物価格の変動にせよ、バスチーユの襲撃にせよ、それらは誰がどのように語ったかとは無関係に存在する「事実」であるに違いない。その意味では、こうした事実は言説の外にある。しかし、文化史上の事実とされるものにしても、言説が当時もちえた意味だとすれば、それは言説の内部では完結しないはずである。遅塚が例にあげているフランス革命時の「アリストクラートの陰謀」という言説も、それ自体が事実であるというより、その言説を成立させている心性、その言説に当時の人びとが込めた意味・読みとった意味を「事実」とするべきだろう。その点で、文化史的な事実もまた言説の外にはみ出る部分をもっているはずである。

テクスト解釈の多様性は無限か?

テクストの意味は制作者の意図と同義ではない。すでに述べたように、読み手が行なう独自な解釈が制作者の意図とともにテクストに意味を付与する。ただし、読み手は著者の意図などというものから完全に独立してどのような解釈も自由に行なうことが可能だとは思わない。こうした見解は、歴史家による事実へのアプローチを二重の意味で閉ざすものである。ひとつには、当時の読者は各人がまったく別々の意味を同一のテクストに与えていたと想定することで、特定の時代の特定の社会空間においてある程度共通の読みが存在したことを否定するからである。このようにしてテクストが持ちえた意味が無限に多様化すれば、歴史家にとって解釈すべき対象とは互いに関連のないバラバラの断片にすぎなくなる。

第二に、いかなる制約も受けない自由な解釈を施す主体には当然、歴史家も含まれることになるが、歴史家の主体性をこのように無制限に認めてしまうと、あらゆる歴史解釈は歴史家の主観の反映でしかないということになろう。そうなれば完全な相対主義が支配し、歴史は「神々の争い」の場にすぎなくなる。そして、どのような解釈も相対的正しさを主張できるようになれば、歴史研究はもはや成立しない。

共同体的行為としてのテクスト解釈

こうした極端な理解を避けるには、独自な「読み」という行為について少し検討してみるだけでよい。この場合、独自な「読み」とは、読書の歴史における「アプロプリアシオン」と言いかえてもよい。この言葉は本来、作者の意図からは独立して読者が主体的に、いわば独自のコードにもとづいてテクストを解釈することを意味しているが、現在では読書行為だけではなく、非文字史料も含む広義のテクスト一般について、意味の提示とその解釈が行なわれる場面ではつねに生じる現象として理解されるようになっている。ここでも、そうした意味でアプロプリアシオンという言葉を用いることにする。

だが、このアプロプリアシオンは純粋に個人的な行為として理解すべきものではない。いいかえれば、個々の社会にはそれぞれ固有のアプロプリアシオンのしかたというものがあり、その社会に生きる人びとは無意識にこれにしたがっていると考えるのが妥当であろう。つまり、アプロプリアシオンとは個人的行為であると同時に、というより、個人的行為である以上に共同体的行為といってよい。さもなくばコミュニケーションは成立しない。もちろん個人的な偏差はあるだろうが、こうした偏差は共通の方向性の存在を否定するものではない。どのような変人であれ、社会から完全に疎外されていないかぎり、その人物は同じ社会に生きる他者とある程度共通の解釈コードにしたがっているに違いない。

カルロ・ギンズブルグが『チーズとうじ虫』において取り上げた粉挽屋メノッキオは、紛れもなく変わり者ではある。一六世紀の北イタリアに生まれ、いつも白の衣装を身にまとった彼は、少数の書物を繰り返し読むうちに当時の教養人には理解不能な宇宙観を抱くにいたり、異端として断罪された。だが、メノッキオの宇宙観がどれだけ風変わりであったにせよ、それは当時の民衆文化を何らかのかたちで表象していたからこそ、ギンズブルグの研究は一六世紀フリウリ地方の民衆文化研究になりえたのである(ギンズブルグ　一九九四)。

それぞれの社会において言説が持ちうる意味はある程度限定される。社会はそれぞれに固有の解釈コードを持っているといってよい。もちろん、コードは単一とはかぎらない。社会を構成する多様な要素、つまり、社会階層、職業、性別などによってコードは異なるだろうし、コードの使い方に癖のある個人もいるだろう。そうしたことを念頭においたうえで、研究者はより多くのテクストに接することで目指す解釈コードを探り当て、それに精通し、当時、このテクストは誰に向かって、どのような意図で書かれ、どういった意味に解釈されたのだろうと推測しながら史料を読む。そのさい、新しいタイプの言説の登場や旧来の言説の衰退に気を配ることはもちろんだが、解釈コード自体が変化してゆく様相にも注目しなければならないことはいうまでもない。逆に、同じ社会に生きることによってもたらされる共通の歴史的刻印といったものがいっさい存在せず、一人ひとりがまったく異なる解釈コードにしたがっているとしたら、歴史家は解釈すべき対象を失うことになるだろう。

四　史料と外部世界

思想史の場合

思想史であれば、以上の確認だけで言説と事実との関係についての考察を終えても構わない。たとえば、私は一八世紀の奢侈《しゃし》論争に関心を持っているが、そこでは「奢侈」という言葉をめぐるさまざまな議論を追いかけながら、当時の人びとは奢侈という現象が広がっているという認識に立っていたことを前提として、それが社会秩序や道徳や経済にどういった影響を与えると判断していたのか、それぞれの判断に応じてどのような処方箋を思い描いていたかを知りたいと思っている。その場合、奢侈という現象が著述家や読者たちの認識からは独立して、外の現実世界で実際に進行していたかどうか、いいかえれば、彼らの現状認識は的外れでなかったかどうかは、検討しなくても議論を進めることは一応、可能である。もちろん、経済史や物質文化史といった分野の研究成果を参照すれば、砂糖やコーヒーといった贅沢品の消費が拡大していること、遺産目録に記録された便宜品の量と質が向上していることなどが確認できるのであり、おそらく奢侈論争はこうした動向を反映しているだろうと考えて間違いはないと思う。

しかし、「最近はみんな贅沢になった」という認識が共通だとしても、経済史や物質文化史が教えるこうした現象の広がりと強度についてはそれぞれの論者がいわば勝手なイメージを抱いているのだし、それが社会に及ぼす影響についての判断となると、それは各人の価値観に応じて異なるとしかいいようがない。さらにいえば、経済史や物質文化史が示すデータにどれだけ準拠しているかという基準で思想を区別することが仮に可能だとしても、データに近いほど思想として有意義だというものでもない。もちろん、実際に奢侈論争を分析するさいにはいわゆる実証的な研究も参考にするのだが、それは、言説はその外部とは何の関係もない閉じた独立空間であるとは思っておらず、実証的研究はアナクロニズムを避けて言説を理解するための役に立つだろうと考えるからであって、言説の「正しさ」の度合いを確認するためではない。

こうしてテクストの外は一応切り離すということにしても、実は問題はここからである。どんなに丁寧に説明してもらったところで、他人の考えていることを正確に理解できるわけではないことは日常経験からもわかる。ましてすでにこの世に存在せず、「この文章はどういう意味を伝えようとしているのか?」「このテクストをどのように読んだのか?」と質問するわけにもいかない相手が、何を考えていたのか理解するのはきわめて難しい。それに、研究者には独創的な解釈を示したいという野心がある。もちろん、ほかの研究者がある程度納得してくれる解釈でなければならないという制約があって、どんな読みも可能というのは嘘だが、それでも人は自分自身の関心から問いを発する以上、自分の問題意識に引きつけてテクストを読むことは避けられないし、その限りで著者の思惑からも当時の読みからもはずれた解釈をしてしまう可能性はつねにある。しかし、問題意識なしにテクストを読むことはできないのであり、それに、そもそもそんな研究が面白いとも思えない。研究者としては同時代の他のテクストを大量に読み込んで、当時の問題関心の在処に敏感になる訓練を積むしかないと思う。

テクストの内と外

この点を、思想史に限定せずもう少し一般化して考えればどうなるのか。歴史家は史料というテクストを読む。右に述べたことになぞらえて考えれば、そこからまず、個人であれ組織であれ、そのテクストの制作者が何をどう認識し、伝えようとしたか、そしてその言説は当時、どんな意味を持ったかを理解しようとする。思想史ならここで終わってもよいが、どの歴史家もそうだというわけではないだろう。つまり、テクスト、そのテクストが当時もっていた（と歴史家が考える）意味、そしてテクストの外にある現実の世界という三つの層があるとして、最後の現実の世界にまで到達しようとする場合もあるのではないか。

訴訟趣意書と恩赦嘆願書

もちろん、対象とする時代に生きた人びとが世界をどのように理解し、表象していたかを解明することを主要な目的とする研究もある。たとえば、サラ・メイザは一八世紀のフランスにおいて弁護士が執筆した訴訟趣意書と呼ばれる文書を大量に分析しているが（Maza 1993）、彼女の関心は扱われている事件の真相などではない。そもそも彼女が注目する訴訟趣意書は世論を味方につけ、それを圧力として有利な判決を勝ち取るための作文であって、そのために無料で大量にばらまかれた。その内容もまさしく「見てきたような嘘を言い」の典型ともいえるものである。

こうした文書から彼女が分析しようとするのは、弁護士がどのように事件を描き、どのように善玉・悪玉を配置すれば世論を味方にできると思っていたのか、いわば、世間の道徳的・法的価値判断の基準をどのようなものだと理解していたかである。また、ヴァロア家の末裔を自称する貧乏貴族の娘ド・ラ・モット夫人が、王妃マリー・アントワネットの名をかたって高額な宝石を騙し取った有名な詐欺事件である「ダイヤモンドの首飾り事件」についても、メイザは、事件に関与しているはずもない王妃に向けられた誹謗・中傷の意味を読みとろうとするのであり、実際の事件というレベルでの「事実」はここでは二次的な意味しか持っていない。

一六世紀の恩赦嘆願書を分析したナタリ・Z・デイヴィスも同様である。ここでいう恩赦嘆願書とは過失や正当防衛による殺人を犯し、死刑判決を受けた、もしくは受けそうな被告が罪を減じてくれるよう王権に願い出る文書だが、彼女はそれぞれ異なる事件を対象としているはずのこれらのテクストに共通のレトリックが存在することを指摘している。

デイヴィスによれば、被告は常日頃から近所でも評判の良い人物である、事件は被告が思わず逆上し、あるいは酒に酔い、いずれにせよ計画性なしに突発的に生じたものであり、かつ、被告は結果的に人を殺めたことに苦しんでいる、という記述が多くの恩赦嘆願書に共通しているのである。ときには、殺害された人物が癇癪持ちであることが強調される。また、事件当日の細かな行動、事件が起きた場所や時刻などについては詳細で正確な叙述がなされており、それが嘆願書の信憑性を高める効果を発揮しているという。こうしたレトリックの解明によりデイヴィスは、当時の人びとがどういった筋書きの嘆願書を提出すれば恩赦が得られると思っていたかを明らかにしてゆくのであり、事件の真相解明は目的ではない（デーヴィス 一九九〇）。

訴訟趣意書と恩赦嘆願書。いずれも裁判史料ではあるが、記述された内容からみても、書き手の意図からみても、いわば実際に生じた出来事を正確に伝えようとはまったくしていない。したがって、これを通常の意味で史料と呼んでよいのかどうかもためらわれる。しかし、こうした文書は事実と虚構との間の境界が実は曖昧であること、そして何を「事実」とするかによって必要な「史料」の性質は異なってくることを教えてくれている。

虚構を解釈する意味

一八世紀のパリの人びとの道徳的・法的判断の規準であれ、一六世紀の情状酌量に関する人びとの理解であれ、求める事実がいわば人間の「頭の中」に存在するものであれば、テクストの外で生じた出来事について正確な情報を伝えているかどうかは史料としての価値を左右するものではないはずだ。このことは、本書に収められた論文を一読した読者にはすでに明らかだろう。「国土」という意識の形成や変容を知ろうとする際に、「虚構」が含まれているからという理由で「旅行記」というテクストを敬遠するなどナンセンスである。また、著者が戦略的に選択した叙述形式が「虚構」を交えたものであるからといって、小説やルポルタージュを分析対象から外すことはあり得ない。そもそもテクストを分析するとは、「事実」と「虚構」を選り分けてゆく作業ではない。対象とするテクストが「虚構」を織り交ぜたものであることの意味を問い、そして「虚構」が表象するものを分析することのほうがはるかに重要である。

ただし、誤解のないようにいえば、過去の人びとによる認識のありようが分析対象であるからといって、そうした研究が人びとの頭の外にある現実の世界との接点を持たないということではない。中世史家のジャック・ル・ゴフは「イマジネール」という言葉を用いて、空想上の存在も歴史的リアリティを持つとしており（ル・ゴフ　一九九二：i～iv）、妖怪やら怪物やらも立派に研究対象になるのだが、その際、重要なことは当時の人びとの空想のなかでは怪物が「実在」したということだけではなく、人びとはその「実在」を前提に、思考し、行動していた、つまり自分たちを取り巻く現実の世界に働きかけていたということだろう。いいかえれば、空想であれ虚構であれ、人びとが実在すると思えば、それは事実と同じように現実に影響するのである。シャルチエが心性という概念を批判し、表象という概念を提起したのも、認識と世界との関係が双方向的であること、そこには現実の世界を変化させる契機が含まれることを強調するためであった（シャルチエ　一九九二：五～二八、二宮　一九九四：二九九～三〇三）。

さらにいえば、佐藤論文（本書第2章）が示すように、当時の人びとにとってある言説がリアリティを持つ、つまり、彼らの現実の捉え方と現実への対応の仕方に影響を及ぼすためには、それが「事実」として認識される必要さえない場合がある。こうした事情を考えると、テクストを残した制作者の現実認識が正しいものなのか誤ったものなのかという区別自体、あまり意味のあるものとは思えない。

テクストを越えて

「頭の中」の事実が外部の世界と無関係ではあり得ない以上、先に少し触れた、「テクストの外にある現実の世界」という層に歴史家はどのようにアプローチするのかという問題が提起されざるを得ない。

ギンズブルグは、これもまた一六世紀の北イタリアを対象とした裁判史料を分析しながら、当時「ベナンダンティ」と呼ばれた者たちが悪魔と契約し、サバトに参加したとして断罪されるにいたるプロセスを解明している。ベナンダンティという存在と彼らが行なう儀式は、実は古くから継承されてきた民衆的な農耕儀礼の残滓にすぎず、悪魔信仰とは無関係であったが、キリスト教的教養世界の住人である異端審問官たちはベナンダンティの世界観を理解できず、それをみずからが理解可能なキリスト教的な枠組みのなかで解釈し直してゆくことで、最終的にベナンダンティを有罪としたのである。

ギンズブルグはもちろん裁判記録の分析を通じて、異端審問官とベナンダンティの世界観とその対立、そして変容を明らかにしてゆくのであるが、彼はこうした認識の水準を超えて、その外側にある、いわば異端審問官の世界認識が隠蔽してしまった民衆文化の基層にまで到達しようとしている（ギンズブルグ 一九八六）。齋藤晃が新大陸でのイエズス会の宣教活動に関する記録から、隠蔽されていた暴力の存在を暴き出すのも、こうした史料作成者の認識を越えようとする試みのひとつであるといってよいだろう。史料を「逆なでに読む」ことによってであれ、「ほころび」に注目することによってであれ（森編 二〇〇二：一〇〇～一二八、二八六～九八）、「頭の中」から外に出ることは可能であるようにみえる。

ただし、こうした読みをするには相当のセンスが必要とされる。誰にでもできるわけではないだろう。ギンズブルグと同じ史料を読んでも、異端審問官の世界認識の解明を越える分析ができるとはかぎらない。彼らの認識の枠組みに絡め取られて、いわば認識の次元の世界像をテクストの外の世界に無批判に投影させて、一六世紀のフリウリ地方には一風変わったサバトが存在したことを「実証」して終わるだけかもしれない。また、デイヴィスと同じく恩赦嘆願書を読んでも、そこに特定のレトリックを見いだすことなく、むしろ描かれた事件のストーリーを事実と見て、当時のフランスにおける暴力犯罪の類型化を試みることも可能であるに違いない。史料を通じて到達可能な限界を定めているのは、その史料の性質と並んで、問題を設定し、その答えに迫る歴史家の能力だといってよい。

とはいえ、こうした能力をセンスという言葉で片づけるのは無責任かもしれない。当たり前のことだが、分析対象とするテクストに書かれた文字の外部にあるものを解読する力は、同時代のさまざまな史料を大量に読み込むことによって研ぎ澄まされてゆくのだと信じたい。

たとえばデイヴィスの『帰ってきたマルタン・ゲール』は、歴史研究としては異例なほど一次史料の少ないテーマを扱った作品であり、著者自身が一部はみずからの創作だと認めるほどに想像力を駆使した歴史書だが、彼女によれば「その創作も過去の声によってしっかりと抑制されている」（デーヴィス一九九一：二五）。八年ものあいだ姿を消していた富裕な農夫が突然帰ってきたが、実はこれが偽物で、裁判の最中に本物のマルタンが登場することですべてが露見する。この奇妙な事件を扱った研究で著者は、いったんは偽亭主を失踪した夫だと認め、共に暮らしてあらたに子どもまでもうけたあとで、本物の夫の登場により途端に態度を変えた妻ベルトランドに、何も知らずに騙された女性ではなく、主体的に行動した女性を読みとっている。この裁判を扱った史料からは直接検証することのけっしてできない、想像にもとづくこうした解釈は、一六世紀フランスの史料に精通し、当時の民衆心性に誰よりも通暁したデイヴィスだからこそ説得力を持ちうるのである。

五　おわりに

歴史における研究領域と史料概念の拡大、ポストモダニズムによる素朴な実証主義への批判は、事実を反映した信頼できる記録と、虚構であるがゆえに信頼できない史料との区別を無意味なものにした。虚構であれ、美術作品であれ、空想であれ、ときには虚言でさえも歴史研究の史料となることはいまや明らかである。史料は事実の直接的な反映ではなく表象なのだから、問題はそれをどう読むか、そして歴史家が何を知りたいかにある。

もちろん、特定のジャンルの文字史料に親しんできた研究者が、突然、絵画を史料として研究をしろと言われても戸惑うことは確かだ。絵画には絵画の解釈コードがある。裁判記録の解釈コードには精通した研究者であっても絵画の解釈については素人なのだから、基礎から訓練を積み、過去の研究を参照するとともに、大量観察を重ねることで徐々に絵の読み方を身につけてゆくしかない。文学作品も史料となる、場合によっては自分の問題関心からみて格好の史料となりうるとわかっている場合でも、すぐに実践するのが難しいのは、それぞれのジャンルの史料には固有の読み方が存在し、それを修得しなければ的外れな解釈しかできない危険が大きいからである。文学作品が虚構であり、その意味において信頼がおけないからではけっしてないはずだ。

このように馴染みの薄いジャンルの史料群に立ち向かうのはある程度、勇気のいる試みではあるが、必ずしもそれは自分の土俵を捨てて、未知の世界に飛び込むことを意味するわけではない。すでに述べたように史料の分析を通じて知ろうとする「事実」が、そのテクストが扱っているテーマについての当時の人びとの認識であれ、あるいはテクストの外の世界に存在する何らかの事象であれ、テクスト内部で完結するものではない以上、その「事実」を表象するテクストは特定のジャンルにしか存在しないものでもないだろう。逆に、異なるジャンルの史料が共通の「事実」を表象しているとすれば、歴史家は複数のジャンルの史料を横断しながら求める「事実」を探求してゆけばよいのであり、小説を史料として用いることが、公文書を史料とする研究と両立しないはずはない。それどころか、ジャンルをまたがる史料群の活用により解釈の精度と説得力は高まるはずである。

実際、一八世紀フランスの富裕な農民層の生活を再構成するための史料としてレチフ・ド・ラ・ブルトンヌの小説を用いた二宮宏之（一九九四：六一～一五六）にせよ、フランス革命期の家族イメージと権力の関係を分析するため小説を多用したリン・ハント（一九九九）にせよ、公的文書など、いわばよりオーソドックスな史料にもとづく分析との往復運動によって、小説という史料から読みとるべき「事実」を吟味している。

このように、歴史家は得意とするジャンルの史料分析を続けながら、それまで自分にとっては未開拓だったジャンルの史料にも少しずつ手を伸ばしてみるというのが現実であろう。ジャンルによって異なる解釈コードの修得というハードルはあるにせよ、その場合も、得意分野でそれまで培ってきた、対象とする時代を理解するための「歴史的な感性」が導きの糸として役に立ってくれるに違いない。

史料の収集、対象とする時代と史料の性質によって変化する解釈コードの理解とそれにもとづく読解、そのうえで試みられる説得的な解釈の提示というプロセスにおいて、歴史家は多くの制約に取り囲まれている。だとすれば、このうえさらに「事実」という概念をあまりに狭く捉え、窮屈な思いをする必要はないだろう。歴史研究は「過去の事実」を問い、叙述する学問には違いない。しかし、「過去の事実」とは事実と虚構との境界線を曖昧にしてしまうほどに広い概念なのである。

参照文献

Chariter, Roger (1998) *Au bord de la failaise*, Paris: Albin Michel.
Curthoys, Ann and John Docker (2005) *Is History Fiction?*, Ann Arbor: University of Michigan Press.
Maza, Sarah (1993) *Private Lives and Public Affairs*, Berkeley: University of California Press.
アーノルド、ジョン（二〇〇三）『歴史』新広記訳、岩波書店。
エヴァンズ、リチャード・J（一九九九）『歴史学の擁護』今関恒夫・林以知郎監訳、晃洋書房。
小田中直樹（二〇〇二）『歴史学のアポリア』山川出版社。
——（二〇〇四）『歴史学ってなんだ?』ＰＨＰ研究所。
鹿島　徹（二〇〇六）『可能性としての歴史』岩波書店。
キャナダイン、デイヴィッド（編）（二〇〇五）『いま歴史とは何か』ミネルヴァ書房。
ギンズブルグ、カルロ（一九八六）『ベナンダンティ——一六–一七世紀における悪魔崇拝と農耕儀礼』竹山博英訳、せりか書房。

――――（一九九四）『チーズとうじ虫――一六世紀の一粉挽屋の世界像』杉山光信訳、みすず書房。

――――（二〇〇一）『歴史・レトリック・立証』上村忠男訳、みすず書房。

――――（二〇〇三）『歴史を逆なでに読む』上村忠男訳、みすず書房。

――――（二〇〇八）『糸と痕跡』上村忠男訳、みすず書房。

ジェンキンズ、キース（二〇〇五）『歴史を考えなおす』岡本充弘訳、法政大学出版局。

『思想』（一九九四）「特集　歴史学とポストモダン」八三八号。

シャルチエ、ロジェ（一九九二）「表象としての世界」『思想』八一二号。

シリーズ『歴史を問う』四～六巻（二〇〇一～二〇〇四）、岩波書店。

遅塚忠躬（一九九六）「言説分析と言語論的転回」『現代史研究』四二号。

――――（二〇一〇）『史学概論』東京大学出版会。

デーヴィス、ナタリー・Z（一九九〇）『古文書の中のフィクション――一六世紀フランスの恩赦嘆願の物語』成瀬駒男・宮下志朗訳、平凡社。

――――（一九九三）『帰ってきたマルタン・ゲール――一六世紀フランスのにせ亭主騒動』成瀬駒男訳、平凡社。

トマス、キース（二〇〇一）『歴史と文学』中島俊郎編訳、みすず書房。

富山太佳夫（一九九六）「歴史記述の前提としての虚構」『記憶のかたち――コメモレイションの文化史』柏書房。

――――（二〇〇二）「歴史記述はどこまで文学か」岩波講座『文学9　虚構か歴史か』岩波書店。

――――（二〇〇三）『文化と精読』名古屋大学出版会。

二宮宏之（一九九四）『歴史学再考』日本エディタースクール。

貫　成人（二〇一〇）『歴史の哲学――物語を超えて』勁草書房。

野家啓一（二〇〇五）『物語の哲学』岩波書店。

――――（二〇〇七）『歴史を哲学する』岩波書店。

バーク、ピーター（一九九六）『ニュー・ヒストリーの現在』谷川稔他訳、人文書院。

――（二〇〇七）『時代の目撃者』諸川春樹訳、中央公論美術出版。

――（二〇一〇）『文化史とは何か』増補改訂版、長谷川貴彦訳、法政大学出版局。

ハント、リン（編）（一九九三）『文化の新しい歴史学』筒井清忠訳、岩波書店。

――（一九九九）『フランス革命と家族ロマンス』西川長夫・平野千果子・天野知恵子訳、平凡社。

福井憲彦（二〇〇四）「社会史を超えて」史学会編『歴史学の最前線』東京大学出版会。

ブロック、マルク（二〇〇四）『歴史のための弁明』松村剛訳、岩波書店。

森　明子（編）（二〇〇二）『歴史叙述の現在』人文書院。

安丸良夫（二〇〇四）『現代日本思想論』岩波書店。

ル・ゴフ、ジャック（一九九二）『中世の夢』池上俊一訳、名古屋大学出版会。

渡辺和行（二〇〇九）『近代フランスの歴史学と歴史家』ミネルヴァ書房。

人名索引

［ア　行］
アーサー王 Arthur　55–6, 61
アステル，メアリ Astell, Mary　140
アーノルド夫人 Arnold, Elizabeth　143, 146
アルバヌス（聖）Alban　10
アルフレッド大王 Alfred the Great　33, 51
アルミニウス Arminius　4
アントワネット，マリー Antoinette, Marie　166–8, 270
アンリ四世 Henri IV　172
イエス・キリスト Jesus Christ　62–4
ヴィクトリア女王 Queen Victoria　230
ウィース，ヨハン・ダヴィッド Wyss, Johann David　77
ウィニフリド（聖）Winifrid　43–4
ウィリアム一世（征服王）William I (the Conqueror)　34–5, 41, 47
ウィリアム三世 William III　51
ウィリアム二世（ルーフス）William II (Rufus)　48
ウィリアムズ，ヘレン・マライア Williams, Helen Maria　153–9, 161–2, 164, 168–86
ウィリス，トマス Willis, Thomas　45
ウィルバーフォース，ウィリアム Wilberforce, William　164, 236
ウェルキンゲトリクス Vercingetorix　4
ヴォルテール Voltaire　121, 123
ウルストンクラフト，メアリ Wollstonecraft, Mary　122–3, 134, 137, 143, 158, 164, 167–8, 179
エカテリーナ二世 Catherine the Great　139
エッジワース，マライア Edgeworth, Maria　120
エドマンド二世（剛勇王）Edmund II (Ironside)　51
エドワード六世 Edward VI　5–6, 41
エリザベス女王 Elizabeth I　5–7, 18, 21, 49, 140
オウピー，ジョン Opie, John　158
オズウィ王 Oswy　10–1
オースティン，ジェーン Austen, Jane　118–20
オッファ王 Offa　10–1

［カ　行］
鹿島　徹　256
カムデン，ウィリアム Camden, William　4, 5, 7–14, 18–30, 32–6, 38–42, 44, 46–57, 60, 197, 221–2, 225, 239
カルー，リチャード Carew, Richard　44
カンペ，ヨアヒム・H. Campe, Joachim Heinrich　76
キッピス，アンドリュー Kippis, Andrew　155
ギボン，エドワード Gibbon, Edward　11
キャヴェンディッシュ，マーガレット Cavendish, Margaret　140
ギャドバリー，ジョン Gadbury, John　57
ギュイヨン夫人 Guyon, Jeanne　140
ギルドン，チャールズ Gildon, Charles

84
ギルピン，ウィリアム Gilpin, William 250
キングズリー，チャールズ Kingsley, Charles 40
ギンズブルグ，カルロ Ginzburg, Carlo 153, 159, 171, 266, 273–4
クック，トマス Cook, Thomas 248
クーム，ウィリアム Combe, William 245
グレアム，ウィリアム Graham, William 144
コウバーン，キャサリン Cockburn, Catherine 140
コウレー，シャーロット Cowley, Charlotte 136
コシチューシュコ，A. タデウシュ Kościuszko, A. Tadeusz 158
ゴドウィン，ウィリアム Godwin, William 123, 130–4
ゴドルフィン卿 Godolphin, Earl of 48
コベット，ウィリアム Cobbett, William 180, 194, 215, 226–42, 245–6, 249–50
ゴールドスミス，オリヴァー Goldsmith, Oliver 239
コンスタンティヌス大帝 Constantine the Great 62–4, 225

［サ 行］
齋藤 晃 273
シェイクスピア，ウィリアム Shakespeare, William 18, 49, 60
ジェイムズ一世 James I 9
ジェフリー・オブ・モンマス Geoffrey of Monmouth 28, 63
シャポウン，ヘスター Chapone, Hester 121–2
シャルチエ，ロジェ Chartier, Roger 272
ジャンヌ・ダルク Jeanne d'Arc 175
シュリ侯爵 Sully, Duc de 123
ジョンソン，サミュエル Johnson, Samuel 125, 155
シーワード，アナ Seward, Anna 183
スコット，ウォルター Scott, Walter 148
スターン，ローレンス Sterne, Laurence 27
ストウ，ジョン Stow, John 5–6, 41–2, 60
ストーン，ジョン・ハーフォード Stone, John Hurford 156, 180–1
スピード，ジョン Speed, John 57
スマイルズ，サミュエル Smiles, Samuel 229
スミス，アダム Smith, Adam 162
スミス，シャーロット・ターナー Smith, Charlotte Turner 164, 179
スモレット，トバイアス Smollet, Tobias 115, 239

［タ 行］
ダイシー，ウィリアム Dicey, William 83, 95–6
ダグディル，ウィリアム Dugdale, William 38, 61
遅塚忠躬 260, 262, 264
チャイルドリー，ヨシュア Childrey, Joshua 57
チャド（聖）Chad 43
チャールズ一世 Charles I 56–7
チャールズ二世 Charles II 48, 58
チャロナー，トマス Chaloner, Thomas 26–7
チュドリー，メアリ Chudleigh, Mary 140
デイヴィス，ナタリ・Z. Davis, Natalie Zemon 270–1, 274
ディケンズ，チャールズ Dickens, Charles 225
テイラー，ウィリアム Taylor, William 79, 81, 84
デフォー，ダニエル Defoe, Daniel 4,

10–1, 14–7, 22–4, 27–33, 36–9, 43, 46–52, 58–9, 61, 64, 72, 77, 80, 82, 84–5, 106–7, 194–227, 229, 231, 234, 237, 239–42, 247, 249
デュムーリエ，シャルル・フランソワ Dumouriez, Charles François　173–4
デリダ，ジャック Derrida, Jacques　179
テンプル，サー，ウィリアム Temple, Sir William　222
トゥック，ジョン・ホーン Tooke, John Horne　180

［ナ　行］

ナポレオン Napoléon Bonaparte　158
二宮宏之　276
野家啓一　256

［ハ　行］

パウロ（使徒）Paul　26
パーカー，マシュー Parker, Matthew　49
バーク，エドマンド Burke, Edmund　157, 165–8, 182, 244
ハクルート，リチャード Hakluyt, Richard　5–6
ハチソン，フランシス Hutcheson, Francis　162
バートラム，チャールズ Bertram, Charles　12–3
バートン，ウィリアム Burton, William　29
バーニー，フランシス Burney, Frances　120
バニヤン，ジョン Bunyan, John　82, 207
バーボルド，アナ・レティシア Barbauld, Anna Latitia　160, 164
バラード，ジョージ Ballard, George　138
ピオッツィ，ヘスター Piozzi, Hester　184
ヒューム，デイヴィッド Hume, David　118, 121, 162, 225, 239
フィールディング，ヘンリー Fielding, Henry　115
フェヌロン，フランソワ Fénelon, François　140
フォセ，デュ Fossé, Du　175–6, 184
フォーダイス，ジェームズ Fordyce, James　117–8, 120, 122, 129–30, 140, 160
フォックス，ジョン Foxe, John　60
フォックス，チャールズ・ジェイムズ Fox, Charles James　158
フック，ロバート Hooke, Robert　21
ブーディカ Boudica　4, 51
フラー，トマス Fuller, Thomas　27, 29, 43
プライス，リチャード Price, Richard　166
プリーストリー，ジョゼフ Priestley, Joseph　156, 167, 170, 180
ブリソ，ジャック・ピエール Brissot, Jacques Pierre　158
プリニウス Pliny　22
プルタルコス Plutarch　128, 137, 146
ブレイク，ウィリアム Blake, William　62
フレンド，ウィリアム Frend, William　132–3, 167
プロット，ロバート Plot, Robert　10, 45, 58
フンボルト Humboldt, Alexander, von　158
ヘイウッド，エリザベス Haywood, Elizabeth　140
ヘイズ，メアリ Hays, Mary　122–40, 164, 179
ペイン，トマス Paine, Thomas　156, 167, 170
ベッツワース，アーサー Bettesworth, Arthur　86–7, 90–3, 95–9, 103
ペトラルカ Petrarch　123

ヘリウォード Hereward the Wake　34–6, 40–1
ヘレーナ Helena　62–4, 225
ヘンリー八世 Henry VIII　5–6
ホーキンズ，レティシア・マティルダ Hawkins, Lætitia Matilda　183
ポリュビオス Polybius　8
ホリンシェッド，ラファエル Hollinshed, Raphael　60
ポルウィール，リチャード Polwhele, Richard　183

［マ　行］
マコーリ，キャサリン Macaulay, Catharine　115, 142–8
マサイアス，トマス・ジェイムズ Mathias, Thomas James　183
マルサス，トマス・ロバート Malthus, Thomas Robert　232
ミッドウィンター，エドワード Midwinter, Edward　81, 86
メアリ女王 Mary I　5–6
メアリ（スコットランドの）Mary of Scotland　46, 139
メノッキオ Menocchio　266
モア，トマス More, Thomas　33, 207
モア，ハナ More, Hannah　121–2, 164
モートン，ジョン Morton, John　45

［ヤ　行］
ヤング，アーサー Young, Arthur　236, 240, 242–6, 249–50
ヨセフ（アリマタヤの）Joseph of Arimathea　59–62, 64

［ラ　行］
ラドクリフ，アン Radcliffe, Ann　130
ラパン，ポール・ドゥ Rapin, Paul de 141
ラ・モット夫人 Comtesse de la Motte 270
リチャードソン，サミュエル Richardson, Samuel　114–5, 117, 125, 127, 161
ルイ一六世 Louis XVI　166–7, 182
ル・ゴフ，ジャック Le Goff, Jacques 272
ルソー，ジャン＝ジャック Rousseau, Jean-Jacques　128, 161
レチフ・ド・ラ・ブルトンヌ Rétif de la Bretonne　276
ロウア，リチャード Lower, Richard　45
ロバートソン，ウィリアム Robertson, William　118, 121, 142, 239
ロビンソン，ヘンリー・クラブ Robinson, Henry Crabb　135, 147
ロベスピエール，マクシミリアン Roberspierre, Maximilien　156, 158, 181–2
ロラン Rollin, Charles　121, 123
ロラン夫人 Roland, Madame　158, 171, 181

［ワ　行］
ワーズワス，ウィリアム Wordsworth, William　184, 250

文献索引

事項索引

［タ　行］

主な編著書に，*The Reception of Blake in the Orient*（co-ed., Continuum, 2006），『農耕詩の諸変奏』（共著，英宝社，2008年），『十八世紀イギリス文学研究 4 』（共著，開拓社，2010年），*Foundations of the National Trust: Lives and Works of Octavia Hill, Robert Hunter and H. D. Rawnsley,* 5 vols.（co-ed., Eureka Press, 2011），『英語総合 A（'05）～歴史・文化・社会』（共編著，放送大学教育振興会，2005年），『世界の名作を読む（'07）』（共著，同，2007年），『異文化の交流と共存（'09）』（共著，同，2009年），ほか。

富山　太佳夫（とみやま　たかお）［第 5 章］
1947年鳥取県生まれ。東京大学文学部卒業，東京大学大学院人間科学研究科修士課程修了。お茶の水女子大学文教育学部，成城大学文学部を経て，現在，青山学院大学文学部教授。専攻はイギリス文学。
主な著訳書に，『シャーロック・ホームズの世紀末』（青土社，1993年），『ポパイの影に』（みすず書房，1996年），『文化と精読』（名古屋大学出版会，2003年），『英文学への挑戦』（岩波書店，2008年），『おサルの系譜学』（みすず書房，2009年），S. ソンタグ『隠喩としての病い・エイズとその隠喩』（新版）（みすず書房，1992年），『火山に恋して』（同，2001年），『書くこと，ロラン・バルトについて』（同，2009年），E. ウォー『大転落』（岩波書店，1991年），J. カラー『ディコンストラクションⅠ・Ⅱ』（共訳，同，1998年），ほか。

森村　敏己（もりむら　としみ）［第 6 章］
1960年三重県生まれ。一橋大学商学部卒業，一橋大学大学院社会学研究科博士課程単位取得退学。現在，一橋大学大学院社会学研究科教授。専攻はフランス思想史。
主な編著書に，『名誉と快楽――エルヴェシウスの功利主義』（法政大学出版局，1994年），『視覚表象と集合的記憶』（編著，旬報社，2006年），『記憶のかたち』（共編，柏書房，1999年），『集いのかたち』（共編，柏書房，2004年），『平和と和解の思想をたずねて』（共著，大月書店，2010年），ほか。

筆者紹介（執筆順）

見市 雅俊（みいち まさとし）［はじめに，第1章］：編者
1946年東京都生まれ。東京教育大学文学部卒業，一橋大学大学院社会学研究科博士課程中退。京都大学人文科学研究所，和歌山大学経済学部を経て，現在，中央大学文学部教授。中央大学図書館長。専攻はイギリス近代史。
主な著訳書に，『コレラの世界史』（晶文社，1994年），『ロンドン＝炎が生んだ世界都市』（講談社，1999年），『記憶のかたち』（共編，柏書房，1999年），『疾病・開発・帝国医療』（共編，東京大学出版会，2001年），『路地裏の大英帝国』（共著，平凡社，1982年），S. ハウ『帝国』（岩波書店，2003年），R. ポーター『啓蒙主義』（同，2004年），ほか。

佐藤 和哉（さとう かずや）［第2章］
1965年福岡県生まれ。東京大学教養学部卒業，東京大学大学院総合文化研究科博士課程中退，オックスフォード大学近現代史研究科修士課程修了。東京外国語大学外国語学部を経て，現在，日本女子大学文学部教授。専攻はイギリス文化研究。
主な著訳書に，『集いのかたち』（共著，柏書房，2004年），『絵本が語りかけるもの』（共著，松柏社，2004年），『読書する女性たち』（共著，彩流社，2006年），C. W. ボーモント『ジゼルという名のバレエ』（新書館，1992年），ほか。

梅垣 千尋（うめがき ちひろ）［第3章］
1973年東京都生まれ。一橋大学社会学部卒業，ヨーク大学一八世紀研究所修士課程修了，一橋大学大学院社会学研究科博士課程単位修得退学。日本学術振興会特別研究員を経て，現在，青山学院女子短期大学准教授。専攻はイギリス思想史，イギリス女性史。
主な著訳書に，『イギリス近現代女性史研究入門』（共著，青木書店，2006年），『ジェンダーの基礎理論と法』（共著，東北大学出版会，2007年），『イギリス文化史』（共著，昭和堂，2010年），E. J. ヨー編『フェミニズムの古典と現代』（現代思潮新社，2002年），ほか。

大石 和欣（おおいし かずよし）［第4章］
1968年静岡県生まれ。東京大学文学部卒業，東京大学大学院人文科学研究科修士課程修了，オックスフォード大学英文科修士・博士課程修了。日本学術振興会特別研究員，放送大学教養学部を経て，現在，名古屋大学大学院文学研究科准教授。専攻はイギリス文学。

近代イギリスを読む
文学の語りと歴史の語り

2011年 4 月28日　初版第 1 刷発行

編著者　見市 雅俊
発行所　財団法人法政大学出版局
　　　　〒102-0073 東京都千代田区九段北 3-2-7
　　　　電話 03(5214)5540／振替 00160-6-95814
製版・印刷　三和印刷／製本　誠製本
装　幀　奥定 泰之

ISBN 978-4-588-36415-0　　Printed in Japan